"十四五"普通高等教育本科部委级规划教材

U0742319

会计学原理与实务

主　编◎孙宋芝

副主编◎李　璇　吕　凡

中国纺织出版社有限公司

内 容 提 要

本教材结合企业会计实务的基本特点、工作流程、工作内容编排教学大纲和内容；系统阐述了会计学的基本理论、基本方法，并以实际案例为依托，在核心章节安排企业筹资过程、供应过程、生产过程、销售过程、利润形成及分配过程等环节情景，提升高校学生会计业务处理能力；通过填写原始凭证、记账凭证、登记账簿、编制会计报表等内容实训，综合案例实训，强化学生学以致用的能力。在编写过程中参考了大量的会计学、法律法规、会计学理论成果等资料，力求吸收会计理论研究和实务的最新发展，兼顾会计理论研究与实务结合的时效性与前瞻性。

图书在版编目（CIP）数据

会计学原理与实务 / 孙宋芝主编；李璇，吕凡副主编 . -- 北京：中国纺织出版社有限公司，2025.1.
（"十四五"普通高等教育本科部委级规划教材）.
ISBN 978-7-5229-2173-0

Ⅰ . F230

中国国家版本馆 CIP 数据核字第 202443DL44 号

责任编辑：史 岩　责任校对：高 涵　责任印制：储志伟

中国纺织出版社有限公司出版发行
地址：北京市朝阳区百子湾东里A407号楼　邮政编码：100124
销售电话：010—67004422　传真：010—87155801
http://www.c-textilep.com
中国纺织出版社天猫旗舰店
官方微博 http://weibo.com/2119887771
三河市宏盛印务有限公司印刷　各地新华书店经销
2025年1月第1版第1次印刷
开本：787×1092　1/16　印张：16
字数：402千字　定价：68.00元

"会计学原理"对经济、管理类专业的学生而言是一门基础必修课程和基础性主干课程，更是财会类专业的核心基础课程。通过对该门课程的系统性学习，学生能够掌握会计学的基本理论、基本方法和基本操作技能，为后续的专业课程学习打下坚实的专业知识基础。

会计学基础教材在会计教育领域扮演着至关重要的角色。它不仅帮助学生理解和掌握会计的基本理论、技能与方法，而且还为学习者提供了理解企业各种业务活动如何转化成会计信息、如何展现在财务报表中的途径。这种知识的传授不仅破除了人们对会计的偏见和误解，也为非会计专业人士提供了管理个人财务的基础，满足了社会各层人士了解或强化会计基础理论和知识的需求。现有会计学教材在某种程度上未能充分应对经济发展和市场需求的快速变化。随着中国经济的快速发展，会计的角色越来越重要，这就要求会计教育不仅要关注基础理论的传授，还要注重实践技能和最新行业发展的结合。目前的很多会计学教材可能还未能充分覆盖会计与企业需求的紧密联系，或者未能及时更新反映会计职能在当代经济中的新变化。会计专业未来的发展方向将更加重视与经济发展的紧密结合，尤其是在经济全球化和信息技术迅速发展的背景下，会计教育将需要更多地强调数据分析、风险管理以及战略决策等技能的培养，以适应企业管理者和专业人士对会计更深层次的理解和应用的需求。

为了让学生更为通俗易懂地学好"会计学原理"这门课程，编者特编著了《会计学原理与实务》这本教材。该教材以最新修订的《中华人民共和国会计法》（以下简称《会计法》）、《企业会计准则》为依据，对财务报表格式、会计科目等进行了更新和完善。本教材采用章节的编写形式，结合企业会计实务的基本特点、工作流程、工作内容编排教学大纲和内容；系统阐述了会计学的基本理论、基本方法，并以实际案例为依托，在核心章节安排企业筹资过程、供应过程、生产过程、销售过程、利润形成及分配过程等环节情景，提升高校学生会计业务处理能力；通过填写原始凭证、记账凭证、登记账簿、编制会计报表等内容实训，综合案例实训，强化学生学以致用的能力。在编写过程中参考了大量的会计学、法律法规、会计学理论成果等资料，力求吸收会计理论研究和实务的最新发展，兼顾会计理论研究与实务结合的时效性与前瞻性。

本教材具有以下三个方面的特点：

（1）内容设计新颖性。根据最新修订的《会计法》《企业会计准则》为依据，结合企业会计的特点、基本内容，结合新税率，融合企业税务知识，实现基础知识前沿的目标。通过提供拓展阅读材料，拓展知识深度和宽度，让学生及时把握会计理论与实务动态前沿。

（2）知识基础性。运用会计学基本原理与方法，采用通俗易懂的语言和案例，框架化、系统化地展开教学内容，培养学生扎实的理论基础、过硬的操作技能，提升理论与实践的融合度。

（3）突出应用性。融入丰富的实践案例资料，结合企业会计工作的内容和流程，由浅入深，通俗易懂，凸显实践应用性。

本教材共有九章，分别是：第一章会计总论；第二章会计要素与会计等式；第三章会计凭证；第四章会计科目、账户与会计记账方法；第五章企业主要经济业务与会计处理；第六章会计账簿；第七章期末会计处理；第八章会计报表；第九章会计核算形式。

本教材由贵州大学管理学院孙宋芝副教授担任主编，负责全书统稿及修改，李璇博士担任第一副主编，吕凡副教授担任第二副主编。其中，第一章、第二章由吕凡副教授编写，共计字数 7.5 万字；第三～第六章由孙宋芝副教授编写，共计字数 20 万字；第七～第九章由李璇博士编写，共计字数 12.7 万字。

本教材在编写过程中，参考了许多学者的论著、教材，吸收了一些最新的研究成果，在此我们表示衷心的感谢。

由于编者水平有限，教材中难免存在疏漏或其他不足，恳请广大读者和同行批评指正，再版时进一步修订和完善，交流邮箱 535022545@qq.com。

孙宋芝

2024 年 3 月

目录

Contents

第一章　会计总论

知识目标

1.了解会计发展的历程、会计特点。

2.理解会计的对象、定义、基本职能、会计信息质量要求。

3.掌握会计的目标、会计信息使用者、会计基本假设、会计基础。

思政目标

1.通过对会计发展历程的介绍，建立学生对中国会计文化的认同，培养学生的自信心，树立传承会计文化的决心和使命感。

2.基于会计目标的受托责任观，培养学生有担当并勇于承担责任的优良品质，具备高度的受托责任感。

3.通过对会计对象、会计目标和基本假设的学习，培养学生严谨的逻辑思维能力，使学生理解会计学科的科学属性。

4.通过对会计信息质量的学习，树立学生诚信、客观、公正、专业等价值观，使学生认识到高质量的会计信息对经济高质量发展的重要作用。

案例导入

孙教授的账

某日，孙教授带领团队到外地考察，路过一家新开的酒店，孙教授无意中看到酒店门口的广告牌写着吃饭打7折，于是孙教授带领团队走进这家酒店吃午饭。最后账单显示消费共980元，收银员要求孙教授付款980元，孙教授惊讶地说：不是说打7折吗？然后猛然发现广告牌还写着一行小字：满1 000元起。于是孙教授又点了一杯饮料（20元/杯），共消费1 000元，然后付了700元高兴地走了……你认为会计重要吗？

本章主要内容（图1-1）

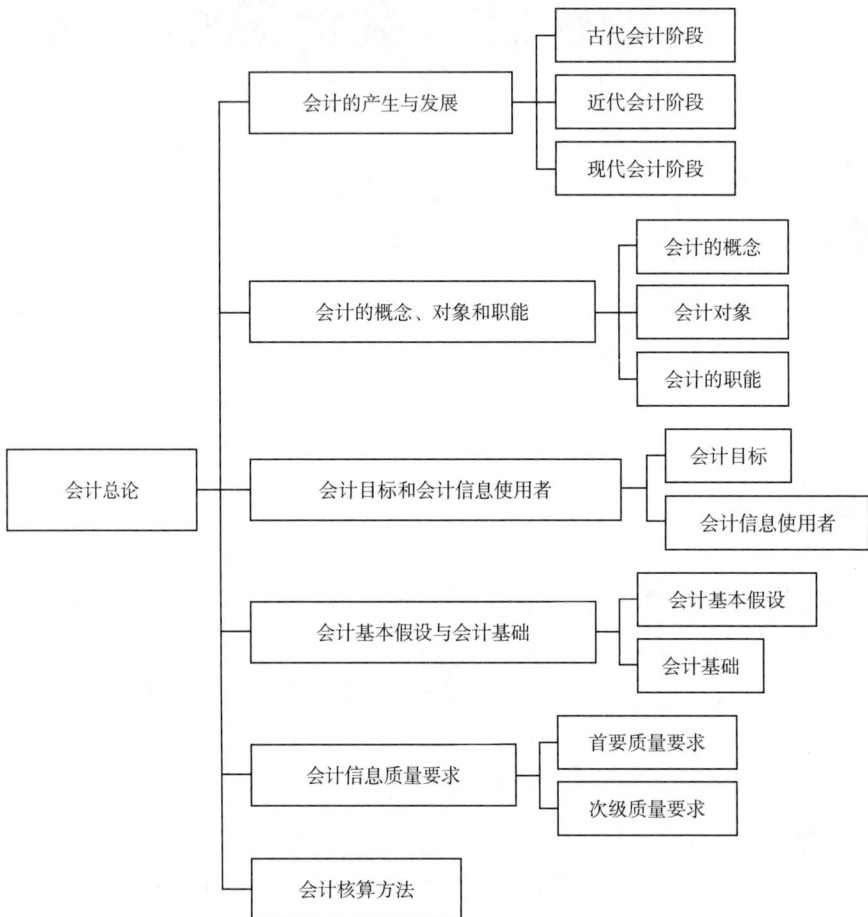

```
                                          ┌─── 古代会计阶段
                          会计的产生与发展 ├─── 近代会计阶段
                                          └─── 现代会计阶段

                                          ┌─── 会计的概念
                          会计的概念、对象和职能 ├─── 会计对象
                                          └─── 会计的职能

                                          ┌─── 会计目标
          会计总论 ─────  会计目标和会计信息使用者 └─── 会计信息使用者

                                          ┌─── 会计基本假设
                          会计基本假设与会计基础 └─── 会计基础

                                          ┌─── 首要质量要求
                          会计信息质量要求 └─── 次级质量要求

                          会计核算方法
```

图1-1　第一章思维导图

第一节　会计的产生与发展

物质资料是人类赖以生存与发展的物质基础。没有物质资料的供给，人类就无法生存，更不用说发展。在人类漫长的自然改造活动中，物质资料的生产连续不断。随着社会经济的发展，会计为适应人类物质资料的生产和经营管理需要应运而生，并随着社会经济的变迁、发展而不断发展、完善。会计作为一项记账、算账和报账活动，属于一项经济管理活动。实践证明：经济越发展，社会越进步，经济业务越复杂，会计就越重要。

会计从产生至今，已有几千年的历史，其发展过程大致分为三个阶段。

一、古代会计阶段

中国原始社会末期，随着社会分工的需要和劳动产品的分配、交换、消费等问题不断出现，"记录数据"慢慢地成为生活不可或缺的部分，人们尝试着以实物、结绳、刻契等方式来记录和展示经济活动的数量关系。我国最早出现有文字记录会计业务的事项是在商朝的甲骨文里。据《周礼》记载，西周国家设立"司会"一职对业务收支活动进行"月计岁会"，又设司书、职内、职岁和职币四职分理会计业务。其中，司书掌管会计账簿，职内掌管财务收入账户，职岁掌管财务支出类账户，职币掌管财务结余，并建立了定期财务报表制度、专仓出纳制度、财物稽核制度等。

随着社会的进步，到唐宋时期，我国的会计理论与方法得到了进一步的完善，如出现了《元和国计簿》《太和国计簿》《会计录》等会计著作。其中，《元和国计簿》和《太和国计簿》分别由唐代专家李吉甫和韦处厚撰写，是反映唐代人口、赋役、财政、税收等方面的专门资料；《会计录》为宋代专家撰写，是一种按照国家规定的财计体制和财政收支项目归类整理，并加以会计分析的经济文献。在唐宋时期，"四柱结算法"得到全面推广。所谓"四柱"，是指旧管（上期结余）、新收（本期收入）、开除（本期支出）和实在（本期结存）四个栏目。

到明清时期，出现了《万历会计录》。该专著按旧额、见额、岁入、岁出汇录了人户、田粮、军饷、俸禄及各种税收和交通运输等统计资料，编排规律有序，数据先后可查，并突出了财务收支项目的对比关系，便于查阅和分析。在明末清初，我国出现了"龙门账"。龙门账是山西人傅山根据"四柱结算法"原理设计出的商业会计核算方法，在民间得到广泛应用，其要点是将全部账目划分为进、缴、存、该四大类。"进"指全部收入，"缴"指全部支出，"存"指资产并包括债权，"该"指负债并包括业主投资，四者的关系是"该＋进＝存＋缴"或"进－缴＝存－该"。即：结账时"进"大于"缴"或"存"大于"该"即为盈利。傅山将这种双轨计算盈亏并检查账目平衡关系的会计方法称为"龙门账"。"龙门账"的诞生标志着中式簿记由单式记账向复式记账的转变。

二、近代会计阶段

1494 年，意大利数学家卢卡·帕乔利在《算术、几何、比及比例概要》中全面阐述了复式记账法的基本原理，标志着近代会计的形成，这是会计发展史上的又一个重要里程碑。

工业革命之后，会计理论和会计方法得到了新的发展，这一阶段出现了一些重要的会计思想：

（一）折旧思想

在工业革命以前，商业不发达，固定资产非常少，企业使用的固定资产一般都不进行摊销，一直使用到报废时一次性结转固定资产的价值。但随着商业化程度的提高，固定资产日益增多，成为企业生产经营活动的重要组成部分，应当按照一定的比例和方法将固定资产使用中的损耗纳入盈亏计算，从而形成了"折旧"的理念。

（二）划分资本与收益

随着商业活动的发展，企业规模越来越大，投资者与经营者分离成为企业的一个明显特征。投资者出钱投资，委托职业经理人经营管理企业。在信息不对称及监管手段不完善的条件下，投资者更加关心经理人的受托责任履行情况以及投入资本所带来的收益。投资者投入的资本，有些是为了获取短期性的收益，而有些是为了获取长期性收益。因此，会计人员应当将投资者投入的资本严格区分为收益性支出与资本性支出，同时也要求对收入与成本费用进行配比、结转，定期报告企业收益，损益表成为重要的对外披露报表。

（三）成本会计

重工业的持续发展带动了对生产过程的核算。随着企业生产规模的不断扩大，产品工艺和流程趋于复杂化，生产制造过程中的费用大量增加并成为产品成本的重要组成部分。因此，为了更好地进行企业产品成本归集，专门计算产品生产耗费的成本会计应运而生，成本会计制度也随之产生。尤其是形成了以历史成本计价的存货计价模式，历史成本成为成本会计的主要核算方法。

（四）财务报表审计制度

在投资者与经营者分离的情况下，投资者不参与企业的日常经营管理活动，无法及时获取企业经营信息，从而要求经营者定期提供反映企业财务状况、经营成果和现金流量的财务报表，以便及时获得投资决策依据。但是，由于信息不对称，投资者对经营者定期提供的财务报表存在疑惑或者不信任，从而希望通过第三方独立机构进行报表审计并提供审计报告，由此形成了财务报表审计制度。

三、现代会计阶段

欧洲资本主义商品经济的迅速发展促进了会计职能的转变和发展。该商品经济的主要特征包括：一是使用货币计量进行价值核算，二是广泛采用复式记账法。这些特征标志着现代会计的开始。20世纪以来，特别是第二次世界大战结束以后，资本主义的生产社会化程度得到了空前的发展，现代科学技术与经济管理科学的发展突飞猛进。受社会政治、经济和技术环境的影响，传统的财务会计不断充实和完善，财务会计核算工作更加标准化、通用化和规范化。与此同时，在20世纪30年代，会计学科在成本会计的基础上，紧密配合现代管理理论和实践的需要，逐步形成了为企业内部经营管理提供信息的管理会计体系，从而使会计工作从传统的事后记账、算账、报账，转为事前的预测与决策、事中的监督与控制、事后的核算与分析。管理会计的产生与发展，是会计发展史上的一次伟大变革，从此，现代会计形成了财务会计和管理会计两大分支。随着现代化生产的迅速发展，经济管理水平的提高，电子计算机技术被广泛应用于会计核算，使会计信息的搜集、分类、处理、反馈等操作程序摆脱了传统的手工操作，大大提高了会计工作效率，实现了会计科学的根本变革。

当今，随着人工智能、大数据、云计算、区块链、物联网等技术的不断发展和成熟，新兴技术对会计的工作模式、核算程序、监督方式和审计抽样等都产生了深远的影响。但是只要人类还存在商业行为，还追求经济效益，会计就会以其他方式继续得以存在，会计的核心思想、理念和方法将得到传承，会计的核算、监督等管理职能将进一步加强。

第二节　会计的概念、对象和职能

一、会计的概念

会计是以货币为主要计量单位，以会计凭证为依据，运用一系列专门的方法，对特定主体的经济活动进行全面、系统、连续核算和监督，为信息使用者提供决策有用信息的一种经济管理活动。

由会计的定义可知，会计的特征有以下五个方面：会计以货币为主要计量单位、会计是一项经济管理活动、会计以会计凭证为依据、会计具有两项基本职能、会计具有一系列专门的方法。

二、会计对象

会计对象，是指会计工作的内容，即会计核算和监督的内容（能用货币反映的经济活动）。在实务中，并不是所有的经济活动都属于会计对象（如职工花名册、经济合同、人事任命等）。因为会计是以货币为主要计量单位，对特定会计主体的经济活动进行核算和监督。凡是会计主体能够以货币表现的经济活动，才是会计对象。会计对象又称资金运动或价值运动，经济活动也称交易或事项。

会计主体的资金运动一般包括资金投入、资金循环与周转、资金退出三个环节。当然，具体到不同的企业、行政事业单位有比较大的差异，因为不同会计主体的组织形式、管理过程和要求有所不同，所以资金运动在具体企业、行政事业单位中的表现形式不太一样。

一般而言，制造企业的资金运动包含以下三个环节：

（一）资金投入

资金是企业存在的物资基础，是企业发展与抵御风险的保障。制造企业没有一定数额的资金是无法开展生产经营活动的。从资金的来源看，资金主要来源于投资者投入的资金和债权人提供的资金两部分。投资者投入的资金形成企业的所有者权益，债权人提供的资金形成企业的负债。资金的投入是企业成立的基础，有了资金，企业就可以购买机器设备、原材料等。

（二）资金循环与周转

制造企业的资金循环与周转包括供应、生产、销售三个阶段。有了资金，制造企业就可以租赁厂房、购建机器设备、购买原材料等，为生产经营活动做必要的准备，构成了供应工程；在供应过程中，企业与供应商发生货款结算，形成供应结算关系。经过供应过程后，制造企业聘请员工生产产品，进入生产阶段。在生产产品过程中，企业一方面发生材料的消耗、固定资产的折旧、生产工人的人工费用等，构成了生产过程；另一方面，企业与职工、往来单位之间发生工资劳务结算关系，形成生产结算关系。经过生产过程之后，企业把生产的产品销售出去，进入销售阶段。在这个过程中发生销售费用、相关税费等，同时收回货款、实现资金回笼，构成销售过程。在销售过程，企业与客户发生货款结算、与税务机关发生税务结算等，形成了销售结算关系。

综上所述，资金的循环与周转是将投资者或债权人投入的货币资金，依次转化为储备资金、生产资金、产品资金，最后又回到货币资金的过程。

（三）资金退出

资金退出，是指经过投入、循环与周转之后，一部分资金继续留在企业参与周转，另一部分资金则退出企业，不再参与资金的周转。资金退出包括偿还债务、上缴税费、向投资者分配利润等。

上述资金运动的三个阶段是相互影响、相互制约的统一体。没有资金投入，就没有资金循环与周转；没有资金循环与周转，就不会有资金退出；没有资金的退出，就不会有新一轮的资金投入，就不会有企业的循环与发展。

【例题1-1】下列各项中，属于会计对象的是（　　A　　）。

A. 资金运动　　　　　　　　B. 职工名册

C. 所有的经济活动　　　　　D. 经济合同

【例题1-2】下列各项中，属于反映企业资金运动的有（　　ABC　　）。

A. 投入　　　　　　　　　　B. 循环与周转

C. 退出　　　　　　　　　　D. 人事任免

三、会计的职能

会计职能，是指会计在经济管理过程中所具有的功能，包括基本职能和拓展职能。现代会计具有多项功能，如会计核算、会计监督、预测经济前景、参与经济决策、参与经济管理等。其中，会计的基本职能是会计核算和会计监督。

（一）会计核算职能

会计核算职能也称会计反映职能，是指会计以货币为主要计量单位，对特定主体的经济活动进行确认、计量和报告，如实反映特定主体财务状况、经营成果和现金流量等会计信息，为信息使用者提供决策有用的会计信息。其中，确认是运用专门的会计方法、通过文字和数字金额同时描述某一交易或事项的会计程序。计量是用货币或其他计量单位反映某一交易或事项过程及其结果的会计程序。报告是在确认、计量的基础上，对特定主体的财务状况、经营成果和现金流量情况，以财务报表的形式向有关方面披露。

1. 核算职能的特征

（1）会计核算主要以货币为主要计量单位，从数量上反映会计主体的经济活动。由于经济活动的复杂性和多样性，只有以货币为主要计量单位，以实物计量单位和劳务计量单位为辅助计量单位，才能将发生的经济业务从数量方面如实地反映出来。会计核算通过一定的原理和手段，将经济业务转化为会计信息，既从总体上反映，又从明细上反映。

（2）会计核算具有连续性、系统性和完整性。连续性，是指会计核算要对会计对象进行连续的确认、计量、记录和报告；系统性，是指会计核算应采用科学的程序和方法，运用一定的手段确保提供的会计信息成为一个有机的整体，满足不同信息使用者的需要；完整性，是指企业应当对属于本企业的所有会计对象进行确认、计量、记录和报告，不得遗漏，更不得隐瞒。

2. 会计核算的内容

会计核算贯穿于企业经济活动的全过程，是会计的首要职能。会计核算的具体内容包括：

（1）款项和有价证券的收付。款项，是指作为支付手段的货币资金，主要包括库存现金、银行存款和其他货币资金。其中，其他货币资金包括银行汇票存款、银行本票存款、信用卡存款、信用证保证金存款、存出投资款、外埠存款等。有价证券，是指代表一定财产拥有权或支配权的证券，主要包括股票、债券、基金等。

款项和有价证券是企业流动性最强的资产，企业应当按照国家有关规定，加强对款项和有价证券的管理，保证其安全、完整和高效运转。

（2）财物的收发、增减和使用。财物，是指企业拥有或者控制的除货币资金和有价证券以外的财产和物资，既包含看得见摸得着的有形实物资产也包含没有实物形态的无形资产。一般而言，财物包括原材料、燃料、包装物、低值易耗品、在产品、产成品、库存商品等流动资产，房屋建筑物、机器设备、设施、运输工具等固定资产，以及专利、商标、使用等无形资产。财物的收发、增减和使用是企业资金运动的重要组成部分，是会计核算中常见的业务。因此，加强对财物的监管，有助于企业控制和降低成本，并保障财物的安全、完整，防止资产流失。

（3）债权债务的发生和结算。债权债务，是指企业基于过去的业务所引起的权利或义务。其中，债权是指企业基于过去的业务引起的具有应收款项的权利，主要包括应收账款、应收票据、其他应收款、预付账款、长期应收款等；债务也称负债，是指企业基于过去的业务所引起的承担应付款项的现时义务，主要包括短期借款、应付票据、应付账款、预收账款、应付职工薪酬、应交税费、应付股利、其他应付款、长期借款、应付债券、长期应付款等。

债权债务是企业在日常活动中产生的，其发生的类型、时间、规模等会直接影响企业的财务状况、经营成果和现金流量。因此，企业应加强对债权债务的核算，如实地反映企业的债权债务情况，有助于控制企业资金运转和稳定发展。

（4）资本、基金的增减。资本，是指投资者投入企业的资本，包括实收资本和资本公积两部分。资本是企业成立的前提，没有资本，企业就无法成立和发展。资本是明确投资者权利和利益分配的依据，是现代企业产权化标准。基金，是指具有特定目的和用途的资金，主要包括：事业发展基金、集体福利基金、社保基金等。资本、基金的增减都会引起企业资金的变化，会计机构、会计人员必须及时办理会计手续并进行核算。

（5）收入、支出、费用、成本的计算。对企业来说，收入是企业在销售商品、提供劳务等日常经济活动中所形成的经济利益的总流入；支出是企业在日常活动和非日常活动中发生的经济利益的流出；费用是企业在生产和销售商品、提供劳务等日常经济活动中发生的经济利益的总流出；成本是企业生产产品、提供劳务过程中发生的对象化的费用。收入、支出、费用、成本是相互联系、密不可分的，均是判断企业经营成果的依据，企业应当加强核算。

（6）财务成果的计算和处理。财务成果，是指企业在一定期间内通过从事生产经营活动而在财务上取得的成果，可能是盈利，也可能是亏损。财务成果的计算和处理包括：利润的计算、所得税费用的计算、利润分配或亏损弥补等。财务成果是反映经营成果的最终要素，对它的计算和处理涉及各利益相关者的经济利益，因此，必须及时进行会计核算。

（7）其他需要办理会计手续和进行会计核算的事项。这是指除了前六项以外需要进行会计核算的内容。前六项内容基本涵盖了会计核算的主要内容，但由于会计环境纷繁复杂，经济活动及会计业务的发展日新月异，可能产生一些新的会计核算内容，如企业的终止清算、破产清算等业务核算。为了适应经济发展对会计核算工作的要求，《中华人民共和国会计法》（以下简称《会计法》）将可能产生的新的会计业务事项以"其他事项"来概括，以保证各种复杂的经济活动都能够得到及时的核算和反映。

（二）会计监督职能

会计监督职能也称控制职能，是指在核算的过程中对特定主体经济活动的真实性、合法性、合理性进行审查，即以一定的标准和要求利用会计所提供的信息对各单位的经济活动进行有效的指导、控制和调节，以达到预期的目的。其中，真实性审查，是指审查各项记录是否与实际发生的业务一致，提供的信息是否真实可靠；合法性审查，是指审查各项经济业务是否符合国家有关法律法规，是否遵守财经纪律，是否执行国家的方针政策；合理性审查，是指审查各项业务收支是否符合特定对象的收支计划，是否有利于预算目标的实现，是否存在浪费，是否存在违反内部控制的要求等。

会计监督具有以下两个方面的显著特征：

1. 会计监督主要通过价值量指标来实现

不同于会计核算主要从数量上反映会计主体的会计信息，会计监督通过利用会计核算所提供的数量信息从价值层面上实现职能。会计监督以价值量为主要监督依据，全面、及时和有效地监督和控制企业的各项经济活动。

2. 会计监督包括事前、事中和事后环节

会计的监督活动贯穿于企业的经济活动全过程，包括事前监督、事中监督、事后监督。其中，事前监督是在经济活动开始前进行的监督和审查，主要包括对经济活动的可行性进行审查以及对经济事项是否合法合规的审查；事中监督是对正在进行中的经济活动进行监督，找出失误和偏差的原因并及时进行纠正，使经济活动沿着预定的目标进行；事后监督是对已经发生的经济活动进行审核和分析，发现问题、解决问题，总结经验教训。

会计核算与会计监督是紧密联系、相辅相成的。会计核算为监督提供数据和信息，会计核算是会计监督的基础，只有正确地进行会计核算，会计监督才能有真实可靠的依据；会计监督是会计核算质量的保证，只有在核算的过程中进行严格的监督，才能保证会计核算提供资料的真实性、合法性和合理性，如果只有会计核算而不进行严格的监督，会计核算所提供的信息质量就难以保证。

（三）会计拓展职能

现代会计是一项职能多样化的经济管理工作，除了核算和监督两项基本职能外，会计还具有预测经济前景、参与经济决策、评价经营业绩等拓展职能。

1. 预测经济前景

预测经济前景，是指企业根据财务报表提供的数据，采用一定的手段定量或定性地判断和推测经济活动的发展变化规律，找出经济发展的趋势，用来指导企业的经营管理活动，提高经营管理的效益。

2. 参与经济决策

参与经济决策，是指企业根据财务报表提供的数据，结合企业生产经营的状况，运用定量或定性的分析方法，对多项备选方案进行分析，找出最适合企业的方案，为经营决策提供参考依据，促进决策的科学化，提高决策效益。

3. 评价经营业绩

评价经营业绩，是指企业根据财务报表提供的数据，运用一定的方法，对企业在一段时间内的生产运营管理、市场营销、投资收益等进行分析，对照行业标准或计划标准，作出客观、准确的评价。

随着经济环境的变化以及企业管理手段的变化，会计的职能会发生不断的变化，因此，应该用发展的眼光去学习会计的职能。

第三节　会计目标和会计信息使用者

一、会计目标

会计目标即财务报告的目标，它是财务报告概念框架的逻辑起点，是会计理论研究中的一个重要课题。

我国《企业会计准则》将财务报告目标描述为：向财务会计报告使用者提供与企业财务状况、经营成果和现金流量等有关的会计信息，反映企业管理层受托责任履行情况，有助于财务会计报告使用者做出经济决策。可见，我国《企业会计准则》将财务报告目标界定为双重目标，一方面要反映管理层的受托责任，另一方面要满足财务报告信息使用者的决策需要。这个双重目标就是学术上总结的受托责任观和决策有用观。

二、会计信息使用者

根据会计目标，满足会计信息使用者的需求是企业编制财务报表的立足点，如果企业提供的会计信息与会计信息使用者的决策需求无关，那么会计信息就失去了其存在的意义。会计信息使用者通常也是企业的利益相关者。利益相关者是指与企业存在经济利益关系的单位或者个人，例如投资者、债权人、管理层、供应商、客户、政府部门和员工等。

（一）投资者

投资者也称企业的股东或所有者，通过向企业投资、参与经营管理和分红的方式与企业发生经济利益关系。投资者最关心的是投资回报和投资风险，需要企业经营成果和利润分配等信息以便作出增资、撤资或维持投资等经济决策。通常，财务报表能够满足投资者的会计信息需求，也可以满足其他信息使用者的信息需求。

（二）债权人

债权人通过向企业提供资金，以收取利息和收回本金的方式与企业发生经济利益关系。常见的债权人包括银行和债券持有者。通常债权人不直接参与企业经营管理，其权益优先于投资者。债权人最关心的是本金和利息是否能够安全收回，需要企业财务状况、盈利水平和现金流量等信息来判断企业的偿债能力，以便做出是否继续贷款或收回贷款的决策。

（三）管理层

管理层是企业战略的执行者，通常为职业经理人。职业经理人与股东形成受托和委托关系，从企业领取薪酬，对股东负有受托责任。管理层最关心企业战略制定的依据和执行的效果，如成本的高低、收入的实现等，并结合其他业务信息决定生产规模和发展途径，以及作出融资、投资、利润分配等经济决策。

（四）供应商

供应商是企业原材料、商品或者服务的提供者，也可通过优先发货或者提供服务后收钱的方式向企业提供商业信用，因而也是企业的资金提供者。供应商最关心的是贷款的收回及企业的持续合作能力，需要企业的经营能力、获利能力和支付能力等信息，进而作出是否提供商业信用、扩大规模或者调整经营方向等决策。

（五）客户

客户是企业收入和利润的主要提供者。客户最关心的是产品质量和价格以及持续供应的能力，需要企业持续经营和获利能力等信息进行价格趋势的判断，并决定是否继续购买商品或服务。

（六）政府部门

政府部门通过征税和收取各种行政事业费与企业发生经济关系。政府最关心的是社会资源有效配置、环境保护、经济发展、政策制定的有效性及税收的征收等，需要企业的营运能力、发展能力、盈利水平、社会责任等信息，进而进行各项政策的制定、评估和调整。

（七）员工

员工与企业签订劳动合同，领取劳动报酬，需要企业提供的信息判断公司发展前景和就业保障。

第四节　会计基本假设与会计基础

一、会计基本假设

会计基本假设是企业会计确认、计量和报告的前提和基础，是对会计核算所处的时间、空间环境所作的合理假定，也是一系列会计原则和会计方法得以运用的前提条件。会计基本假设包括会计主体、持续经营、会计分期和货币计量。

（一）会计主体

会计主体，是指企业会计确认、计量和报告的空间范围，是会计核算的特定组织或单位。为了向会计信息使用者反映不同主体的财务状况、经营成果和现金流量等会计信息，应当明确提供会计信息的主体，将不同的主体区别开来。不同的主体各自提供财务报告，如实反映各自的财务状况、经营成果和现金流量等会计信息，为信息使用者提供决策有用的信息。在会计主体假设下，特定主体应当把本身发生的交易或事项进行会计确认、计量和报告，反映特定主体本身交易或事项，不能越界处理业务、反映其他主体的会计信息。

1. 明确会计主体对会计主体交易或事项的确认、计量和报告有重要作用

明确会计主体，才能明确会计主体所核算交易或事项的范围。在会计工作中，首先要明确核算的交易或事项的范围，即：会计只对影响主体本身的各项交易或事项进行确认、计量和报告；不影响主体本身的交易或事项不需要确认、计量和报告。

明确会计主体，才能将不同会计主体的交易或者事项区分开来。第一，明确会计主体，才能将会计主体与其他会计主体区分开来。比如 H 公司记录和报告的经济活动只限于 H 公司发生的，不能反映其他公司的经济活动。第二，明确会计主体，才能将公司与其所有者区分开来。公司所有者与公司无关的交易或者事项是属于公司所有者私人的交易或事项，不应纳入公司会计核算的范围。

2. 会计主体与法律主体的关系

会计主体是指会计独立核算的主体，包括法律主体和非法律主体。法律主体是指法律认可的法人组织，属于会计主体的范畴。一般来说，一个法律主体必然是一个会计主体，但会计主体不一定是法律主体。一个公司作为一个独立的法律主体，应当建立独立财务系统，进行独立核算，反映公司本身的财务状况、经营成果和现金流量等会计信息。但是，会计主体不一定是法律主体，如在具有控股关系的集团里面，一个母公司拥有若干子公司，母公司和子公司虽然是不同的法律主体。但是母公司对于子公司拥有控制权，为了全面反映集团整体的财务状况、经营成果和现金流量等会计信息，就有必要将集团作为一个会计主体，编制合并财务报告。此时，企业集团就是一个会计主体，但它并不是法律主体。另外，诸如个人独资企业、合伙企业等也属于会计主体，但其不具备法律主体资格，并不属于法律主体。

【例题 1-3】法律主体不一定是会计主体，会计主体也不一定是法律主体。（　×　）

（二）持续经营

持续经营是指在可预见的将来，企业按照当前的规模和状态继续经营下去，不会停业，也不会大规模削减业务。在持续经营的假设下，企业的债权可以按时收回，企业的债务可以按时清偿，因此，企业的确认、计量和报告是围绕持续经营展开的。会计一系列的核算方法、计量原则的使用均在持续经营基本假设下进行的，企业能否持续经营下去，对企业会计原则、会计方法的选择有很大影响。明确这个基本假设，就意味着会计主体将按照既定用途使用资产，按照既定的合约条件清偿债务，会计人员就可以在此基础上选择会计原则和会计方法。例如，对于固定资产的会计处理，如果判断企业会持续经营，就可以假定企业的固定资产在持续经营的生产经营过程中长期发挥作用，并服务于生产经营过程，固定资产就可以根据历史成本记录，并采用一定的折旧方法，将历史

成本分摊到各个会计期间或相关产品的成本中；如果判断企业不会持续经营，固定资产就不应采用历史成本记录并按期计提折旧。

如果一个企业在不能持续经营时仍按持续经营基本假设选择会计确认、计量和报告原则和方法，就不能客观地反映企业的财务状况、经营成果和现金流量，会误导会计信息使用者的经济决策。

【例题 1-4】世界上没有一个企业能够永远经营下去。（ √ ）

（三）会计分期

会计分期是指将一个企业持续经营的生产经营活动划分为一个个连续的、长短相同的期间。会计分期的目的，在于通过会计期间的划分将持续经营的生产经营活动人为地划分成连续、相等的期间，据以结算盈亏，按期编制财务报告，从而定期及时地向财务报告使用者提供有关企业财务状况、经营成果和现金流量的信息。在会计分期假设下，企业应当划分会计期间，分期结算账目和编制财务报告。会计期间通常分为年度和中期。年度会计期间可以采用自然年度，即 1 月 1 日至 12 月 31 日，也可以采用跨期制，如当年的 4 月 1 日至次年的 3 月 31 日。中期，是指短于一个完整的会计年度的报告期间，如半年度或季度。由于会计分期，才产生了当期与以前期间、以后期间的差别，才使不同类型的会计主体有了记账的基准，进而孕育出折旧、摊销等会计处理方法。

【例题 1-5】中期是指短于一个会计年度的报告区间，如半年、一个季度、一个月。（ √ ）

（四）货币计量

货币计量是指会计主体在会计确认、计量和报告时以货币作为计量尺度，反映会计主体的生产经营活动。在会计的确认、计量和报告过程中之所以选择货币为基础进行计量，是由货币本身的属性决定的。货币是商品的一般等价物，是衡量一般商品价值的共同尺度，具有价值尺度、流通手段、贮藏手段和支付手段等特点。其他计量单位，如重量、长度等，只能从一个侧面反映企业的生产经营情况，无法在价值上进行汇总和比较，不便于会计计量和经营管理。只有选择货币尺度计量，才能充分反映企业的生产经营情况，因此，货币作为会计的主要计量单位。

【例题 1-6】在企业经营活动中，货币是会计的主要计量单位（ √ ）。

二、会计基础

会计基础是指企业确认、计量和报告的基础，是明确收入、费用等要素入账的时间依据，包括权责发生制和收付实现制。

在权责发生制基础上，凡是当期已经实现的收入和已经发生或应当负担的费用，无论款项是否收付，都应当作为当期的收入和费用，计入当期利润表；凡是不属于当期的收入和费用，即使款项已在当期收付，也不应当作为当期的收入和费用。

收付实现制是与权责发生制相对应的一种会计基础，它是以实际收到或支付现金的时点作为确认收入和费用的依据，不考虑经济业务是否发生。

在实务中，会计主体的交易或者事项的发生时间与相关货币收支时间有时并不完全一致。例如，款项已经收到，但销售并未实现；或者款项已经支付，但并不是为本期生产经营活动而发生的。为了更加真实、公允地反映特定会计期间的财务状况和经营成果，我国会计准则明确规定：企业在会计确认、计量和报告时应当以权责发生制为基础；行政单位在会计确认、计量和报告中应当以收付实现制为基础；事业单位在会计确认、计量和报告中应当以收付实现制为基础，但带有经营性质的业务在会计确认、计量和报告中应当以权责发生制为基础。

【例题 1-7】S 公司 2023 年 5 月发生的经济业务如下：

（1）销售商品 80 000 元，其中 40 000 元已收到并存入银行，剩余款项尚未收到；

（2）收到上月为客户提供劳务收入 8 000 元，款项收回并存入银行；

（3）用银行存款支付本月的水电费用 1 000 元；

（4）用银行存款预付下半年房租 30 000 元；

（5）用银行存款支付上月借款利息 10 000 元；

（6）预收 A 商品销售款 50 000 元，款项已存入银行；

（7）本月为客户提供劳务收入 150 000 元，款项尚未收到；

（8）本月应分摊年初已支付的保险费 800 元。

要求：

计算在权责发生制下 5 月的收入、费用；

计算在收付实现制下 5 月的收入、费用。

【解析】权责发生制下 5 月的收入包括：销售商品 80 000 元，支付本月的水电费用 1 000 元，本月为客户提供劳务收入 150 000 元，合计 231 000 元；

权责发生制下 5 月的费用为本月应分摊年初已支付的保险费 800 元；

收付实现制下 5 月的收入包括：销售商品收到 40 000 元，上月为客户提供劳务收入 8 000 元，预收 A 商品销售款 50 000 元，合计 98 000 元；

收付实现制下 5 月的费用包括：支付本月的水电费用 1 000 元，预付下半年房租 30 000 元，支付上月借款利息 10 000 元，合计 41 000 元。

第五节 会计信息质量要求

会计信息质量要求是对企业会计报告中所提供会计信息质量的基本要求，它规范了会计报告中所提供的会计信息，即会计信息所要达到或满足的质量标准。越是高质量的会计信息，会计目标越能较好地实现。会计信息质量要求可以分为首要质量要求和次级质量要求，其中，首要质量要求包括可靠性、相关性、可理解性、可比性；次级质量要求包括实质重于形式、重要性、谨慎性和及时性等。

一、首要质量要求

（一）可靠性

可靠性要求企业应当以实际发生的交易或者事项为依据进行确认、计量和报告，如实反映企业的真实的财务状况、经营成果和现金流量等信息，保证会计信息真实可靠、内容完整。

为了保证会计信息的质量，可靠性要求企业应当以实际发生的交易或事项进行确认、计量和报告，具体要求做到以下三个方面：

1. 要求以实际发生的交易或者事项为依据进行确认、计量

已经发生的交易或事项，并且满足确认条件才可以确认；尚未发生的交易或事项不能进行确认；不符合会计要素定义及其确认条件的交易或事项不能进行确认，企业只能将符合会计要素定义及其确认条件的交易或事项如实反映在会计报告中，不得弄虚作假。

2. 要求保证会计信息的全面完整

企业在确认、计量和报告中，要求在符合重要性和成本效益的前提下，保证提供信息的全面完整，企业不得遗漏或者减少应当披露的信息，凡是影响到信息使用者决策的信息都应当充分反映，做到信息披露全面完整。

3. 要求在会计报告中反映的信息应当是客观中立的

企业在编制会计报告时，应当是按照实际发生的交易或事项经过加工变成会计信息，不得有人为的改变。如果企业在会计报告中为了达到事先设定的结果或效果，通过选择或列示有关会计信息以影响决策和判断的，这样的会计报告信息就不是中立的。

【例题1-8】根据实际发生的交易或事项进行确认、计量和报告，反映了会计（　A　）的质量要求。

A.可靠性　　　　　B.谨慎性　　　　　C.可比性　　　　　D.重要性

（二）相关性

相关性要求企业提供的会计信息应当与信息使用者的经济决策需要相关，有助于信息使用者对企业过去、现在和未来的财务状况、经营成果和现金流量等作出评价或者预测。

企业提供的会计信息是否有用，关键是看所提供的会计信息与信息使用者的经济决策需要是否相关，是否有助于信息使用者提高决策水平。

会计信息质量的相关性，要求企业在确认、计量和报告的过程中，充分考虑信息使用者的决策需要。但是，相关性并不代表企业提供的信息可以人为篡改，相关性应当以可靠性为基础，两者之间并不矛盾，不应将两者对立起来。也就是说，会计信息在满足可靠性的前提下，尽可能地做到相关，满足不同使用者的决策需要。

【例题1-9】企业所提供的会计信息应当与信息使用者的决策相关，反映的是可靠性的信息质量要求。（　×　）

（三）可理解性

可理解性要求企业提供的会计信息应当清晰明了，便于投资者等会计报告使用者理解和使用。

企业提供会计信息的目的在于满足信息使用者的经济决策需要，因此，只有让信息使用者了解会计信息的内涵，理解会计报告反映的信息内容，才能使信息使用者有效地运用信息，为其决策提供依据。这就要求企业会计报告提供的信息应当清晰明了，易于理解，提高会计信息的有用性，实现会计报告的目标，满足向信息使用者提供决策有用信息的要求。

在实务中，会计信息作为一种专业性较强的信息，并不是所有人都能理解和掌握的。另外，在强调会计信息的可理解性的同时，还应假定信息使用者具有会计专业知识，并且愿意付出努力去研究这些信息。可理解性要求企业对于某些复杂的信息（如交易本身较为复杂或者会计处理较为复杂）且与信息使用者的经济决策相关的，企业就应当在会计报告中充分披露，有助于信息使用者理解和使用。

【例题1-10】企业提供的会计信息应当让所有人都看得懂，反映了可理解性的信息质量要求。（　×　）

（四）可比性

可比性要求企业提供的会计信息应当相互可比，有助于信息使用者将过去、现在的信息进行比较，将同行业的企业数据进行比较。可比性主要包括两个方面：

1. 纵向可比

纵向可比，是指同一企业在不同时期发生的相同或相似的业务，应当采用一致的会计政策，不得随意变更。为了方便信息使用者了解企业财务状况、经营成果和现金流量等的变动趋势，比较同一企业在不同时期的会计信息，全面地评价企业的过去、分析现在、预测未来，为经济决策提供依据。因此，会计信息的纵向可比性要求同一企业不同时期发生的相同或相似的经济业务，应当采用一致的会计政策，不得随意变更。

2. 横向可比

横向可比，是指不同企业在同一会计期间发生的相同或者相似的经济业务，应当采用国家统一规定的会计政策，确保会计信息口径一致、相互可比。为了方便信息使用者评价和比较同一时期不同企业的财务状况、经营成果和现金流量等情况，为经济决策提供依据。因此，会计信息的横向可比性要求不同企业在同一会计期间发生的相同或者相似的经济业务，应当采用国家统一规定的会计政策，确保会计信息口径一致、相互可比。

但是，满足会计信息可比性要求，并非表明企业不得变更会计政策。如果按照规定或者在会计政策变更后可以提供更可靠、更相关的会计信息的，可以变更会计政策。有关会计政策变更的情况，应当在附注中予以说明。

【例题 1-11】可比性要求不同企业发生的所有业务都能够形成相互可比。（　×　）

二、次级质量要求

（一）实质重于形式

实质重于形式要求企业应当按照交易或者事项的经济实质进行会计确认、计量和报告，而不是仅仅以交易或者事项的法律形式为依据。

在实务中，企业发生的多数交易或者事项的经济实质和法律形式是一致的，但是也存在经济实质和法律形式不一致的情况。例如，以融资租赁方式租入的资产，虽然从法律形式来讲企业并不拥有其所有权，但是由于租赁合同中规定的租赁期相当长，往往接近于该资产的使用寿命；租赁期结束时承租企业有优先购买该资产的选择权；在租赁期内承租企业有权支配资产并从中受益等，从其经济实质来看，企业能够控制融资租入资产所创造的未来经济利益。因此，在会计确认、计量和报告上就应当将以融资租赁方式租入的资产视为企业的资产，列入企业的资产负债表。

【例题1-12】融资租赁方式租入的固定资产可以视同企业自有资产管理，体现了实质重于形式的信息质量要求。（ √ ）

（二）重要性

重要性要求企业提供的会计信息应当反映与企业的财务状况、经营成果和现金流量等有关的所有重要交易或者事项。

在实务中，如果某会计信息的省略或者错报会影响会计信息使用者作出正确的决策，该信息就具有重要性。重要性要根据企业所处环境和实际情况综合分析，一般要依赖会计职业判断，具有一定的主观性。重要性的判断一般从项目的性质和金额大小两方面加以判断。

【例题1-13】企业发生的所有的业务都是同等重要的，都应当单独列示。（ × ）

（三）谨慎性

谨慎性要求企业对交易或者事项进行确认、计量和报告应当保持必要的谨慎，不应高估资产或收益、低估负债或费用。

在市场竞争中，经济环境复杂多变，企业的生存、发展面临着许多不确定性，给企业带来一定的风险。例如，应收款项是否能收回、固定资产使用寿命的长短、无形资产使用寿命的长短、售出存货可能发生的退货或返修等。谨慎性要求企业在面临不确定性因素的情况下作出会计职业判断时，应当保持必要的谨慎，结合企业的实际情况综合分析，充分估计面临的各种风险和损失，既不高估资产或收益，也不低估负债或费用。例如，要求企业对可能发生的资产减值损失计提资产减值准备、对售出商品可能发生的保修义务等确认预计负债等，就体现了会计信息质量的谨慎性要求。

但是，谨慎性并不等于企业可以设置秘密准备或人为调整企业的资产、负债、所有者权益、收入、费用和利润。

【例题1-14】企业为了调整利润，计提资产减值准备，体现了谨慎性的质量要求。（ × ）

（四）及时性

及时性要求企业对于已经发生的交易或者事项，应当及时进行确认、计量和报告，不得提前或延后。

会计信息具有很强的时效性，过期的会计信息对信息使用者没有使用价值。在确认、计量和报告过程中保持及时性，一是要求及时收集会计信息，即在经济交易或者事项发生后，及时收集整理各种原始单据或者凭证；二是要求及时处理会计信息，即按照会计准则的规定，及时对经济交易或者事项进行确认、计量，并编制会计报告；三是要求及时传递会计信息，即按照国家规定的有关时限，及时地将编制的会计报告传递给信息使用者，有助于信息使用者及时使用和决策。另外，及时性也对相关性和可靠性起着制约作用，不应过分追求会计信息的相关性或可靠性而损害及时性。

【例题1-15】下列各项中，关于会计信息质量要求的表述正确的有（　BCD　）。

A. 可比性要求企业采用相同的会计政策

B. 实质重于形式要求企业不能仅以交易或事项的法律形式为依据

C. 及时性对相关性和可靠性起着制约作用

D. 重要性要求企业提供的会计信息应当反映与企业财务状况、经营成果和现金流量有关的所有重要交易或者事项

第六节　会计核算方法

一、设置账户

设置账户是对会计对象进行分类核算的一种专门方法。由于会计对象的具体内容是复杂多样的，要对其进行系统地核算，就必须对交易或事项进行科学的分类，有助于分类、连续地反映会计信息，为完成会计核算工作提供基础。

二、复式记账

复式记账是指对企业发生的每项交易或事项，要以相等的金额、在两个或两个以上相互联系的账户中进行登记的一种记账方法。采用复式记账方法，可以全面反映每一笔经济业务的来龙去脉，便于检查账簿记录的正确性和完整性，是一种比较科学的记账方法。在全球范围内，复式记账法得到全面的应用。

三、填制和审核会计凭证

会计凭证是记录经济业务，明确经济责任，作为记账依据的书面凭据。正确填制和审核会计凭证，是有效完成核算工作的基础，是做好会计工作的前提。填制和审核会计

凭证，是会计人员日常工作的起点。

四、登记会计账簿

登记会计账簿是以经过审核无误的会计凭证为依据，全面、系统、连续地记录各项交易或事项，为信息使用者提供完整、系统的核算资料。账簿记录是重要的会计工作，是进行会计分析、会计检查的重要依据。账簿记录是否真实、完整，直接关系到财务报表的质量，因此应当重视账簿记录工作。

五、成本计算

成本计算是按照一定产品或劳务归集和分配生产经营过程中发生的各种耗费，以便确定各项产品或劳务的总成本和单位成本的一种专门方法。产品成本是综合反映企业生产经营活动的一项重要指标。正确地进行成本计算，可以考核生产经营过程的费用支出水平，同时又是确定企业盈亏和制定产品价格的基础。

六、财产清查

财产清查是指通过对企业的实物资产、往来款项、货币资金等进行盘点或核对，从而查明各项资产实有数额的一种专门方法。通过财产清查，可以提高会计记录的正确性，保证账实相符。同时，还可以查明各项财产物资的保管和使用情况以及各种结算款项的执行情况，以便对积压或损毁的物资和逾期未收到的款项，及时采取措施，进行清理和加强对财产物资的管理。

七、编制财务报表

编制财务报表是以特定表格的形式，定期并总括地反映企业经营活动的一种专门方法。财务报表是以账簿记录为主要依据，经过专门的方法加工整理而形成的会计信息数据，用来反映企业财务状况、经营成果、现金流量等情况，为信息使用者决策提供依据。编制财务报表是会计核算工作的最后环节。

会计核算的七种方法是相互联系、相互依存、相互制约的，共同构成完整的会计核算方法体系。在实务中，一般在交易或事项发生后，按规定的手续填制和审核原始凭证，并应用复式记账法编制记账凭证，依据审核无误的会计凭证在有关账簿中登记；在期末对生产经营活动产生的耗费进行成本计算和财产清查，确保账簿记录的准确，最后根据审核无误的账簿记录编制财务报表。

本章总结

本章主要介绍了会计的产生与发展、会计对象、会计的职能、会计基本假设、会计信息质量要求和会计核算方法六个方面的内容。会计的产生和发展，包括古代阶段、近代会计阶段、现代会计阶段。会计的对象即资金运动，一般包括资金投入、资金循环和周转、资金退出。会计的职能，包括会计核算职能、会计监督职能、会计拓展职能。会计基本假设，包括会计主体、持续经营、会计分期、货币计量。会计基础，包括权责发生制和收付实现制。会计信息质量要求，包括可靠性、相关性、可理解性、可比性、实质重于形式、重要性、谨慎性和及时性。会计核算方法，包括填制和审核会计凭证、设置会计科目和账户、复式记账、登记账簿、成本计算、财产清查和编制财务报表七种专门方法。

拓展阅读

受托责任应否与决策有用性并列为财务报告目标？

财务报告概念框架（以下简称"概念框架"）是指导会计准则制定的理论基础，也是连接会计准则和会计实务的桥梁。国际会计准则理事会（IASB）在早期的概念框架（1989）中将决策有用性和受托责任并列为财务报告的两大目标。作为与美国财务会计准则委员会（FASB）联合开展概念框架研究的成果，IASB 在 2010 年版的概念框架中将决策有用性作为财务报告的唯一目标，将受托责任降格为决策有用性的一个子目标，声称此举是为了让使用者更好地理解受托责任。

将双目标改为单目标所引发的争议是 IASB 所料未及的。欧盟、中国和日本等地区和国家的许多会计团体和个人，纷纷呼吁 IASB 在修订概念框架时重新将受托责任与决策有用性并列为财务报告的目标。主张在财务报告目标中恢复受托责任显著地位的主要理由包括五个方面：①受托责任是股份公司的固有目标。委托代理关系是股份公司存续的契约基础，作为委托代理关系的基石，受托责任是股份公司财务报告必须反映的重要信息，不受外界因素影响。反观决策有用性的兴起，主要得益于资本市场的繁荣，其发展需要依赖一定的市场前提，难以取代股份制的本质关系所产生的信息需求。而且决策有用性立足使用者的信息需求，是一个权变目标，或者说是形式目标，受托责任作为实质目标则可以在一定程度上予以补充；②尽管上市公司的股东可以依据决策有用的信息"用脚投票"，但是对于上市公司的战略投资者和其他长期价值投资者而言，评价管理层和治理层是否有效地履行受托责任（主要体现为是否有效率和有效果地使用企业的资源）依然是其重要的信息诉求，只提供策有用性而不提受托责任，罔顾了长期投资者的信息需求。而且，现行准则体系同时适用于上市和非上市公司，大量非上市的国有企业和中小企业，其投资者主要关注投资回报（即资本的保值增值）以及管理层是否有效履行受托责任，换言之，提供有助于评价受托责任的相关信息，是非上市公司财务报告的本质要求；③受托责任体现法治精神，不仅有利于实现法律意义上的问责追究制度，而且也强调了管理层本身应该恪守的职业道德，起到保护投资者的作用；④受托责任不完全从属于决策有用性，二者虽有重合，但也存在差别。一是导向不同，决策有用性立足现在面向未来，受托责任则强调评价过去已发生的交易。二是覆盖的时间维度不同，决策有用性可以基于时点或较短时间维度的信息，受托责任则要求对管理层过去较长时间履职情况进行评价。三是对信息性质要求不同，现行准则特别强调披露涉及管理层的所有关联方交易，正是基于受托责任目标的考虑，如果从决策有用的角度，仅需报告满足重大性要求的交易即可。四是信息质量特征要求不同，决策有用性看中的是信息的相关性，而受托责任更强调的是信息的可靠性。五是计量属性不同，决策有用性推崇的是公允价值，受托责任拥戴的是历史成本。六是保护投资者的依赖机制不同，决策有用性倡导通过市场机制，受托责任则强调公司治理，这两种机制效应不可替代；⑤明确受托责任目标起到强调和指引的作用。强调受托责任有助于抑制决策有用性过度关注未来的价值导向，保持对公司业绩的恰当关注。同时，在目标层面保留受托责任能够引导 IASB 在制定和修订会计准则时兼顾评价受托责任的信息需求，避免向决策有用"一边倒"的会计处理。退一步说，夏冬林（2015）提出，决策有用观包含受托责任需要具备两个基本条件，即，存在规模大流动性强的资本市场和保持股权高度分散，从而一方面借助市场约束管理层，另一方面又限制公司治理发挥作用。但是，显然这两个条件在诸多国家和经济体难以满足。因而，受限于具体会计环境，单一决策有用性的目标不具有可行性。

另一方面，主张将决策有用性作为唯一目标的拥护者也提出三大理由予以反驳。①将评价受托责任作为财务报告目标不具有可操作性。客观评价受托责任履行情况的前提是将管理层不可控的外部因素的影响从公司业绩中分离出来，并在财务报告上分开列示，这显然不可行；②双目标的信息要求存在重大重叠，基于成本效益原则和减少复杂性的考虑，采用决策有用性为主，受托责任为辅的方式更为恰当。而且，二者要求并非割裂，甚至是密切关联的。按照受托责任目标编制的信息必须包含资产负债表所反映的期末时点信息，而该信息又不可避免受到未来预期现金流的影响。例如，资产减值应考虑未来可回收金额；③受托责任目标的支持者可能混淆了财务报告和公司治理的问题。有效的公司治理确实要求管理层向股东提供有关受托责任履行情况的信息，但这些信息并不完全属于财务报告范围，将评价受托责任作为公司治理的要求更合理。

围绕受托责任应否与决策有用性并列为财务报告目标展开的争论精彩纷呈、见仁见智，进一步彰显了受托责任的重要性。我们认为，财务报告的单目标与双目标之争，很大程度源于融资环境的差异。如果一个国家大中型企业的资金主要来自股票市场（如美国和英国），强调决策有用性而淡化受托责任的单一财务报告目标往往更受青睐。反之，如果一个国家大中型企业的资金主要来自商业银行而不是股票市场（如德国、法国、中国和日本），将受托责任与决策有用性并列的双重财务报告目标通常更受推崇。

（节选自《财务报告概念框架修订热点问题综述》，黄晓韡和黄世忠，会计研究2016 年第 1 期，25-30 页）

第二章 会计要素与会计等式

知识目标

1.认识会计要素的概念、会计要素的内容、会计要素的计量属性。

2.理解资产、负债、所有者权益、收入、费用、利润的概念、特点、确认条件、分类。

3.理解会计要素之间的关系、会计等式的表现形式及作用。

4.掌握会计等式及其应用。

思政目标

1.通过介绍会计要素与会计对象之间的关系，使学生认识到分类是反映信息的最基本方法，建立学生的分类思想，培养分类思维能力。

2.通过会计等式的学习，启发学生欣赏会计平衡之美，并鼓励学生将会计平衡思想运用到日常生活和学习之中，不必纠结于一时的得失，从长远看，得与失是平衡的，从而增强获得内心平衡和幸福的能力。

3.通过会计要素和会计等式的学习，培养学生将经济业务转化为会计语言的能力，以及用会计语言正确描述经济业务的能力。

案例导入

小冯对会计业务分类的困惑

小冯是一名会计专业的学生，在学习会计中，对会计业务的类型十分困惑。面对复杂的经济业务，有涉及现金的、有涉及银行存款的、有涉及实物资产的、有涉及非实物资产的，有应收款项的、有应付款项的、有收入的、有费用的……小冯无从下手，不知这么多的业务该怎么归类。你知道吗？

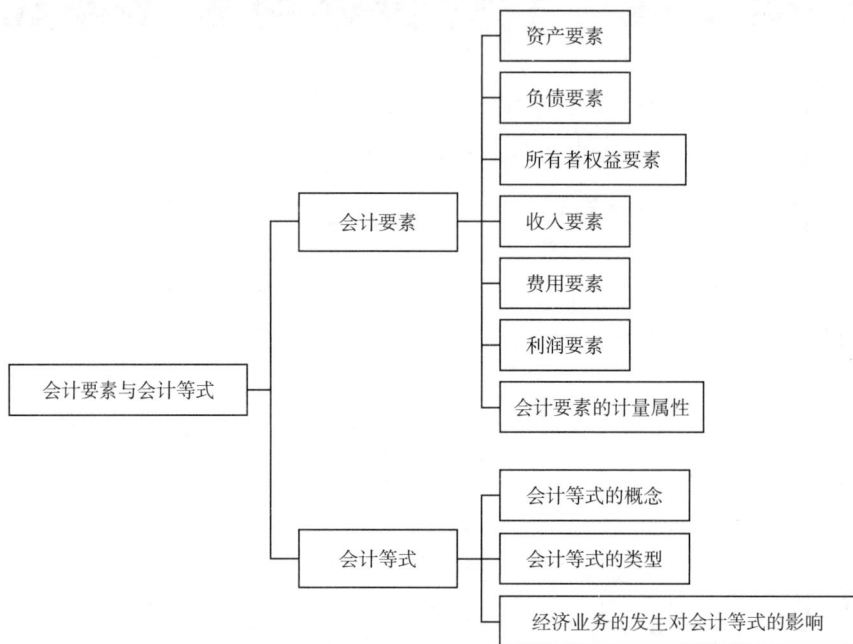

图2-1　第二章思维导图

第一节　会计要素

　　会计要素是对会计对象按经济特征作出的基本分类，属于会计对象的具体化。企业会计要素按照其内容主要分为资产、负债、所有者权益、收入、费用和利润；其中，资产、负债和所有者权益要素侧重于反映企业的财务状况；收入、费用和利润要素侧重于反映企业的经营成果。会计要素既是进行会计确认和计量的依据，也是设定财务报表结构和内容的基础。

　　企业对会计要素的划分是由我国《企业会计准则》规定的，因为在实务中，相同类型的交易或事项具有共同的特征。企业持有的库存现金、银行存款、应收票据、应收账款等由企业拥有或控制，并能够在未来期间能给企业带来经济利益，这一类型的会计对象统称为资产要素；企业的短期借款、应付票据、应付职工薪酬、应交税费、长期借款等是企业承担的现时义务，履行该义务会导致企业在未来会计期间发生经济利益流出，这一类型的会计对象统称为负债要素；企业的实收资本、资本公积、盈余公积等均反映企业所有者对企业净资产的权利，这一类型的会计对象统称为所有者权益要素。依次类推，企业将会计要素分为资产、负债、所有者权益、收入、费用和利润六大类，企业发生的所有经济业务均可以通过这六大类会计要素表达。因此，通过对企业会计要素的划分，可以将抽象的资金运动按业务的经济特征进一步划分为比较详细的会计要素，便于分类核算和提供详细的会计信息。

一、资产要素

（一）资产的概念

资产，是指企业过去的交易或者事项形成的，由企业拥有或者控制的，预期会给企业带来经济利益的资源。根据资产的概念，资产具有以下三个方面的特征：

1. 资产由企业过去的交易或者事项形成

资产应当由企业过去的交易或者事项所形成，过去的交易或者事项主要包括通过采购、生产、建设等交易或者事项，只有过去的交易或者事项才能形成资产，企业在未来发生的交易或者事项具有不确定性，不属于资产的范畴。如 2023 年 1 月，SSZ 公司与 F 企业签订合同，并约定 SSZ 公司将在 2023 年 3 月份从 F 企业买入机床设备 1 台，价值 80 000 元。但是 SSZ 公司在 2023 年 1 月份尚未采购该固定资产。因此，SSZ 公司在 2023 年 1 月份不能根据该合同确认固定资产增加 80 000 元；如果在 2 月份，SSZ 公司履行合同，并采购该设备，那么 SSZ 公司就可以在 2 月份将其确认为固定资产。

2. 资产应当是企业拥有或者控制的资源

资产作为一种资源，应当由企业拥有或者控制，具体是指企业享有某项资源的所有权，或者虽然不享有某项资源的所有权，但能够实质上控制该资源，获得该资源带来的经济利益。企业拥有资产的所有权，表明企业能够从资产中获取一定的经济利益。在判断资产是否属于某企业时，考虑的首要因素是对资产的拥有权。当然，在特殊情况下，企业虽然没拥有资产的所有权，但企业能够实质控制某项资产，也可以表明企业能够从资产中获取一定的经济利益，符合资产的概念。如企业通过融资租赁方式租入的固定资产，企业对其不具有所有权，但根据融资租赁协议的约定，企业对该租赁资产具有实质的控制权，根据实质重于形式的要求，企业也应当将其作为企业的固定资产进行确认。

3. 资产预期能给企业带来经济利益

资产预期会给企业带来经济利益，是指资产具有能够直接或者间接的导致现金和现金等价物流入企业的潜力。这种潜力既包括企业在日常生产经营活动形成的，也包括企业在非日常活动形成的；带来的经济利益既包括现金或者现金等价物，也包括转化为现金或者现金等价物的其他资源。

预期能为企业带来经济利益是资产的重要特征。企业采购的原材料、商品、购建的固定资产等可以用于生产经营过程制造商品或者提供劳务，对外出售后收回货款，货款即企业所获得的经济利益。如果某一项目预期不能给企业带来经济利益，那么就不能将其确认为企业的资产。以前期间已经确认为资产的项目，如果不能再为企业带来经济利益的，也不能再确认为企业的资产。例如，过期的霉烂变质商品不能给企业带来经济利益，不属于资产。

（二）资产的确认条件

将某项资源确认为资产，除了要符合资产的概念，还应当同时满足以下两个条件：

1. 与该资源有关的经济利益很可能流入企业

能给企业带来经济利益是资产的一个基本特征，不能给企业带来经济利益的资源不应确认为资产。在实务中，某些资源能否给企业带来经济利益具有不确定性，与资源有关的经济利益能否流入企业或者能够流入多少面临不确定性。因此，资产的确认还应当与经济利益流入的不确定性程度的判断结合起来。当与资源相关的经济利益很可能流入企业的时候，该资源可以确定为资产，当与资源相关的经济利益可能或者不可能流入企业的时候，该资源不应确定为资产。

2. 该资源的成本或者价值能够可靠地计量

成本或价值是衡量资产的重要依据，只有某项资源的成本或价值能够可靠地计量，它才属于企业的资产。在实务中，企业取得的许多资产都会发生相应成本。例如，企业采购或者加工的存货、企业购建的房屋或者设备等，对于这些资产，只有实际发生的成本能够可靠计量，才能视为符合资产确认的条件。在某些情况下，企业取得的资产没有发生实际成本或者发生的实际成本很小，例如，企业持有的某些衍生金融工具形成的资产，对于这些资产，尽管它们没有实际成本或者发生的实际成本很小，但是如果其公允价值能够可靠计量的话，也被认为符合资产可计量性的确认条件。

【例题 2-1】下列项目中，属于资产要素的有（　　ABC　　）。

A. 应收账款　　　　　　B. 库存商品

C. 无形资产　　　　　　D. 应交税费

【例题 2-2】企业拥有的资源，只要满足资产的概念就应确认为企业的资产。（　×　）

【例题 2-3】企业经营租入的机器设备属于企业的固定资产。（　×　）

（三）资产分类

1. 按流动性分类

资产的流动性指资产的变现能力，资产按其流动性的强弱可以分为流动资产和非流动资产。其中，流动资产，是指预计在一个正常营业周期中变现、出售或耗用，或者主要为交易目的而持有，或者预计在资产负债表日起一年内（含一年）变现的资产，以及自资产负债表日起一年内交换其他资产或清偿债务的能力不受限制的现金或现金等价物。常见的流动资产有库存现金、银行存款、其他货币资金、应收票据、应收账款、存货等。非流动资产，是指流动资产以外的各项资产。常见的非流动资产有：固定资产、在建工程、工程物资等。

2. 按是否具有实物形态分类

资产按其是否具有实物形态分为有实物形态的资产和无实物形态的资产。其中，有实物形态的资产，是指具有实物形态，看得见摸得着的资产，主要包括固定资产、工程物资、原材料、库存商品等。没有实物形态的资产，是指不具有实物形态的资产，主要包括无形资产、商誉。

二、负债要素

（一）负债的概念

负债也叫债务，是指企业过去的交易或者事项形成的，预期会导致经济利益流出企业的现时义务。根据负债的概念，负债具有以下三个方面的特征：

1. 负债由企业过去的交易或者事项形成

只有过去的交易或者事项才形成负债，企业将在未来发生的承诺、签订的合同等交易或者事项不形成负债。因此，某一交易或事项是否形成企业的负债，首先得判断该交易或事项是不是过去发生的，如果该交易事项不是过去发生的，那就不满足负债的概念。

2. 负债是企业承担的现时义务

负债必须是企业现时条件下承担的义务，即企业在现时条件下已承担的义务，未来发生的交易或者事项形成的义务，或者由或有事项引起的潜在义务，均不应当确认为负债。

现时条件下承担的义务可以是法定义务，也可以是推定义务。其中，法定义务是指具有约束力的合同或者法律、法规规定的义务，通常在法律意义上需要强制执行。如企业购买商品形成应付账款、企业向金融机构贷款形成短期借款或长期借款、企业按照税法规定应当缴纳的税款等，均属于企业承担的法定义务，需要依法予以偿还。推定义务是指根据企业多年来的习惯做法、公开的承诺或者公开宣布的经营政策而导致企业将承担的责任，这些责任也使有关各方形成了企业将履行义务承担责任的合理预期。如企业承诺对售出的商品 20 天内免费调换、一年内免费维修，根据以往判定，有 6% 的客户需要商家对商品进行调换或维修，而商家履行该承诺必须付出一定的代价，尽管个别客户的这种需求是或有事项，但根据概率推算，总有一部分客户需要商家履行承诺从而付出相应代价，对于这种情况导致企业需要在未来期间承担的义务称为推定义务，企业必须将履行该义务而预计的支出计入预计负债。

3. 负债预期会导致经济利益流出企业

预期会导致经济利益流出企业是负债的一个本质特征。如果某项义务在履行时会导致经济利益流出企业，则属于负债；如果某项义务在履行时不会导致经济利益流出企业，就不属于负债的范畴。如企业购买商品，款项尚未支付，需要在未来某一时间内偿还，这就属于负债；如果该笔货款以后不需要偿还，则不属于企业的负债。在履行现时义务清偿负债时，导致经济利益流出企业的形式多种多样，例如用现金偿还或以实物资产形式偿还，以提供劳务形式偿还，部分转移资产、部分提供劳务形式偿还，将负债转为资本等。

（二）负债的确认条件

某项现时义务是否确认为负债，除了需要符合负债的概念外，还应当同时满足以下两个条件：

1. 与该义务有关的经济利益很可能流出企业

从负债的概念可知，预期会导致经济利益流出企业是负债的一个本质特征。在实际工作中，履行某项义务所引起的经济利益流出企业具有不确定性，尤其是与推定义务相关的经济利益需要依赖会计职业判断和主观估计。因此，负债的确认应当与经济利益流出企业的不确定性程度的判断结合起来，如果履行某项现时义务很可能导致相关的经济利益流出企业，就应当将其确认为负债；如果履行某项现时义务，导致企业经济利益流出的可能性很小，就不应当确认为负债。如企业欠某人 20 000 元劳务费，经过多年寻找都找不到该债权人，该笔劳务费几乎不需要偿还，不能作为企业的负债。

2. 未来流出的经济利益的金额能够可靠地计量

在确认负债的过程中，除了要满足经济利益很可能流出企业，还应当满足未来流出的经济利益的金额应当能够可靠计量。对于与法定义务有关的经济利益流出金额，通常可以根据合同或者法律规定的金额予以确定。考虑到经济利益流出的金额通常在未来期间，有时未来期间较长，有关金额的计量需要考虑货币时间价值等因素的影响。对于与推定义务有关的经济利益流出金额，企业应当根据履行相关义务所需支出的最佳估计数进行估计，并综合考虑有关货币时间价值、风险等因素的影响。

【例题 2-4】负债是企业承担的一项义务，只包括现时义务，不包括潜在义务。（ √ ）

【例题 2-5】企业应收客户的款项，属于负债的范畴。（ × ）

【例题 2-6】下列项目中，属于企业负债的有（ ABC ）。

　A. 应付利息　　　　　　　B. 应付账款

C. 短期借款　　　　　　D. 预付账款

（三）负债分类

负债按流动性分为流动负债和非流动负债两大类。其中，流动负债是指预计在一个正常营业周期清偿，或者主要为交易目的而持有，或者自资产负债表日起一年内（含一年）到期应予清偿，或者企业无权自主地将清偿推迟至资产负债表日后一年以上的负债。流动负债主要有短期借款、应付账款、应付票据、预收账款、应付职工薪酬、应交税费、应付利息、应付股利、其他应付款等。非流动负债是指流动负债以外的负债，主要包括长期借款、应付债券、长期应付款等。

三、所有者权益要素

（一）所有者权益的概念

所有者权益也称股东权益，是指企业资产减去负债后，由所有者享有的剩余权益。所有者权益实际上是企业全部的资产扣除企业的全部负债后，由股东对企业净资产的所有权，即股东对企业资产的剩余索取权。

根据所有者权益的概念，所有者权益有以下三个特征：

（1）除非发生减资、清算或分派现金股利，企业不需要偿还所有者权益。

（2）企业清算时，只有在清偿所有负债后，剩余财产才返还给所有者。

（3）所有者凭借所有者权益能够参与企业利润的分配。

（二）所有者权益的确认条件

所有者权益体现的是所有者在企业中的剩余权益。因此，所有者权益的确认主要依赖于资产、负债、收入、费用、利得和损失，尤其是资产和负债的确认；所有者权益金额的确定也主要取决于资产和负债的计量。例如，企业接受投资者投入的资产，在该资产符合资产确认条件时，就相应地符合了所有者权益的确认条件；当该资产的价值能够可靠计量时，所有者权益的金额也就可以确定。

（三）所有者权益分类

所有者权益按来源分为所有者投入的资本、直接计入所有者权益的利得和损失以及留存收益，具体包括实收资本或股本、资本公积（股本溢价或资本溢价、其他资本公积）、其他综合收益、其他权益工具、盈余公积（法定盈余公积、任意盈余公积）和未分配利润。其中，所有者投入的资本，是指所有者按投资合同或协议约定实际投入企业的资本，它既包括构成企业注册资本或者股本的金额，也包括投入资本超过注册资本或股本部分的金额。直接计入所有者权益的利得和损失，是指企业在非日常活动中形成的不应直接计入当期损益、会导致所有者权益发生增减变动的、与所有者投入资本或者向所有者分配利润无关的利得或者损失。留存收益是企业历年实现的净利润留存于企业的部分，主要包括盈余公积和未分配利润。

【例题2-7】所有者权益的确认依赖资产、负债、收入、费用、利得和损失。（ √ ）

【例题2-8】下列各项中，属于所有者权益的有（ ABCD ）。

A. 实收资本

B. 资本公积

C. 盈余公积

D. 其他综合收益

四、收入要素

（一）收入的概念

收入，是指企业在日常活动中形成的、会导致所有者权益增加的、与所有者投入资本无关的经济利益的总流入。根据收入的概念，收入具有以下三个方面的特征：

1. 收入是企业在日常活动中形成的

日常活动，是指企业为完成其经营目标所从事的经常性活动以及与之相关辅助性的活动。如制造企业的产品销售活动，商业企业的商品购销活动，金融企业的存贷款活动，租赁企业的出租业务、出租固定资产、包装物，销售原材料等。明确界定日常活动是为了将收入与利得相区分，企业非日常活动所形成的经济利益的流入不能确认为收入，而应当计入利得。

2. 收入会导致所有者权益的增加

与收入相关的经济利益的流入应当会导致所有者权益的增加，不会导致所有者权益增加的经济利益的流入不符合收入的概念，不应确认为收入。如企业向债权人借入款项，尽管也导致了企业经济利益的流入，但该流入并不导致所有者权益的增加，反而使企业承担了一项现时义务，应当确认为一项负债。

3. 收入是与所有者投入资本无关的经济利益的总流入

收入应当会导致经济利益的流入，从而导致资产的增加。如企业销售商品，应当收到现金或者有权在未来收到现金，才表明该交易符合收入的概念。但是在实务中，经济利益的流入有时是所有者投入资本的增加所导致的，所有者投入资本的增加不应当确认为收入，应当将其直接确认为所有者权益。

（二）收入的确认条件

企业收入的来源渠道多种多样，不同收入来源的特征有所不同，其收入确认条件也往往存在差别，但是，都至少应当符合以下三个条件：

（1）与收入相关的经济利益应当很可能流入企业。

（2）经济利益流入企业的结果会导致资产的增加或者负债的减少。

（3）经济利益的流入额能够可靠计量。

根据财政部 2017 年发布的《企业会计准则第 14 号—收入》，企业应当在履行了合同中的履约义务，即在客户取得相关商品控制权时确认收入。其中，取得相关商品控制权，是指能够主导该商品的使用并从中获得几乎全部的经济利益。

（三）收入分类

1. 按经济业务的性质分类

收入按经济业务的性质分为：销售商品收入、提供劳务收入、让渡资产使用权收入。其中，销售商品收入，是指企业通过销售商品、材料等获得的收入；提供劳务收入，是指企业通过提供管理咨询、建筑安装、法律咨询、导游等业务获得的收入；让渡资产使用权收入，是指企业通过资产出租、资产出借等获得的收入。

2. 按重要性分类

收入按重要性分为主营业务收入、其他业务收入。主营业务收入是指企业在销售商品、提供劳务及让渡资产使用权等日常活动中产生的收入。其他业务收入是指企业除主营业务以外的其他销售或其他业务的收入，如材料销售、代购代销、包装物出租等收入。

【例题 2-9】不是所有流入企业的经济利益都属于企业的收入。（　√　）

【例题 2-10】某项经济利益流入企业，就属于企业的收入。（　×　）

【例题 2-11】下列项目中，属于企业收入的有（　ABC　）。

A. 销售材料 　　　　　　　　　B. 销售货物

C. 提供劳务 　　　　　　　　　D. 接受捐赠的款项

五、费用要素

（一）费用的概念

费用，是指企业在日常活动中发生的、会导致所有者权益减少的、与向所有者分配利润无关的经济利益的总流出。根据费用的概念，费用具有以下三方面的特征：

1. 费用是企业在日常活动中形成的

费用必须是企业在日常活动中所形成的，对日常活动的界定与收入概念中涉及的日常活动的界定相一致。日常活动所产生的费用通常包括销售成本（营业成本）、职工薪酬、折旧费、无形资产摊销等。将费用界定为日常活动所形成的，目的是将其与损失相区分，企业非日常活动所形成的经济利益的流出不能确认为费用，而应当计入损失。

2. 费用会导致所有者权益的减少

与费用相关的经济利益的流出应当会导致所有者权益的减少，不会导致所有者权益减少的经济利益的流出不符合费用的概念，不应确认为费用。如企业偿还债权人的借款，尽管也导致了企业经济利益流出企业，但该流出并不导致所有者权益的减少，而是负债的降低，因此不应确认为费用。

3. 费用是与向所有者分配利润无关的经济利益的总流出

费用的发生应当会导致经济利益的流出，从而导致资产的减少或者负债的增加，其表现形式包括现金或者现金等价物的流出，存货、固定资产和无形资产等的流出或者消耗等。企业向所有者分配利润也会导致经济利益的流出，但该经济利益的流出属于所有者权益的抵减项目，不应确认为费用。

（二）费用的确认条件

费用的确认除了应符合概念外，还应当满足以下三个条件：

（1）与费用相关的经济利益应当很可能流出企业。

（2）经济利益流出企业的结果会导致资产的减少或者负债的增加。

（3）经济利益的流出额能够可靠计量。

（三）费用分类

企业费用可以分为可直接计入产品成本的费用和期间费用两类。其中，直接计入产品成本的费用包括直接材料、直接人工和制造费用等；期间费用包括管理费用、财务费用、销售费用和研发费用，期间费用在期末直接转入本年利润，而不计入产品成本中去。

【例题 2-12】所有流出企业的经济利益都属于企业的费用。（ × ）

【例题 2-13】下列项目中，属于企业费用的有（ ABCD ）。

A. 主营业务成本   B. 财务费用

C. 管理费用   D. 销售费用

六、利润要素

（一）利润的概念

利润，是指企业在一定会计期间的经营成果，主要体现为在一定会计期间内企业通过从事生产经营活动而实现的盈利或者发生的亏损。一般而言，如果企业通过生产经营活动实现了一定数额的盈利，表明该企业的经营成果好，所有者权益有所增加；如果企业通过生产经营活动发生亏损，表明该企业的经营成果不好，所有者权益有所减少。实务中，利润往往是评价企业经营管理活动业绩的一项直观的重要指标，也是会计信息使用者进行决策时的重要参考依据。

利润包括收入减去费用后的净额、直接计入当期利润的利得和损失等。其中，收入减去费用后的净额反映的是企业日常经营活动的业绩；直接计入当期利润的利得和损失，是指应当计入当期损益、会导致所有者权益发生增减变动的、与所有者投入资本或者向所有者分配利润无关的利得或者损失。企业应当严格区分收入和利得、费用和损失，以更加全面准确地反映企业的经营业绩。

（二）利润的确认条件

利润反映的是收入减去费用加上利得减去损失后的净额。因此，利润的确认主要依赖于收入和费用以及利得和损失的确认，其金额的确定也主要取决于收入、费用、利得和损失金额的计量。

【例题 2-14】下列项目中，反映企业经营成果的要素有（　　BCD　　）。

A. 负债　　　　　　　　　B. 收入
C. 费用　　　　　　　　　D. 利润

七、会计要素的计量属性

会计计量是为了将符合确认条件的会计要素登记入账并列报于财务报表而确定其金额的过程。企业应当按照确定的计量属性进行确认、计量和报告。会计要素的计量属性主要包括历史成本、重置成本、可变现净值、现值和公允价值。

（一）历史成本

历史成本又称实际成本，是指企业取得或制造某项财产物资时所实际支付的现金或者其他等价物。在历史成本计量下，资产按照其购置时支付的现金或现金等价物的金额，或者按照购置资产时所付出的对价的公允价值计量。负债按照其因承担现时义务而实际收到的款项或者资产的金额，或者承担现时义务的合同金额，或者按照日常活动中为偿还负债预期需要支付的现金或者现金等价物的金额计量。大部分交易或事项都可以采用历史成本计量。

（二）重置成本

重置成本又称现行成本，是指按照当前市场条件，重新取得同样一项资产所需支付的现金或现金等价物金额。在重置成本下，资产按照现在购买相同或者相似资产所需支付的现金或者现金等价物的金额计量。负债按照现在偿付该项债务所需支付的现金或者现金等价物的金额计量。重置成本实际上是将现有的资产或负债按照当前的市场行情重新估算其价值的方法，重置成本一般用于盘盈固定资产的核算。

（三）可变现净值

可变现净值，是指在生产经营过程中，以预计售价减去进一步加工成本和销售所必需的预计税金、费用后的净值。在可变现净值计量下，资产按照其正常对外销售的所能收到现金或者现金等价物的金额扣减该资产至完工时估计将要发生的成本、估计的销售费用以及相关税金后的金额计量。可变现净值是把企业的存货按照目前的市场售价减去加工环节和销售环节预计发生的各项税费后的净额，是估算企业存货价值的方法，并没有实际出售存货换取资金。

（四）现值

现值，是指对未来现金流量以恰当的折现率进行折现后的价值，是考虑货币时间价值因素等的一种计量属性。在现值计量下，资产按照预计从其持续使用和最终处置中所产生的未来现金流入量的折现金额计量。负债按预计期限内需要偿还的未来现金流出量的折现金额计量。现值是和终值相对应的，通过把未来某一时间点上的现金流量按照一定的折现率折算到某一个初始时间点，能够更好地预测未来，反映资产的成本和效益。

（五）公允价值

公允价值，是指市场参与者在计量日发生的有序交易中，出售一项资产所能收到或者转移一项负债所需支付的价格。在公允价值计量下，资产和负债按照在公平交易中，熟悉情况的交易双方自愿进行资产交换或者债务清偿的金额计量。在实务中，如果市场不公开，买卖双方交易中存在欺诈、隐瞒等不公平的行为，成交的价格不属于公允价值。

在实务中，企业发生的交易或事项一般采用历史成本计量属性。历史成本是最常用的计量属性，可以用来衡量大部分交易或事项。企业如果采用历史成本以外的计量属性，应当取得更加可靠的依据，证明采用其他会计要素计量属性能够更真实地反映企业的信息，如在盘盈固定资产时，采用重置成本计量属性能够更真实地反映盘盈固定资产的现时价值；在存货期末计价时，采用可变现净值计量属性能够更真实地反映期末存货的价值；在非流动资产可收回金额计量时，采用现值计量属性能够更真实地反映非流动资产未来可收回金额的现时价值；在交易性金融资产计量时，采用公允价值计量属性能够更真实地反映交易性金融资产在市场上的交易价格。

【例题2-15】下列项目中，属于会计计量属性的有（　ABCDE　）。

A.历史成本　　　　　　　　　B.重置成本

C.公允价值　　　　　　　　　D.现值

E.可变现净值

第二节　会计等式

一、会计等式的概念

会计等式，是指会计六要素之间存在的特定数量关系。会计等式主要包括：会计恒等式、会计动态等式和会计扩展等式。

企业会计要素包含资产、负债、所有者权益、收入、费用和利润六种类型，前面三个要素即资产、负债和所有者权益反映了资金运动的相对静止状态；后面三个要素即收入、费用和利润反映了资金运动的相对运动状态。会计要素之间具有紧密相关性，在数量上存在特定的平衡关系，称为会计等式。会计等式是反映各项会计要素之间平衡关系的计算公式，它是设置会计科目、复式记账和编制会计报表的理论依据。

二、会计等式的类型

（一）静态等式

会计恒等式反映了企业在特定日期的财务状况，是反映资金运动相对静止的等式，也是企业运用复式记账法、试算平衡和编制资产负债表的理论依据。会计恒等式的表达如下：

$$资产 = 负债 + 所有者权益$$

或：

资产 = 权益

这是最基本的会计等式，也称为会计第一恒等式。企业从事生产经营活动，必须拥有一定数量的资产，一定数量的资产是企业从事生产经营活动基础。企业的资产来源主要包括所有者投入的资产和债权人借入的资产，所有者投入的资产形成所有者权益，债权人借入的资产形成企业的负债。在特定时点上，企业拥有的资产等于企业的所有者权益与负债之和，形成了"资产 = 负债 + 所有者权益"这一等式。在会计上，习惯把所有者权益和负债统称为权益，形成了"资产 = 权益"这一等式。其中，资产以各种形式存在，代表着权益的存在形式；权益反映了企业资产的资金来源。任何一个企业，有一定数额的资产，必然有一定数额的权益；有一定数额的权益，必然有一定数额的资产；没有无资产的权益，也没有无权益的资产。

【例题 2-16】"资产 = 负债 + 所有者权益"这条等式是编制（ A ）的基础。

A. 资产负债表　　　　　　　　B. 利润表

C. 现金流量表　　　　　　　　D. 所有者权益变动表

（二）动态等式

动态等式反映了企业在一定会计期间的经营成果，是企业资金运动的动态表现形式，是企业编制利润表的依据。

企业从事生产经营活动的目的是实现利润。在经营活动中会获得一定数额的收入，也会发生一定数额的费用。通过一段时间内获得的收入与发生的费用配比，就可以反映企业在一段时间内的经营成果。企业在一段时间内实现的收入减去同期发生的费用后的余额，称为利润。动态会计等式的表达如下：

收入 − 费用 = 利润

在实务中，收入只反映日常活动产生的经济利益的流入，不包括非日常活动形成的直接计入当期利润的利得；费用只反映日常活动发生的经济利益的流出，不包括非日常活动发生的直接计入当期利润的损失。因此，收入减去费用后，还应当加上计入当期利润的利得减去损失，最后的计算结果才等于利润。

（三）综合等式

综合等式是融合了静态会计要素、动态会计要素形成的等式。企业形成的利润，意味着所有者权益增加，企业形成的利润属于所有者权益的一部分。即把"收入 − 费用 = 利润"融合到"资产 = 负债 + 所有者权益"这一等式中，形成了综合会计等式。综合会计等式表达如下：

$$资产 = 负债 + 所有者权益 + （收入 - 费用）$$

或：

$$资产 = 负债 + 所有者权益 + 利润$$

或：

$$资产 + 费用 = 负债 + 所有者权益 + 收入$$

三、经济业务的发生对会计等式的影响

经济业务，是指企业在生产经营过程中发生的、会引起会计要素增减变动的交易或事项。在企业的生产经营活动中，资产、负债、所有者权益的数量不是静止不变的，会随着交易或事项的发生而改变。但无论何时何地，无论什么样的交易或事项，其变化都不会破坏会计等式的平衡关系，即"资产 = 负债 + 所有者权益"这一等式永远成立。下面通过案例说明各项交易或事项的类型及其对会计等式的影响。

（一）资产与所有者权益同时增加，等式不变

【例题 2-17】2023 年 3 月 2 日，SSZ 公司收到投资人孙老板投入资本 500 000 元，款项已存入银行。

解析：该项业务的发生，一方面导致公司的资产（银行存款）增加了 500 000 元，另一方面导致公司的所有者权益（实收资本）增加了 500 000 元。该项业务发生后会计等式关系变为：

$$资产 = 负债 + 所有者权益$$
$$500\ 000 \uparrow \qquad\qquad 500\ 000 \uparrow$$

（二）资产与负债同时增加，等式不变

【例题 2-18】2023 年 3 月 5 日，SSZ 公司向银行借入短期借款 90 000 元，款项已存入银行。

解析：该项业务的发生，一方面导致其资产（银行存款）增加了 90 000 元，另一方面导致负债（短期借款）增加了 90 000 元。该项业务发生后会计等式关系变为：

$$资产 \quad = \quad 负债 \quad + \quad 所有者权益$$
$$90\ 000 \uparrow \qquad 90\ 000 \uparrow$$

（三）资产内部一增一减，等式不变

【例题 2-19】2023 年 3 月 8 日，SSZ 公司收到 S 企业前欠货款 50 000 元，款项已存入银行。

解析：该项业务的发生，一方面导致资产（银行存款）增加了 50 000 元，另一方面导致资产（应收账款）减少了 50 000 元。该项业务发生后会计等式关系变为：

$$资产 \quad = \quad 负债 \quad + \quad 所有者权益$$

50 000 ↑

50 000 ↓

（四）负债内部一增一减，等式不变

【例题 2-20】2023 年 3 月 10 日，SSZ 公司开出商业汇票支付前欠货款 20 000 元。

解析：该项业务的发生，一方面导致负债（应付票据）增加了 20 000 元，另一方面导致负债（应付账款）减少了 20 000 元。该项业务发生后会计等式关系变为：

$$资产 \quad = \quad 负债 \quad + \quad 所有者权益$$

20 000 ↑

20 000 ↓

（五）所有者权益内部一增一减，等式不变

【例题 2-21】2023 年 3 月 12 日，SSZ 公司用资本公积 300 000 元转增实收资本。

解析：该项业务的发生，一方面导致所有者权益（实收资本）增加了 300 000 元，另一方面导致所有者权益（资本公积）减少了 300 000 元。该项业务发生后会计等式关系变为：

$$资产 \quad = \quad 负债 \quad + \quad 所有者权益$$

300 000 ↑

300 000 ↓

（六）资产与所有者权益同时减少，等式不变

【例题 2-22】2023 年 3 月 15 日，SSZ 公司按法定程序减少注册资本 250 000 元，用银行存款支付给投资者。

解析：该项业务的发生，一方面导致资产（银行存款）减少了 250 000 元，另一方面导致所有者权益（实收资本）减少了 250 000 元。该项业务发生后会计等式关系变为：

$$资产 \quad =负债 \quad + \quad 所有者权益$$

250 000 ↓   250 000 ↓

（七）资产与负债同时减少，等式不变

【例题 2-23】2023 年 4 月 5 日，SSZ 公司用银行存款偿还到期的短期借款 90 000 元。

解析：该项业务的发生，一方面导致其资产（银行存款）减少了 90 000 元，另一方面导致负债（短期借款）减少了 90 000 元。该项业务发生后会计等式关系变为：

$$资产 = 负债 + 所有者权益$$
$$90\,000 \downarrow \quad 90\,000 \downarrow$$

（八）负债减少、所有者权益增加，等式不变

【例题2-24】2023 年 4 月 8 日，SSZ 公司与 F 公司协商，同意将所欠 F 公司的货款 220 000 元转作对本公司的投资。

解析：该项业务的发生，一方面导致负债（应付账款）减少了 220 000 元，另一方面导致所有者权益（实收资本）增加了 220 000 元。该项业务发生后会计等式关系变为：

$$资产 = 负债 + 所有者权益$$
$$220\,000 \downarrow \quad 220\,000 \uparrow$$

（九）负债增加、所有者权益减少，等式不变

【例题2-25】2023 年 4 月 12 日，SSZ 公司董事会研究决定，用盈余公积分配利润 280 000 元。

解析：该项业务的发生，一方面导致负债（应付股利）增加了 280 000 元，另一方面导致所有者权益（盈余公积）减少了 280 000 元。该项业务发生后会计等式关系变为：

$$资产 = 负债 + 所有者权益$$
$$280\,000 \uparrow \quad 280\,000 \downarrow$$

本章总结

本章主要介绍了会计要素及其计量属性、会计等式三个内容。资产要素，包括资产的概念、资产的确认条件、资产的分类；负债要素，包括负债的概念、负债的确认条件、负债的分类；所有者权益要素，包括所有者权益的概念、所有者权益的确认条件、所有者权益的分类；收入要素、收入的概念、收入的确认条件、收入的分类；费用要素，包括费用的概念、费用的确认条件、费用的分类；利润要素，包括利润的概念、利润的确认条件；会计要素计量属性，包括历史成本、重置成本、可变现净值、现值和公允价值，会计要素计量属性的应用；会计等式的概念；会计等式的类型，包括动态等式、静态等式、综合等式；经济业务的发生对会计等式的影响。

世界主要国家的会计要素构成

在西方会计准则或国际会计惯例中，一般将会计要素称为"财务报表要素"（Elements of Financial Statements），是指会计确认、计量、记录和报告的具体对象，是对企业经济交易的归类。目前，除美国财务会计准则委员会（FASB）在1985年12月发布的第6号"财务会计概念公告"中，确定了10个会计要素外，国际会计准则委员会（IASC）在1989年7月发布的《编报财务报表的框架》中，将会计要素确定为资产、负债、权益、收益和费用等5个。英国会计准则委员会（ASB）1999年发布的《财务报告原则公告》中，将会计要素确定为资产、负债、所有者权益、利得、损失、所有者投资、所有者派得等7个。加拿大特许会计师协会（CICA）1988年10月发布的《财务会计概念》中将会计要素确定为资产、负债、权益/净资产、收入、费用、利得、损失7个。澳大利亚会计准则委员会（AASB）1987年发布的《会计概念公告》中，将会计要素确定为资产、负债、权益/净资产、收入、费用5个。我国在1992年颁布的《企业会计准则》将会计要素确定为资产、负债、所有者权益、收入、费用和利润等6个，并在2000年颁布的《企业财务会计报告条例》中对会计要素的基本内涵进行了修订。从目前情况看，各国会计要素的构成存在差异。FASB、IASC、ASB、CICA、AASB及我国的会计要素如表2-1所示：

表2-1　会计要素构成一览表

会计准则制定机构	财务报表要素	适用范围
FASB	资产、负债、权益、业主投资、业主派得款、全面收益、收入、费用、利得和损失	企业及非营利组织
IASC	资产、负债、权益、收益、收入和费用	企业
ASB	资产、负债、所有者权益、利得、损失、所有者投资、所有者分配	企业
CICA	资产、负债、权益/净资产、收入、费用、利得、损失	企业及非营利组织
AASB	资产、负债、权益/净资产、收入、费用	企业及非营利组织
我国财政部	资产、负债、所有者权益、收入、费用、利润	企业

从表2-1可看出，各国及IASC的会计要素构成存在明显差异。各国资产负债表要素相同，均包括资产、负债及权益，而FASB和ASB的权益要素还包括业主投

资（所有者投资）和业主派得（所有者分配）；利润表要素差异较大，FASB、ASB、CICA 均把利得、损失单独作为会计要素，IASC、AASB 和我国将利得和损失包含在收入和费用要素中。将利得、损失作为会计要素，能清晰反映利得和损失与营业收入和营业费用的具体信息；IASC 和我国均设置利润要素，而 FASB、ASB、CICA 和 AASB 则无此要素，FASB 单独设置全面收益要素。

（节选自《以企业资源为基础的会计要素研究》，李玉菊和张秋生，会计研究 2006 年第 1 期，54-62 页）

第三章　会计凭证

1. 认识会计凭证的概念、内容和分类。
2. 理解原始凭证和记账凭证的填列方法、填列要求和审核要求。
3. 掌握原始凭证和记账凭证在实际工作中的应用。

1. 培养学生实事求是和认真细致的工作作风。会计记录无小事，一分一毫都要做到有据可查，有证可依；保证每一笔会计分录都必须与原始凭证内容相符，并认真复核。

2. 道德品质方面，培养学生恪守诚信原则，杜绝自身及企业利用伪造会计凭证进行会计舞弊的行为。

案例导入

小王对"证据"的困惑

小王会计专业毕业后，到一个大型公司上班。公司每天都发生很多业务，小王的师父告诉她："会计做账要有依据，没有依据做出来的账是假账；就如同警察办案，如果没有证据就抓人是不行的。"小王似懂非懂地点点头，同时在思考：有些业务发生了，没拿到证据怎么办，能不能做账呢？你知道吗？

本章主要内容（图 3-1）

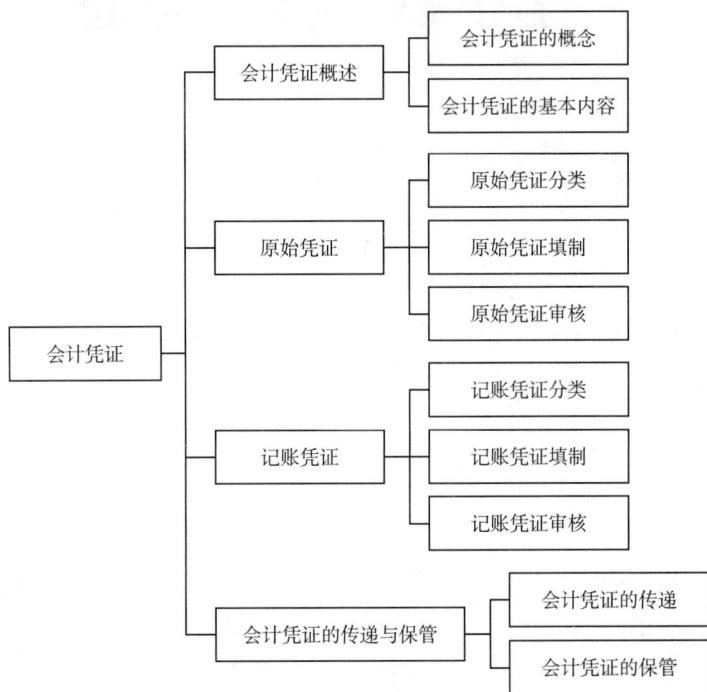

```
                              ┌─────────────┐      ┌──────────────────┐
                              │  会计凭证概述  ├──────┤  会计凭证的概念     │
                              │             │      ├──────────────────┤
                              │             ├──────┤  会计凭证的基本内容  │
                              └─────────────┘      └──────────────────┘
                              ┌─────────────┐      ┌──────────────────┐
                              │             ├──────┤  原始凭证分类       │
                              │   原始凭证    ├──────┤  原始凭证填制       │
                              │             ├──────┤  原始凭证审核       │
        ┌──────────┐          └─────────────┘      └──────────────────┘
        │  会计凭证  ├──────────
        └──────────┘          ┌─────────────┐      ┌──────────────────┐
                              │             ├──────┤  记账凭证分类       │
                              │   记账凭证    ├──────┤  记账凭证填制       │
                              │             ├──────┤  记账凭证审核       │
                              └─────────────┘      └──────────────────┘
                              ┌─────────────┐      ┌──────────────────┐
                              │会计凭证的传递  ├──────┤  会计凭证的传递     │
                              │  与保管      ├──────┤  会计凭证的保管     │
                              └─────────────┘      └──────────────────┘
```

图3-1　第三章思维导图

第一节　会计凭证概述

一、会计凭证的概念

会计凭证是指记录经济业务发生或者完成情况的书面证明，是登记账簿的依据。会计凭证按其来源和用途，分为原始凭证和记账凭证两种。

原始凭证又称单据，是指企业在经济业务发生或完成时取得或填制的，用以证明经济业务发生以及完成情况的原始书面证明。原始凭证是证明经济业务发生或完成情况的原始依据，是明确相关责任人经济责任的重要依据，也是规范企业经济管理活动的必要手段和国家监管部门执行监管的法律依据。实务中，职工名册、购销合同、采购申请单等不能证明经济业务发生或完成情况的单据和资料不能确认为原始凭证。

记账凭证又称记账凭单，是指企业会计人员根据审核无误的原始凭证，按照经济业务事项的内容加以归类，并据以确定会计分录后所填制的，作为登记账簿直接依据的会计凭证。由于原始凭证内容广泛、种类繁多、格式不一，不能直接表明应记入会计账户的名称和方向，不适用于作为直接登记账簿的依据。为了便于登记账簿和查账，必须填制记账凭证。我国《会计基础工作规范》规定：会计机构、会计人员要根据审核无误的原始凭证编制记账凭证。

二、会计凭证的基本内容

（一）原始凭证的基本内容

企业发生的经济业务是多种多样的，不同的经济业务，适用不同类型的原始凭证，其内容和格式也是不相同的。但是，原始凭证应当具备如下内容：

1. 原始凭证的名称及编号

原始凭证必须有明确的名称，用于凭证的管理和业务处理。要求编号的原始凭证，应根据经济业务发生的先后顺序连续编号。

2. 原始凭证的日期

原始凭证填制的日期就是经济业务发生的日期，便于对经济业务的审查。

3. 接受原始凭证的单位或个人

接受原始凭证的单位或个人用于证明经济业务是否确实是本单位发生的，以便于记账和查账。值得注意的是，单位的名称必须是全称，不得简写或省略。

4. 经济业务内容

完整地填写经济业务的内容，便于了解经济业务的具体情况，检查其真实性、合理性和合法性。

5. 经济业务的数量、单价和金额

经济业务的数量、单价和金额是经济业务发生的量化证明，是保证会计资料真实性的基础。特别是大、小写金额必须按规定填写完整，防止出现舞弊行为。

6. 填制原始凭证的单位名称或者填制人姓名

填制原始凭证的单位或者个人是经济业务发生的证明人，有利于了解经济业务的来龙去脉。

7. 责任人签名或盖章

凭证上责任人的签名、盖章人，是经济业务的直接经办人，签名、盖章可以明确经济责任。

（二）记账凭证的基本内容

记账凭证虽然有不同的种类，但都是通过原始凭证进行归类、整理，确定会计分录并据以登记账簿的会计凭证。记账凭证必须具备以下基本内容：记账凭证的名称；填制凭证的日期；凭证的种类和编号；经济业务的内容摘要；会计科目和记账方向；记账金额；所附原始凭证的张数；填制凭证人员、出纳人员、复核人员、记账人员、会计主管人员的签名或盖章。

第二节　原始凭证

一、原始凭证分类

根据企业发生的不同类型的经济业务，采用不同类型的原始凭证。原始凭证可以按照其来源、填列方式和内容格式分类。

（一）按来源不同分类

按来源不同，原始凭证可以分为外来原始凭证和自制原始凭证。

1. 外来原始凭证

外来原始凭证，是指企业发生经济业务时，由业务的经办人员从其他单位或个人直接取得的原始凭证。外来原始凭证是由外单位或个人填制，所有的外来原始凭证都是一次性凭证。常见的外来原始凭证有：采购时取得的增值税专用发票或普通发票，乘坐交通工具时取得的火车票、汽车票、船票、飞机票，外单位或个人开来的收据，汇款、转账的回单等。外来原始凭证如图3-2、图3-3所示。

中国农业银行进账单　（回单）

年　　月　　日

付款人	全　称		收款人	全　称											此联是开户银行交给持票人的回单
	账　号			账　号											
	开户银行			开户银行											
金额	人民币（大写）				百	十	万	千	百	十	元	角	分		
票据种类	支票	票据张数		收款人开户银行盖章											
票据号码															

图3-2　中国农业银行进账单

增值税电子专用发票（票样）

××增值税电子专用发票

× × × ×

× × × ×

机器编号：

发票代码：
发票号码：
开票日期：
检 验 码：

购买方	名　　称： 纳税人识别号： 地　址、电　话： 开户行及账号：					密码区	
项目名称	规格型号	单位	数　量	单　价	金　额	税率	税　额
合　　计							
价税合计（大写）					（小写）		
销售方	名　　称： 纳税人识别号： 地　址、电　话： 开户行及账号：					备注	

收款人：　　　　复核：　　　　开票人：

图3-3　增值税专用发票

2. 自制原始凭证

自制原始凭证，是指企业的业务经办部门和人员在经济业务发生或完成时所填制的原始凭证。自制原始凭证由单位内部的经办人员填制，大部分是一次性原始凭证。常见的自制原始凭证有：商品、材料物资验收入库时的收货单、收料单，销售商品时开出的发货单等。自制原始凭证格式如图 3-4、图 3-5、表 3-1 所示。

产品入库单

交库单位：　　　　　　年　　月　　日　　　　　　编号：

编号	产品名称	规格型号	计量单位	数量	单价	金额 / 元
备注					合计	

验收人员：　　　　　　保管人员：

图3-4　入库单

领料单

领料部门：　　　　　　　　　　　年　　月　　日　　　　　　　　凭证编号：

材料编号	材料规格及名称	计量单位	数量		价格	
			申请数额	实际领用	单价	金额/元
备注					合计	

发料人：　　　　　　　　　　　　　　领料人：

图3-5　领料单

表3-1　发出材料汇总表

年　　月　　日　　　　　　　　　　　　　单位：元

部门/用途	XX材料			XX材料			XX材料			合计
	数量	单价	金额	数量	单价	金额	数量	单价	金额	
合计										

会计主管：　　　　　　　会计：　　　　　　　　　制表：

（二）按填制方法不同分类

按填制方法的不同，原始凭证可以分为一次凭证、累计凭证和汇总凭证。

1. 一次凭证

一次凭证，是指企业对发生的一项或相同类型的若干项经济业务，在发生或完成时一次填制完成的原始凭证。一次凭证只能使用一次，所有外来原始凭证和大部分自制原始凭证都属于一次凭证。常见的一次凭证有收据、增值税发票、收料单、领料单、入库单、借款单等。借据的格式如图3-6所示。

借 据

年　月　日　　　　　　　　　编号：

借款人		借款事由	
借款金额	人民币（大写）： 小写：		
负责人签字			

会计主管：　　　　　　复核：　　　　　　　　出纳：　　　　　签收：

图3-6　借据

2. 累计凭证

累计凭证，是指企业将在一定时期内连续发生的相同类型的经济业务填制在一张原始单据上。累计凭证是随着经济业务的发生而分次登记使用的，可以减少凭证张数，简化填制手续；同时，也可以随时计算累计发生数，以便与计划或定额数量进行比较，反映经济业务发生或完成的情况，便于企业内部管理。典型的累计凭证是"限额领料单"。限额领料单的格式如图3-7所示。

限额领料单

年　月　日

产品名称：　　　　　　　　领料部门：　　　　　　　　　编号：

材料编号	材料名称	材料规格	计量单位	领料限额数量	全月实用		
					金额/元		
领料日期	申请数量	实发数量	领料人签章	发料人签章	限额结余/元		
合　计							

供应部门签章：　　　　　　生产部门签章：　　　　　　仓库管理员：

图3-7　限额领料单

3. 汇总凭证

汇总凭证，也叫原始凭证汇总表，是指企业根据发生的若干项相同类型经济业务的原始凭证加以汇总编制的原始凭证。汇总原始凭证可以将相同类型的经济业务的单据汇总在一起为编制记账凭证提供依据，节约记账凭证编制的工作量。常见的汇总凭证有"发出材料汇总表""工资结算汇总表""差旅费报销单"等。发出材料汇总表的格式如表 3-2 所示。

表3-2　发出材料汇总表

年　　　月　　　日　　　　　　　　　　　单位：元

部门/用途	XX 材料			XX 材料			XX 材料			合计
	数量	单价	金额	数量	单价	金额	数量	单价	金额	
合计										

会计主管：　　　　　　　会计：　　　　　　　制表：

（三）按格式不同分类

按格式不同，原始凭证分为通用凭证和专用凭证。

1. 通用凭证

通用凭证，是指在全国或某一地区、某一行业通用的，由相关部门统一印制具有相同格式的原始凭证。常见的通用凭证有：银行统一印制的结算凭证、增值税发票、火车票、汽车票等。

2. 专用凭证

专用凭证，是指企业自己设计的具有特定内容、格式和专门用途的原始凭证。专用凭证是为了满足企业的经营管理需要而设置的，具有特殊性。常见的专业凭证有借据、入库单、工资表等。

二、原始凭证填制

原始凭证是经济业务发生或完成的原始书面证明，是记账的重要依据，因此原始凭证应当按照统一的要求填制，其具体要求包括六个方面：

1. 记录真实

记录真实，要求企业填制原始凭证时应当按照实际发生的经济业务为依据进行填制，如实反映经济业务的真实内容，不得伪造、虚构、篡改经济业务。记录真实具体包括：原始凭证上填制的日期、经济业务内容和数字必须按照经济业务的实际发生或者完成情况来填制，保证其真实、可靠。

2. 内容完整

内容完整，要求原始凭证上列示的各个项目应当填写完整，不得遗漏。内容完整具体包括：原始凭证上的文字和数字必须书写清楚，易于辨认；名称要写全，不能简化；品名、摘要和用途要填写明确，不得含糊不清；数量、单价、金额等计算必须填写完整，有关部门和人员的签名和盖章必须齐全，不得遗漏。项目填写不齐全的原始凭证不能作为经济业务的合法证明，也不能作为编制记账凭证的附件和依据。

3. 手续完备

手续完备，要求企业填制原始凭证应当按照程序执行，不得缺失。手续完备具体包括：单位自制的原始凭证必须有业务经办部门的人员签名或盖章；对外开出的凭证必须加盖本单位的公章或财务专用章；从外部取得的原始凭证必须有填制单位公章或财务专用章；购买实物，应当有实物验收证明；支付款项，应当有相关的支付凭证。总之，取得的原始凭证必须符合手续完备的要求，以明确经济责任，确保凭证的合法性、真实性。

4. 填制及时

填制及时，要求企业对发生或完成的经济业务，要及时办理、不得拖延。填制及时具体包括：每项经济业务在发生或完成以后，都要及时填制原始凭证，做到不积压、不误时、不事后补制。原始凭证经签章后即时递交会计部门，以便会计部门审核后及时据以编制记账凭证，保证会计工作的时效性。

5. 编号连续

编号连续，要求企业使用原始凭证时，应当遵循连续编号，不得跳号。编号连续具体包括：原始凭证要顺序连续或分类编号，在填制时要按照编号的顺序使用，跳号的凭证要加盖"作废"戳记，连同存根一起保管，不得撕毁。

6. 书写规范

书写规范，要求企业填制原始凭证时按规定填写，原始凭证要用蓝色或黑色墨水书写。原始凭证的文字、数字书写要清晰、工整、规范，做到字迹端正，易于辨认，不得随意使用未经国务院颁布的简化字，大、小写金额要一致。复写的凭证要不串行、不串格、不模糊，一式几联的原始凭证应当注明各联的用途。书写规范具体包括：

（1）阿拉伯数字应当一个一个地写，不得连笔写。在金额书写中，阿拉伯数字不得连笔，特别是要连写几个"0"时，一定要单个地写，不能将几个"0"连在一起写。数字排列要整齐，数字之间的间隔要均匀，不宜过大。

（2）阿拉伯小写金额数字前面应当书写货币币种或者货币名称简写和币种符号，如人民币符号"￥"，美元符号"＄"。币种符号与阿拉伯金额数字之间不得留有空白。凡阿拉伯数字前写有币种符号的，数字后面不再写货币单位。所有以元为单位（其他货币种类为货币基本单位，下同）的阿拉伯数字，除表示单价等情况外，一律填写到角分；无角分的，角位和分位可写"00"或符号"—"；有角无分的，分位应当写"0"，不得用符号"—"代替。

（3）汉字大写金额数字如零、壹、贰、叁、肆、伍、陆、柒、捌、玖、拾、佰、仟、万、亿等，一律用正楷字或者行书体书写，不得用简化字代替，更不得任意自造简化字。大写金额数字到元或者角为止的，在"元"或者"角"字之后应写"整"或者"正"；大写金额数字有分的，"分"字后面不写"整"或者"正"字。

（4）大写金额数字前未印有货币名称的，应当加填货币名称，名称与金额数字之间不得留有空白。大写金额应当紧挨着货币名称后面书写，货币名称和大写金额之间不得留空，防止篡改数据。

（5）大小写金额对应填写。阿拉伯金额数字中间有"0"时，汉字大写金额要写"零"字，如103 452，汉字大写金额为"人民币壹拾万零叁仟肆佰伍拾贰元整"；阿拉伯数字金额中间连续有几个"0"时，汉字大写金额中可以只写一个"零"字，如100 052，汉字大写金额为"人民币壹拾万零伍拾贰元整"；阿拉伯数字元位是"0"，或者数字中间连续有几个"0"但角位不是"0"时，汉字大写金额可以只写一个"零"字，也可以不写"零"字，如人民币100 000.52元，汉字大写金额可以写成"人民币壹拾万元零伍角贰分"，也可以写成"人民币壹拾万元伍角贰分"。

三、原始凭证审核

（一）原始凭证审核的内容

为了正确反映经济业务的发生或者完成情况，充分发挥会计的监督职能，保证原始凭证的真实性、合法性、合理性，会计机构负责人或者经其指定的审核人员必须认真、严格地审核原始凭证。只有经过审核无误的原始凭证才能作为编制记账凭证的依据。

原始凭证的审核主要包括以下六个方面：

1. 真实性审核

真实性审核，主要是审核原始凭证所反映的内容是否符合所发生的实际业务，数字、文字有无伪造、涂改、重复使用、各联之间数字不符等情况。主要包括：内容记载是否清晰，有无掩盖事情真相的现象；原始凭证抬头是不是本单位；数量、单价与金额是否相符；认真核对笔迹，有无模仿领导笔迹签字冒领现象；有无涂改，有无添加内容和金额；有无移花接木的凭证等。

2. 合法性审核

合法性审核，是以有关政策、法规和制度等为依据，审查原始凭证所记录的经济业务是否符合有关法律法规的规定，有无贪污盗窃、虚报冒领、伪造凭证等违法现象。不合法的原始凭证包括：多计或少计收入、支出、费用、成本；巧立名目，虚报冒领，违反规定出借公款、公物；套取现金，签发空头支票；私分公共财物和资金；擅自动用公款、公物行贿送礼等。

3. 合理性审核

合理性审核，是以企业制定的计划、预算、内部管理规定等为依据，审查原始凭证所记录的经济业务是否符合厉行节约、反对浪费、有利于提高经济效益的原则，是否存在违反该原则的现象。如经审核原始凭证后发现有突击使用预算结余购买不需要的物品、有铺张浪费的办公耗费、超出预算的招待、对陈旧过时的设备进行大修理等，不能作为合理的原始凭证。

4. 正确性审核

正确性审核，主要是审核原始凭证在计算方面是否存在错误。如经审核原始凭证后发现所记录的业务内容摘要与数量、金额不符，业务所涉及的数量与单价的乘积与金额不符，金额合计错误等情况，不能作为正确的原始凭证。

5. 完整性审核

完整性审核，主要是审核原始凭证各个项目是否填写齐全，数字是否正确；名称、商品规格、计量单位、数量、单价、金额和填制日期的填写是否清晰，计算是否正确。对要求统一使用的发票，应检查是否存在伪造、挪用或者用作废的发票代替等现象，凭证中应有的印章、签名是否齐全、审批手续是否健全等。

6. 及时性审核

及时性审核，主要是审核经济业务发生或完成时是否及时填制了有关原始凭证，是否及时进行了凭证的传递。审查时应注意审核凭证的填制日期，尤其是支票、商业汇票等时效性较强的原始凭证，应仔细验证其签发日期。

（二）原始凭证审核后的处理

会计人员在审核原始凭证时，一定要坚持原则，认真履行职责。《会计法》第十四条规定："会计机构、会计人员必须按照国家统一的会计制度的规定对原始凭证进行审核。审核后分三种情况处理：一是对于完全符合要求的原始凭证，应及时编制记账凭证入账；二是对不真实、不合法的原始凭证有权不予接受，并向单位负责人报告；三是对记载不准确、不完整的原始凭证予以退回，并要求按照国家统一的会计制度的规定更正、补充。"

（三）原始凭证真伪的判断

不论原始凭证舞弊采用什么方式，其原始凭证上都会直接或间接地表现出以下特点中的一点或几点：

1. 刮、擦、用胶带拉扯的原始凭证

对刮、擦、用胶带拉扯的原始凭证，其表面总会有毛粗的感觉，可用手摸、背光目视的方法检查出来；对用"消字灵"等化学试剂消退字迹而后写上的原始凭证，其纸张上显示出表面光泽消失，纸质变脆，有淡黄色污斑和隐约可见的文字笔画残留，纸张格子线和保护花纹受到破坏，新写的字迹由于药剂作用而渗散变淡等特征中的一条或几条。

2. 添加改写的原始凭证

对添加改写的原始凭证，其文字分布位置不合比例，字体不十分一致，有时出现不必要的重描和交叉笔画。

3. 冒充签字的原始凭证

对冒充签字的原始凭证，其冒充签字常常在笔迹熟练程度、字形、字的斜度、字体方向和形态、字与字或行与行的间隔、字的大小、压力轻重、字的基本结构等方面存在差异，有时可以通过肉眼观察发现。

4. 伪造的原始凭证

对伪造的原始凭证可以通过对比原始凭证的防伪标志来鉴别，通过对比防伪标志和其他原始凭证的相关要素判断其真伪。如原始凭证监制部门不明确，印章模糊，票据纸质手感差等，很有可能是伪造的原始凭证。

5. 不规范、不完整的原始凭证

对明显不规范，要素不全，经常缺少部分要素的，其关键要素经常出现模糊，让人对其经济业务活动的全貌感到模糊原始凭证。例如购买办公用品（实为购买个人消费品）的假凭证，往往只注明"办公用品"，而不注明到底购买了什么办公用品，其规格、型号、品种、数量等。

6. 金额不明细的原始凭证

金额不明细的原始凭证中的金额往往只有一个总数，而没有分项目的明细数据，经不起推敲，可以着重核对其金额的对应关系。

7. 经手人不明确的原始凭证

对经手人不明确的原始凭证，如经手人有名无姓或者有姓无名，应当详细核对是否属实。经手人是否明确是判断原始凭证真伪的一个有效途径。

8. 时间不符合的原始凭证

对业务活动发生的时间与记录时间不一致的原始凭证，应当通过第三方确认核对判断其真伪。

9. 证明材料不足的原始凭证

对证明材料不足的原始凭证，如销售货物只有销售发票而无发货单据、托运证明、出门单、结算凭证等，应当通过销售方验证判断。

10. 形式不规则的原始凭证

对凭证的形式不规则，以非正规的票据凭证代替正规的原始凭证。例如用货币收付凭证代替实物收付凭证；以自制凭证代替外来凭证；以非购销凭证代替购销凭证等，应当通过对应的逻辑关系判断。

除以上特点外，原始凭证的内容、结算方式、资金流向与对方单位等处都可能存在异常。

第三节 记账凭证

一、记账凭证分类

由于原始凭证记录和反映的经济业务多种多样，因此，记账凭证也是多种多样的。记账凭证按不同的标准，可以分为不同的种类。

（一）按适用范围分类

按适用范围，记账凭证可以分为专用记账凭证和通用记账凭证

1. 专用记账凭证

专用记账凭证，是指用来专门记录某一类型经济业务的记账凭证。按反映经济业务内容的不同，专用记账凭证可以分为收款凭证、付款凭证和转账凭证三种。

（1）收款凭证。收款凭证，是指用来专门记录库存现金和银行存款收款业务的记账凭证。它是根据库存现金和银行存款收款业务的原始凭证填制的。收款凭证是出纳人员收讫款项后编制的，是登记库存现金总账、银行存款总账、库存现金日记账和银行存款日记账以及有关明细账的依据。收款凭证的格式如图3-8所示。

收 款 凭 证

借方科目：　　　　　　　　年　　月　　日　　　　　　收字第　　号

摘　要	总账科目	明细科目	贷方金额										记账
			千	百	十	万	千	百	十	元	角	分	
附件　张　合　计													

会计主管：　　　记账：　　　出纳：　　　审核：　　　制单：

图3-8　收款凭证

（2）付款凭证。付款凭证，是用来记录库存现金和银行存款付款业务的记账凭证。它是根据库存现金和银行存款付款业务的原始凭证填制的。付款凭证是出纳人员支付款项的依据，也是登记库存现金总账、银行存款总账、库存现金日记账和银行存款日记账以及有关明细账的依据。付款凭证的格式如图3-9所示。

付 款 凭 证

贷方科目：　　　　　　　　年　　月　　日　　　　　　付字第　　号

摘　要	总账科目	明细科目	借方金额										记账
			千	百	十	万	千	百	十	元	角	分	
附件　张　合　计													

会计主管：　　　记账：　　　出纳：　　　审核：　　　制单：

图3-9　付款凭证

（3）转账凭证。转账凭证，是用来记录不涉及库存现金和银行存款收付款业务的记账凭证。凡是不涉及库存现金和银行存款收付的其他经济业务，均为转账业务，应据此编制转账凭证。转账凭证的格式如图3-10所示。

转 账 凭 证

年　　月　　日　　　　　　　　　转字第　　号

摘　要	总账科目	明细科目	借方金额										贷方金额										记账
			千	百	十	万	千	百	十	元	角	分	千	百	十	万	千	百	十	元	角	分	
附件　张　　合　计																							

会计主管：　　　　　　记账：　　　　　审核：　　　　　　制单：

图3-10　转账凭证

为了避免重复记账，在会计实际工作中，对于涉及库存现金和银行存款之间相互划转的经济业务，一般只编制付款凭证。例如，从银行提取现金业务只编银行存款付款凭证；将现金存入银行业务只编现金付款凭证。

2. 通用记账凭证

通用记账凭证，是指不区分收款、付款和转账业务，凭证格式具有通用性，可以记录各种类型经济业务的记账凭证。这种凭证不再划分为收款业务、付款业务和转账业务，适用于规模小、经济业务较简单、收付款业务较少的企业。通用记账凭证的格式如图3-11所示。

记 账 凭 证

年　　月　　日　　　　　　　　　记字第　　号

摘　要	总账科目	明细科目	借方金额										贷方金额										记账
			千	百	十	万	千	百	十	元	角	分	千	百	十	万	千	百	十	元	角	分	

摘 要	总账科目	明细科目	借方金额										贷方金额										记账
			千	百	十	万	千	百	十	元	角	分	千	百	十	万	千	百	十	元	角	分	
附件 张 合 计																							

会计主管：　　　记账：　　　出纳：　　　审核：　　　制单：

图3-11　记账凭证

（二）按填列方式不同分类

按填列方式的不同，记账凭证可以分为单式记账凭证和复式记账凭证。

1. 单式记账凭证

单式记账凭证，又称单科目记账凭证，是指在每张记账凭证上只填列一个会计科目，而对应科目的名称仅作参考，不据以登记账簿。其中，填列借方科目的称为借项记账凭证，填列贷方科目的称为贷项记账凭证。一项经济业务涉及几个会计科目就要编制几张记账凭证，并用一定的编号方法将它们联系起来，以便查对。单式记账凭证的优点有：内容单一，便于记账工作的分工，也便于按科目汇总，并可加速凭证的传递。单式记账凭证的缺点有：凭证张数多，内容分散，在一张凭证上不能完整地反映一笔经济业务的全貌，不便于检验会计分录的正确性。单式记账凭证的格式如图 3-12 所示。

单式记账凭证

对应科目：　　　　　　年　月　日　　　　　　字第　号

摘 要	总账科目	明细科目	金额										记账
			千	百	十	万	千	百	十	元	角	分	
附件 张 合 计													

会计主管：　　　记账：　　　出纳：　　　审核：　　　制单：

图3-12　单式记账凭证

2. 复式记账凭证

复式记账凭证，是指将每一笔经济业务事项所涉及的全部会计科目及其金额均在同一张凭证中填列的一种记账凭证。即一张记账凭证上登记一项经济业务所涉及的两个或两个以上的会计科目；既有"借方"，也有"贷方"。复式记账凭证的优点有：可以反映账户的对应关系，有利于了解经济业务的全貌；可以减少凭证的数量，节约编制记账凭证的时间；便于检验会计分录的正确性。复式记账凭证的缺点有：不便于汇总计算每一会计科目的发生额，不利于进行分工记账。在实际工作中，普遍使用的是复式记账凭证。

二、记账凭证填制

（一）记账凭证填制的要求

记账凭证是登记账簿的直接依据，记账凭证编制的质量直接关系到账簿信息的质量。因此，记账凭证应当按照相关要求编制。具体要求包括：

1. 依据审核无误的原始凭证填制

填制记账凭证，必须以审核无误的原始凭证及有关资料为依据。编制记账凭证可以依据每一张原始凭证编制，或根据若干张相同类型的原始凭证汇总编制，也可以根据原始凭证汇总表编制，但是不能将不同类型的原始凭证汇总在同一张记账凭证上。

2. 内容填写完整

记账凭证上列示的各项内容，应当按照要求逐项填写完整，有关人员的签名或盖章必须齐全，不可遗漏。如记账凭证的日期；凭证编号；经济业务的摘要；会计科目和记账方向；记账金额；所附原始凭证的张数；填制凭证人员、稽核人员、记账人员、会计主管人员的签名或盖章应全部填写。

3. 书写清晰、规范

记账凭证的书写要求和原始凭证一样，应当按照相关要求书写，金额书写不得连笔，数字不得涂改、刮擦、挖补；文字要用正楷和行书，不得用草书或未经国务院认可的简化文字。

4. 应当附有原始凭证

除结账和更正错误的记账凭证不需要附原始凭证外，其他的记账凭证都应当附有原始凭证，并且应当注明所附原始凭证的张数，便于核对。如果记账凭证附有三张原始凭证，应当在附件张数处填列张数；如果原始凭证另外装订，则在记账凭证上注明附件另订，方便核对和查询。

5. 应当连续编号

记账凭证应按业务发生顺序，按不同种类的记账凭证连续编号。编号方法包括两种：

一是顺序编号法，即企业将全部记账凭证作为一类业务，按发生的先后顺序统一编号。每月都是从第一号开始起编号，到本月底最后一笔业务的编号为止。

二是分类编号法，即按经济业务的内容加以分类，采用收字、付字、转字编号。每月每一种类型的业务都是从一号开始编号，如收字第 1 号、付字第 1 号、转字第 1 号。如果某一笔业务需要填制两张或两张以上记账凭证的，应当采用分号形式编写，即在原编记账凭证号码后面用分数的形式表示。如第三笔业务需要填写两张记账凭证，则这笔业务的凭证编号分别是：3 1/2 、3 2/2。当月记账凭证的编号，可以在填写记账凭证的当日填写，也可以在月末或装订凭证时填写，但应在月末最后一张记账凭证编号的旁边加注"全"字。

6. 若发生错误应当重新填制

若记账凭证填制错误，则应当重新填制。已经登记入账的记账凭证，在当年内发现填写错误的，可以用红字填写一张与原内容相同的记账凭证，在摘要栏注明"注销某月某日某号凭证"字样，同时再用蓝字重新编制一张正确的记账凭证。如果会计科目没有错误，只是金额错误，也可以将正确数字与错误数字之间的差额，另编一张调整的记账凭证，调增金额用蓝字，调减金额用红字。发现以前年度记账凭证有错误的，应当用蓝字填制一张更正的记账凭证。

7. 空行处划线

记账凭证填制完成后，如果存在空行，应当自金额栏最后一笔金额数字下的空行至金额合计数的上一行划线注销，避免被篡改。

（二）记账凭证填制

对于企业发生的每项经济业务，都要根据审核无误的原始凭证编制记账凭证。下面分别介绍各种记账凭证的填制方法。

1. 收款凭证填制

收款凭证是用来记录企业库存现金和银行存款收款业务的凭证，它是根据审核无误的涉及库存现金和银行存款收款业务的原始凭证填制的。

收款凭证的摘要栏应填写收款业务的简单说明，左上方的"借方科目"栏目应填写"库存现金"或"银行存款"科目；右上方应填写凭证的编号，并按顺序编写，一般按现收 × 号和银收 × 号分类；"贷方科目"栏目应填写"银行存款"或"库存现金"科目的对应科目，为了便于登记各种总账和明细账，在此栏中应注明一级科目、二级科目和明细科目。"记账"栏是登记账簿的标记，打"√"表示此笔业务已经登记入账，避免重复或漏记。"金额"栏目表示业务发生的金额，应按规定的位数填写。"附单据 X 张"栏目填写记账凭证所附原始凭证张数。"合计"栏目填列各项目金额之和，表明借贷双方的记账金额。收款凭证下面分别由会计主管、记账、稽核、制单等人员签章，以明确经济责任。

【例题 3-1】2023 年 8 月 1 日，SSZ 公司销售甲产品一批，增值税专用发票注明价格为 20 000 元，增值税额 2 600 元，款项已收到存入银行，根据销售发票、销货清单和银行收款结算凭据编制收款凭证。收款凭证填制如图 3-13 所示。

收 款 凭 证

借方科目：银行存款　　　　　2023 年 8 月 1 日　　　　　银收字第 01 号

摘 要	总账科目	明细科目	贷方金额										记账
			千	百	十	万	千	百	十	元	角	分	
销售甲产品	主营业务收入	甲产品				2	0	0	0	0	0	0	
销售甲产品	应交税费	应交增值税——销项税					2	6	0	0	0	0	
附件 3 张　　合 计					¥	2	2	6	0	0	0	0	

会计主管：　　　记账：　　　出纳：　　　　审核：　　　　制单：

图3-13　收款凭证

2. 付款凭证填制

付款凭证是用来记录库存现金和银行存款付款业务的记账凭证。它是根据审核无误的涉及库存现金和银行存款付款业务的原始凭证填制的。付款凭证的填列方法和收款凭证大致相同，只是付款凭证左上方的"贷方科目"应填列"库存现金"或"银行存款"，"借方科目"栏应填写与"库存现金"或"银行存款"相对应的总账科目和明细科目。

【例题 3-2】2023 年 8 月 2 日，SSZ 公司以现金支付律师咨询费 5 000 元，根据律师事务所开具的服务业专用发票编制付款凭证。如图 3-14 所示。

付 款 凭 证

贷方科目：库存现金　　　　　　　2023 年 8 月 2 日　　　　　　　付字第 01 号

摘 要	总账科目	明细科目	借方金额										记账
			千	百	十	万	千	百	十	元	角	分	
支付律师咨询费	管理费用	咨询费					5	0	0	0	0	0	
附件 1 张　　合 计						¥	5	0	0	0	0	0	

会计主管：　　　　记账：　　　　出纳：　　　　　　审核：　　　　　　制单：

图3-14　付款凭证

在实际工作中，为了避免记账重复，对于涉及库存现金和银行存款之间相互划转的业务，按规定只填写付款凭证。如从银行提取现金，只填银行存款付款凭证；将现金存入银行，只填在编制库存现金付款凭证。

【例题 3-3】2023 年 8 月 2 日，SSZ 公司从银行提取现金 10 000 元备用。根据现金支票存根编制银行存款付款凭证。付款凭证填制如图 3-15 所示。

付 款 凭 证

贷方科目：银行存款　　　　　　　2023 年 8 月 2 日　　　　　　　付字第 02 号

摘 要	总账科目	明细科目	借方金额										记账
			千	百	十	万	千	百	十	元	角	分	
提取备用金	库存现金					1	0	0	0	0	0	0	
附件 1 张　　合 计						¥	1	0	0	0	0	0	0	

会计主管：　　　　记账：　　　　出纳：　　　　　　审核：　　　　　　制单：

图3-15　付款凭证

3. 转账凭证填制

转账凭证用来记录既不涉及库存现金也不涉及银行存款业务的记账凭证，它是根据有关转账业务的原始凭证填制的。转账凭证的填制方法与收付款凭证略有不同。主要是转账凭证中"总账科目"和"明细科目"栏，应分别填列应借、应贷的科目，借方科目应计金额应在同一行的"借方金额"栏填列，贷方科目应计金额应在同一行的"贷方金额"填列。"借方金额"栏合计数与"贷方金额"栏合计数应相等。

【例题3-4】2023 年 8 月 5 日，SSZ 公司生产甲产品领用 M 材料一批，金额 8000 元。根据领料单编制转账凭证。转账凭证填制如图 3-16 所示。

转 账 凭 证

2023 年 8 月 5 日　　　　　　　　　　转字第 01 号

摘　要	总账科目	明细科目	借方金额										贷方金额										记账
			千	百	十	万	千	百	十	元	角	分	千	百	十	万	千	百	十	元	角	分	
领用 M 材料	生产成本	甲产品					8	0	0	0	0	0											
领用 M 材料	原材料	M 材料															8	0	0	0	0	0	
附件1张　　合　计							¥	8	0	0	0	0	0					¥	8	0	0	0	0	0

会计主管：　　　　　　记账：　　　　　　　审核：　　　　制单：

图3-16　转账凭证

4. 通用记账凭证填制

通用记账凭证是用来记录各项不同类型经济业务的通用型的记账凭证，它是根据审核无误的有关原始凭证填制的，其填制方法与转账凭证填制方法基本相同。

三、记账凭证审核

记账凭证是登记账簿的直接依据，为了保证记账凭证的编制质量，记账凭证编制以后，必须由专人进行审核。只有经审核无误后的记账凭证，才能作为记账的依据。记账凭证的审核包括以下五项内容：

1. 内容是否真实

内容是否真实，是审核记账凭证是否附有原始凭证，所附原始凭证的内容是否与记账凭证记录的内容一致，记账凭证汇总表与记账凭证的内容是否一致。

2. 项目是否齐全

项目是否齐全，是审核记账凭证各项目的填写是否齐全，如日期、凭证编号、摘要、会计科目、金额、所附原始凭证张数及有关人员的签章。

3. 科目是否正确

科目是否正确，是审核记账凭证的应借、应贷科目是否正确，是否有明确的账户对应关系，所使用的会计科目是否符合会计制度的规定等。

4. 金额是否正确

金额是否正确，是审核记账凭证所记的金额与原始凭证的有关金额是否一致，记账凭证汇总表的金额与记账凭证的金额合计是否相符，原始凭证中的数量、单价、金额计算是否正确等。

5. 书写是否正确

书写是否正确，是审核记账凭证中的记录是否文字工整、数字清晰，是否按规定使用蓝黑墨水或碳素墨水，是否按规定进行更正等。

另外，出纳人员在完成收付款业务后，应在凭证上加盖收讫或付讫的戳记，以免重复收付。

在审核过程中，如果发现不符合要求的地方，应要求有关人员采取正确的方法更正。只有经过审核无误的记账凭证，才能作为登记账簿的依据。

第四节　会计凭证的传递与保管

一、会计凭证的传递

会计凭证的传递，是指从会计凭证的取得或填制开始到归档保管过程中，在单位内部各有关部门和人员之间的传送程序。正确、合理地组织会计凭证的传递，有利于相关部门和人员及时了解经济业务情况，并及时处理经济业务；有利于加强各有关部门的责任，强化会计监督。科学合理的传递程序既要保证会计信息的质量，又要减少不必要的环节，提高工作效率。因此，在制定会计凭证传递程序时，应注意以下三个问题：

1. 制定科学合理的传递路径

不同经济业务对会计凭证的传递程序有不同的要求，企业应当根据具体情况确定凭证的传递程序和方法。科学合理地制定会计凭证的传递路径，明确各个环节的职责和权限，做到凭证的传递既可以使相关部门和人员了解业务的情况，确保凭证在传递过程中安全完整，也要及时办理手续，提高工作效率。

2. 确定合理的停留处理时间

各单位要根据各环节办理手续所需的时间，规定凭证在各环节停留的合理时间，以确保凭证的及时传递。不能拖延和积压会计凭证，以免影响会计工作的正常程序。此外，所有会计凭证的传递必须在报告期内完成，不允许跨期，以免影响会计核算的及时性和真实性。

3. 建立凭证交接签收制度

为防止凭证在传递过程中出现遗失、毁损或其他意外情况，凭证在传递过程中，应建立凭证的交接签收制度，凭证的收发、交接都按一定的手续和制度办理，以保证会计凭证的安全和完整。

二、会计凭证的保管

会计凭证既是记录经济业务、明确经济责任的书面证明，又是记账的依据，所以它是会计核算的重要经济档案和历史资料。各单位在完成经济业务手续和记账之后，必须按规定妥善保管会计凭证，以便本单位随时抽查利用，同时便于上级有关部门进行凭证检查。所谓会计凭证的保管是指会计凭证记账后的整理、装订、归档保管和查阅等一系列工作，它是会计档案管理工作的一个重要方面。

会计凭证保管的要求有以下四点：

1. 记账后的整理、装订

对于各种记账凭证在登记账簿以后，每月将其和所附原始凭证或者原始凭证汇总表一起加以整理，在无缺号和附件齐全的情况下，加上封面、封底装订成册。为防止凭证被抽换，装订处要加封签并盖印章。在封面上应注明单位名称、年度、月份、册数和起讫号码，以备核查。

2. 原始凭证单独装订的情况

对于一些性质相同、发生频率高的业务，如领料单、入库单等，如果原始凭证数量太多，可以将原始凭证单独装订，不附在记账凭证后面；单独装订的原始凭证，应当在其封面上注明所属记账日期、编号、种类，同时在记账凭证上注明"附件另订"字样、原始凭证名称、编号以及存放的地方。

3. 会计凭证查阅

装订成册的会计凭证不得外借，应指定专人保管。如果其他单位因特殊情况需要使用会计凭证时，在合法的程序内经单位负责人同意可以提供复制或查阅。向外单位提供的会计凭证复印件，应当进行登记以明确责任。

4. 会计凭证保管期限

会计凭证的保管期限和销毁，必须严格执行会计档案保管的规定，任何人不得随意销毁。年度终了后，可暂由财会部门保管一年，期满后应由财会部门编造清册移交本单位的档案部门保管。保管时，要防止弄脏、霉烂以及鼠咬虫蛀等。

按照《会计档案管理办法》规定，原始凭证、记账凭证和汇总凭证的保管期限为30年，从会计年度终了后的第一天算起。期满后由本单位档案部门提出，会同财会部门鉴定，严格审查后编造会计档案销毁清册。报经批准后，由档案部门和会计部门共同派员监督销毁。在销毁会计凭证前，监销人员应认真清点核对。销毁后，在销毁清册上签名或盖章，并将监销情况报本单位负责人。

本章总结

本章主要介绍了会计凭证的概念、会计凭证的基本内容。原始凭证分类；原始凭证的填制要求，包括记录真实、内容完整、手续完备、填制及时、编号连续、书写规范；原始凭证的审核。记账凭证分类；记账凭证填制，包括收款凭证填制、付款凭证填制、转账凭证填制；记账凭证审核。会计凭证的传递与保管。

拓展阅读

原始凭证无纸化问题探讨

一、无纸化原始凭证产生的背景和意义

电子商务打破了传统的交易双方面对面的交易规则，使得买卖者之间采用网络进行交流和传递信息，从会计角度来说，它打破了传统的会计记账必须用纸质的记录进行账务核算的规则，让人们重新思考会计原始凭证传统存在方式的合理性。因此，会计原始凭证无纸化的定义是在电子商务迅速发展的背景下产生的。

会计原始凭证无纸化不仅是企业处理内部管理信息的客观需要，也与企业外部信息供给的方式转化有关。就企业内部来看，大量纸质原始凭证的存在与会计信息化的实现有着很大的不相容性，它在一定程度上制约着企业办公无纸化的实现。同时，大量纸质原始凭证的存在不仅耗费了大量的纸质资源，在其保管上也占用了大量的人力、物力和财力。因此，原始凭证无纸化不仅能促进办公效能的转变，也有着重要的环保意义。

就企业外部的信息供给状况来看，随着信息技术的不断发展，企业需要从外部获取的信息也已发生了巨大的变化。比如，证券市场的信息系统每日或者特殊时点输出的电子数据，已经成为会计原始凭证信息的重要组成部分；银行或者其他金融机构的电子结算单据、网上购物的电子凭据等也给我们展示了很多并非纸质的信息载体。在这种情况下，会计人员在进行会计处理时常会因纸质原始凭证的证明力不足而遇到困难。由此来看，原始凭证无纸化正是解决这一问题的起点。

二、会计原始凭证无纸化实现的相关问题

会计原始凭证无纸化需要解决的三个典型问题是安全问题、审计问题和归档问题。安全问题是原始凭证无纸化能够实现和应用的保障，审计问题是验证和核实无纸化原始凭证信息真实性的必要手段，而归档问题则是对无纸化原始凭证管理和保存的后续要求。

（一）原始凭证的安全问题

无纸化原始凭证的传递是建立在一个较为开放的网络环境中的，如果没有采取专门的保护措施，信息就很容易会被截获。在现阶段，无纸化原始凭证广泛应用的一个主要障碍就是无法保证数据传输的安全和交易双方的身份确认，因此，如何使得电子信息的使用和传递与传统方式一样安全可靠，是至关重要的。解决安全性问题一般的常用方法有：一是，利用加密技术增强原始凭证的保密性；二是，利用数字签名技术增强原始凭证的身份确定性。

（二）原始凭证的审计问题

我国颁布的《中国注册会计师审计准则第 1301 号：审计证据》第三条第四款指出："以文件记录形式（包括纸质、电子或其他介质）存在的审计证据比口头形式的审计证据更可靠。"可见，无纸化原始凭证也将要代替纸质原始凭证成为审计的对象。由于两者在审计业务中所扮演的角色、采用基本程序不尽相同，因此这里分别从原始凭证自身和审计循环两个角度来探讨。一是，加强对无纸化原始凭证自身的审核。同纸质凭证一样，无纸化原始凭证也必须经过合法性、真实性和完整性审核，但是有三点需要注意：①不同经济业务使用的无纸化凭证拥有不同的格式，如交通行业的电子客票、零售业的电子发票和服务业的电子发票都是不一样的；②与纸质凭证相比，无纸化凭证更容易被篡改，因此要从管理和技术（如系统环境、安全措施）等方面加强对其真实性的审核；③审核无纸化凭证的完整性可以利用计算机软件对电子凭证上的各个要素进行分类搜索，自动查出内容不合格的项目。二是，加强对无纸化原始凭证在循环过程中的核查。由于商业经营的主要目的是取得收入、获取利润，所以销售与收款循环对企业来说尤为重要，也是审计工作的重点。

（三）原始凭证的归档问题

纸质原始凭证形成的是纸质档案，而无纸化原始凭证形成的是电子档案，在两种档案并存的特殊环境下，需要一种特殊的模式对电子档案进行保管，而保管的前提是必须保障电子档案的安全性和合法性。一是，加强电子档案归档的安全性和合法性。二是，采用"双套式管理模式"。从电子文件诞生开始，在很长的时间里将会与纸质文件共存，因此需要采用"双套式管理模式"，将两种文件双双归档。电子档案脱机保存便于查找利用等服务；纸质副本则便于档案的长久保存，并可以在电子环境出现障碍时做补救之用，这是文件介质转化时期不可避免的一种现象。

（节选自《会计原始凭证无纸化问题探讨》，耿建新和洪图，会计研究2011年第8期，9-15页）

第四章 会计科目、账户与记账方法

1. 认识会计科目的概念、作用、会计科目的分类，认识账户的概念、作用、分类，认识会计记账方法的概念、分类。

2. 理解常用会计科目的使用范围、账户的应用，理解会计科目与账户的关系、复式记账法的应用。

3. 掌握借贷记账法的实际应用、会计分录的编写及试算平衡表的应用。

1. 通过学习会计科目的概念、分类和作用，培养学生分类即管理的科学思维方式。无论是国家宏观管理，还是企业微观管理，都必须进行科学合理的分类，明确管理对象的性质和程度，构建科学统一、相互协调的管理体系，确保管理工作顺利进行。

2. 通过学习"有借必有贷，借贷必相等"的记账规则，深化学生对能量守恒定律的理解。该记账规则可以使学生联想到学习也是守恒的，即付出等于收获。引导学生做事情有始有终，不轻易放弃。

3. 通过总分类账与明细分类账平行登记的原理，领悟总与分的关系，树立总与分的辩证统一思想。

4. 通过学习试算平衡，使学生养成事后检查的良好习惯，培养学生严谨的做事态度。

案例导入

新会计的困惑

一名新会计信心十足地到企业去面试。面试官问："你毕业了没有？"她妩媚一笑："没有，但我学过会计课程，我能胜任贵单位的会计工作。"面试官很好奇，便问了几个问题，如什么是会计科目、账户，它们之间的关系，不同经济业务的会计分录编写，她都对答如流，顺利过关。面试官便拿出记账凭证，要求现场填写，她一看动真格了，头脑一片空白，无从下手。为什么明明知道怎么写会计分录，却不会填记凭证呢？这位新会计实在很困惑。你知道原因吗？

本章主要内容（图4-1）

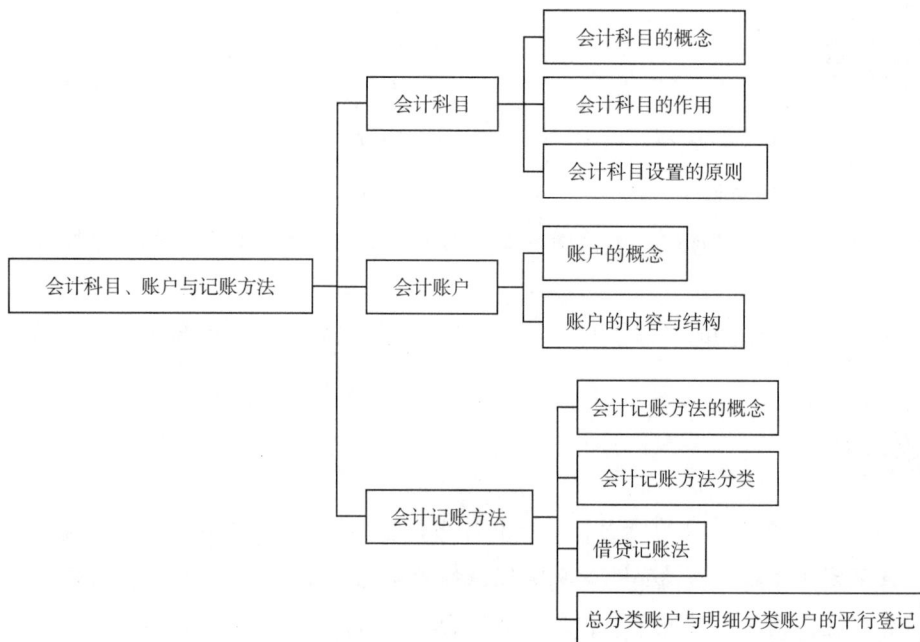

图4-1　第四章思维导图

第一节　会计科目

一、会计科目的概念

会计科目，是指对会计要素的具体内容按经济特征进行分类核算的项目，是会计层次中的第三个层次，反映更加详细的会计信息。本书第二章介绍的会计对象和会计要素，分别属于会计层次中的第一和第二个层次。会计要素对于经济业务的反映不够详细，因为每一会计要素又包括若干具体项目，如资产要素里面又分为库存现金、银行存款、其他货币资金、应收及预付款项、原材料、库存商品、固定资产、无形资产等；负债要素里面又分为短期借款、应付职工薪酬、应缴税费、应付及预售款项、长期借款、长期应付款等。因此，需要会计科目对经济业务进行更加具体的反映。

（一）会计科目分类

为了全面、系统、连续地核算企业各项交易或事项所引起会计要素的增减变动情况，满足信息使用者对会计信息质量的要求，有助于信息使用者更好地使用会计信息，我们应当对会计科目进行科学分类。在实际工作中，对会计科目的分类主要有以下两种：

1. 按反映经济内容不同分类

会计科目按其反映经济内容不同分为资产类、负债类、共同类、所有者权益类、成本类和损益类科目。其中，资产类科目主要包括：库存现金、银行存款、其他货币资金、交易性金融资产、应收票据、应收账款、预付账款、其他应收款、原材料、在途物资、材料采购、库存商品、工程物资、在建工程、长期股权投资、固定资产、无形资产和长期待摊费用等科目。负债类科目主要包括：短期借款、交易性金融负债、应付票据、应付账款、预收账款、应付职工薪酬、应交税费、其他应付款、长期借款、应付债券、长期应付款等。共同类科目主要包括：清算资金往来、货币兑换、衍生工具等。所有者权益类科目主要包括：实收资本、资本公积、盈余公积和未分配利润、本年利润等。成本类科目主要包括：生产成本、制造费用、劳务成本、研发支出等。损益类科目主要包括：主营业务收入、其他业务收入、营业外收入、主营业务成本、其他业务成本、管理费用、财务费用、销售费用、资产减值损失、税金及附加、营业外支出等。

2. 按提供信息的详细程度及其统驭关系分类

会计科目按其所提供信息的详细程度及其统驭关系分为总分类科目和明细分类科目。其中，总分类科目又称总账科目或一级科目，是指对会计要素具体内容进行总分类核算的科目，如库存现金、银行存款等。为了保证会计科目使用的规范性以及提供会计信息的可比性，总分类科目由国家统一会计制度规定。明细分类科目又称明细科目，是指对会计要素具体内容进行明细分类核算的科目，如"应收账款——A公司""应付职工薪酬——工资"等。

总分类科目与明细分类科目的关系是：总分类科目对其管辖的明细分类科目具有统驭和控制的作用，提供概括性浓缩性的会计信息；明细分类科目对其总分类科目具有补充和说明的作用，提供更加明细的会计信息。总分类科目与明细分类科目之间的关系如表4-1所示。

表4-1 总分类科目与明细分类科目关系表——以原材料科目为例

总分类科目 （一级科目）	明细分类科目	
	二级明细科目	三级明细科目
原材料	原料及主要材料	甲材料
		乙材料
	辅助材料	润滑油

（二）会计科目表

企业常用的会计科目如表 4-2 所示。

表4-2 常用会计科目表

编号	会计科目名称	编号	会计科目名称
	一、资产类	1471	存货跌价准备
1001	库存现金	1501	债权投资
1002	银行存款	1502	债权投资减值准备
1012	其他货币资金	1503	其他债权投资
1101	交易性金融资产	1511	长期股权投资
1121	应收票据	1512	长期股权投资减值准备
1122	应收账款	1521	投资性房地产
1123	预付账款	1531	长期应收款
1131	应收股利	1532	未实现融资收益
1132	应收利息	1601	固定资产
1221	其他应收款	1602	累计折旧
1231	坏账准备	1603	固定资产减值准备
1401	材料采购	1604	在建工程
1402	在途物资	1605	工程物资
1403	原材料	1606	固定资产清理
1404	材料成本差异	1611	未担保余值
1405	库存商品	1632	累计折耗
1406	发出商品	1701	无形资产
1407	商品进销差价	1702	累计摊销
1408	委托加工物资	1703	无形资产减值准备
1411	周转材料	1711	商誉

续表

编号	会计科目名称	编号	会计科目名称
1801	长期待摊费用	4002	资本公积
1811	递延所得税资产	4101	盈余公积
1901	待处理财产损溢	4103	本年利润
	二、负债类	4104	利润分配
2001	短期借款		五、成本类
2002	交易性金融负债	5001	生产成本
2201	应付票据	5101	制造费用
2202	应付账款	5202	劳务成本
2203	预收账款	5301	研发支出
2211	应付职工薪酬		六、损益类
2221	应交税费	6001	主营业务收入
2231	应付利息	6051	其他业务收入
2232	应付股利	6111	投资收益
2241	其他应付款	6301	营业外收入
2401	递延收益	6401	主营业务成本
2501	长期借款	6402	其他业务成本
2502	应付债券	6403	税金及附加
2701	长期应付款	6601	销售费用
2702	未确认融资费用	6602	管理费用
2711	专项应付款	6603	财务费用
2801	预计负债	6701	资产减值损失
2901	递延所得税负债	6711	营业外支出
	四、所有者权益类	6801	所得税费用
4001	实收资本	6901	以前年度损益调整

注意：第三类共同类，在本表省略。

（三）常用会计科目解释

1. 资产类科目解释

库存现金，是指企业存放在企业财务部门由出纳人员保管的货币资金。

银行存款，是指企业存入银行或者其他金融机构的各种货币资金。

其他货币资金，是指企业持有的除库存现金和银行存款以外的货币资金，主要包括：银行汇票存款、银行本票存款、信用卡存款、信用证保证金存款、存出投资款、外埠存款。

交易性金融资产，是指企业为短期内出售而持有的金融资产，主要是从二级市场取得债券、股票、基金等；企业持有的直接指定为以公允价值计量且其变动计入当期损益的金融资产，也属于交易性金融资产的范畴。

应收票据，是指企业因销售商品、提供劳务等而收到的商业汇票，包括银行承兑汇票、商业承兑汇票两种。

应收账款，是指企业因销售商品、提供劳务等而应收的各种款项。

预付账款，是指企业按照合同或协议约定预付的各种款项，预付账款不多的企业，也可以不设置本科目，将预付账款直接记入"应付账款"科目。

应收股利，是指企业因对外投资活动而应该收取的现金股利或利润。

应收利息，是指企业持有的交易性金融资产、债权投资、其他债权投资等形成的应该收取的利息。

其他应收款，是指企业除应收票据、应收账款、预付账款、应收股利、应收利息、长期应收款等以外的其他各种应收、暂付的款项。

坏账准备，是指企业由于各种应收及预付款项存在坏账风险而计提及冲销的准备金，坏账准备属于资产类的备抵科目。

材料采购，是指采用计划成本法核算的企业购入材料的实际采购成本以及验收入库材料的计划成本。

在途物资，是指采用实际成本法核算的企业购入但尚未验收入库的材料物资的实际采购成本。

原材料，是指企业库存的各种材料，包括原料及主要材料、辅助材料、外购半成品（外购件）、修理用备件（备品备件）、包装材料、燃料等物资的计划成本或者实际成本。

材料成本差异，是指企业采用计划成本进行日常核算的材料的计划成本与实际成本之间的差额。

库存商品，是指企业库存的各种商品的实际成本（或者进价）或者计划成本（或者售价），包括库存产成品、外购商品、存放在门市部准备出售的商品、发出展览的商品以及寄存在外的商品等。接受来料加工制造的代制品、为外单位加工修理的代修品，在制造、修理完成且验收入库之后，视同企业的产成品看待。

发出商品，是指企业未满足收入确认条件但已经发出的商品的实际成本或者计划成本。

商品进销差价，是指企业采用售价法进行日常核算的商品的售价与进价之间的差额。

委托加工物资，是指企业委托外单位加工的各种材料、商品等物资的实际成本。

周转材料，是指企业周转材料的计划成本或者实际成本，主要包括包装物、低值易耗品。

存货跌价准备，是指企业存货在特定条件下计提及冲销的跌价准备金额。

债权投资，是指企业持有至到期投资的以实际摊余成本计量的金融资产。

长期股权投资，是指企业持有的采用成本法和权益法核算的长期股权投资。

长期股权投资减值准备，是指企业长期股权投资在特定条件下计提的减值准备。

投资性房地产，是指企业采用成本模式或公允价值模式计量的投资性房地产的成本。

长期应收款，是指企业的长期应收款项，包括融资租赁产生的应收款项、采用递延方式具有融资性质的销售商品和提供劳务等产生的应收款项等。

未实现融资收益，是指企业分期计入租赁收入或者利息收入的未实现融资收益。

固定资产，是指企业持有的固定资产的原价。

累计折旧，是指企业固定资产的累计折旧。

固定资产减值准备，是指企业固定资产在特定条件下计提的减值准备。

在建工程，是指企业的基建、更新改造等在建工程发生的支出。

工程物资，是指企业为在建工程准备的各种物资的成本，包括工程用材料、尚未安装的设备以及为生产准备的工器具等。

固定资产清理，是指企业因出售、报废、毁损、对外投资、非货币性资产交换、债务重组等原因而转出的固定资产的价值以及在清理过程中发生的费用等。

无形资产，是指企业持有的无形资产的成本，包括专利权、非专利技术、商标权、著作权、土地使用权等。

累计摊销，是指企业对使用寿命有限的无形资产计提的累计摊销。

无形资产减值准备，是指企业无形资产在特定条件下计提的减值准备。

商誉，是指企业合并中形成的商誉的价值。

长期待摊费用，是指企业已经发生但应该由本期和以后各期负担的分摊期限一年以上的各项费用，如以经营租赁方式租入的固定资产发生的改良支出等。

递延所得税资产，是指企业确认的可抵扣暂时性差异所产生的递延所得税资产。

待处理财产损溢，是指企业在清查财产的过程中查明的各种财产盘盈、盘亏、毁损的价值。

2. 负债类科目解释

短期借款，是指企业向银行或者其他金融机构等借入的偿还期限一年以下（含一年）的各种借款。

交易性金融负债，是指企业承担的交易性金融负债的公允价值，企业持有的直接指定为以公允价值计量且其变动计入当期损益的金融负债，也属于交易性金融负债。

应付票据，是指企业因购买材料、商品和接受劳务供应等而开出、承兑的商业汇票，包括银行承兑汇票、商业承兑汇票。

应付账款，是指企业因购买材料、商品和接受劳务等经营活动而应该支付的款项。

预收账款，是指企业按照合同或协议的规定预收的款项。预收账款情况不多的，也可以不设置本科目，将预收的款项直接计入"应收账款"科目。

应付职工薪酬，是指企业根据有关规定应该付给职工的各种薪酬。企业（外商）按规定从净利润中提取的职工奖励及福利基金，也在本科目核算。

应交税费，是指企业按照税法等规定计算应交纳的各种税费，包括增值税、消费税、所得税、资源税、土地增值税、城市维护建设税、房产税、土地使用税、车船使用税、教育费附加、矿产资源补偿费等。

应付利息，是指企业按照合同或协议的约定应该支付的利息，包括吸收存款、分期付息到期还本的长期借款、企业债券等应该支付的利息。

应付股利，是指企业宣告分配的现金股利或者利润。

其他应付款，是指企业除应付票据、应付账款、预收账款、应付职工薪酬、应付利息、应付股利、应交税费、长期应付款等以外的其他各项应付、暂收的款项。

代理业务负债，是指企业因不承担风险的代理业务而收到的款项，包括受托投资资金、受托贷款资金等。

递延收益，是指企业确认的应该在以后期间计入当期损益的政府补助。

长期借款，是指企业向银行或其他金融机构借入的期限一年以上（不含一年）的各项借款。

应付债券，是指企业为筹集（长期）资金而发行的债券的本金和利息。

长期应付款，是指企业除长期借款和应付债券以外的其他各种长期应付款项，包括应付融资租入固定资产的租赁费、以分期付款方式购入固定资产等发生的应付款项等。

未确认融资费用，是指企业应当分期计入利息费用的未确认融资费用。

专项应付款，是指企业取得政府作为企业所有者投入的具有专项或者特定用途的款项。

预计负债，是指企业确认的对外提供担保、未决诉讼、产品质量保证、重组义务、亏损性合同等预计负债。

递延所得税负债，是指企业确认的应纳税暂时性差异产生的所得税负债。

3. 共同类科目解释（省略）

4. 所有者权益类科目解释

实收资本，是指企业接受的投资者投入的注册资本，股份有限公司应将本科目改为"股本"。

资本公积，是指企业收到的投资者的出资额超出其在注册资本或者股本中所占份额的部分，以及直接计入所有者权益的利得和损失。

盈余公积，是指企业从净利润中提取的盈余公积金。

本年利润，是指企业当期实现的净利润（或者发生的净亏损）。

利润分配，是指企业利润的分配（或者亏损的弥补）和历年分配（或者弥补）后的余额。

库存股，是指企业收购、转让或者注销的本公司的股份的金额。

5. 成本类

生产成本，是指企业进行工业性生产而发生的各项生产成本，包括生产各种产品（产成品、自制半成品等）、自制材料、自制工具、自制设备等。

制造费用，是指企业生产车间（部门）为生产产品和提供劳务而发生的各项间接费用。

劳务成本，是指企业对外提供劳务而发生的成本。

研发成本，是指企业进行研究与开发无形资产过程中发生的各项支出。

6. 损益类

主营业务收入，是指企业确认的销售商品、提供劳务等主营业务实现的收入。

其他业务收入，是指企业确认的除主营业务活动以外的其他经营活动实现的收入，包括出租固定资产、出租无形资产、出租包装物和商品、销售材料等。

公允价值变动损益，是指企业交易性金融资产、交易性金融负债，以及采用公允价值模式计量的投资性房地产、衍生工具、套期保值业务等的公允价值变动而形成的应计入当期损益的利得或者损失。

投资收益，是指企业确认的投资收益或者投资损失。

营业外收入，是指企业发生的各项营业外收入，主要包括非流动资产处置利得、非货币性资产交换利得、债务重组利得、政府补助、盘盈利得、捐赠利得等。

主营业务成本，是指企业确认销售商品、提供劳务等主营业务收入时应结转的成本。

其他业务成本，是指企业确认的除主营业务活动以外的其他经营活动所发生的支出，包括销售材料的成本、出租固定资产的折旧额、出租无形资产的摊销额、出租包装物的成本或者摊销额等。

税金及附加，是指企业经营活动发生的消费税、城市维护建设税、资源税和教育费附加等相关税费。

销售费用，是指企业销售商品和材料、提供劳务的过程中发生的各种费用，包括保险费、包装费、展览费和广告费、商品维修费、预计产品质量保证损失、运输费、装卸费等以及为销售本企业商品而专设的销售机构（含销售网点、售后服务网点等）的职工薪酬、业务费、折旧费等经营费用。

管理费用，是指企业为组织和管理企业生产经营所发生的管理费用，包括企业在筹建期间内发生的开办费、董事会和行政管理部门在企业的经营管理中发生的或者应该由企业统一负担的公司经费（包括行政管理部门职工工资及福利费、物料消耗、低值易耗品摊销、办公费和差旅费等）、工会经费、董事会费（包括董事会成员津贴、会议费和差旅费等）、聘请中介机构费、咨询费（含顾问费）、诉讼费、业务招待费、房产税、车船使用税、土地使用税、印花税、技术转让费、矿产资源补偿费、研究费用、排污费等。

财务费用，是指企业为筹集生产经营所需资金等而发生的筹资费用，包括利息支出（减利息收入）、汇兑损益以及相关的手续费、企业发生的现金折扣或者收到的现金折扣等。

资产减值损失，是指企业因计提各项资产减值准备所形成的损失。

营业外支出，是指企业发生的各项营业外支出，包括非流动资产处置损失、非货币性资产交换损失、债务重组损失、公益性捐赠支出、非常损失、盘亏损失等。

所得税费用，是指企业确认的应该从当期利润总额中扣除的所得税费用。

以前年度损益调整，是指企业本年度发生的调整以前年度损益的事项以及本年度发现的重要前期差错更正涉及调整以前年度损益的事项。

二、会计科目的作用

会计科目属于会计核算体系的第三个层次，是会计核算体系正常运转不可缺少的重要组成部分。通过设置会计科目，可以将企业发生的各种类型的经济业务按照一定的标准进行分类、汇总，使复杂的经济业务转化为会计信息，为会计信息使用者提供规范化的信息；通过对会计要素的具体内容进行分类，还可以为会计信息使用者提供各种分类的核算指标，以满足不同信息使用者的需要；通过设置会计科目，为复式记账法的应用、编制记凭证、和登记账簿提供了依据，为编制财务报表提供了方便。

三、会计科目设置的原则

会计科目作为会计核算体系的重要组成部分，如何设置会计科目关系到投资者、债权人、企业经营管理者等信息使用者的决策。在设置会计科目时，应遵循《企业会计准则——应用指南》的具体要求，在设置过程中应努力做到科学、合理、适用。具体来说，会计科目的设置应遵循以下四个原则：

（一）真实完整原则

企业从事的经营活动内容不同，所处的行业不同，其核算具有不同的特点和管理要求。在设置会计科目时，企业应当根据经营活动的特点并结合自身的实际情况综合考虑，做到真实全面反映企业交易或事项。如工业企业是以制造产品为主，应设置"生产成本""制造费用"等科目；施工企业主要从事工程的建造业务，应设置"工程施工""机械作业"等科目。

（二）满足信息使用者需求原则

企业提供会计信息是为信息使用者服务的，能够满足不同信息使用者对信息的需求，是设置会计科目的出发点。企业设置的会计科目应当充分考虑不同的信息使用者对会计信息的需求，既要满足投资者、债权人、政府监管部门、社会公众等外部信息使用者的需求，也要满足企业内部管理层的需要。如为了满足投资者对业绩的信息需求，企业应设置"主营业务收入""主营业务成本""本年利润""利润分配"等科目；为了满足债权人对偿债能力的信息需求，企业应设置"短期借款""长期借款""应付利息"等科目。

（三）合法合规原则

为了规范不同企业以及同一企业中不同会计期间使用的会计科目，提高信息的可比性，增强信息的提供口径和披露标准，企业设置会计科目应当满足合法合规原则。合法合规，是指企业在设置会计科目时，应遵循《企业会计准则》《统一会计制度》的规定，对总分类会计科目的设置及核算内容进行统一规定，以保证会计核算指标在一个部门乃至全国范围内综合汇总、分析利用，凡是相同的交易或事项，就要使用相同的会计科目。对于明细分类科目，国家法律法规没有统一规定的，企业可以根据自身的具体情况和管理要求，自行增加或减少。

（四）实用原则

会计科目的设置应当根据企业的业务繁简、业务数量等综合考虑，设置出符合企业自身情况的会计科目。会计科目不是越多越好，也不是越少越好；不是越简单越好，也不是越明细越好，应当根据反映信息的需求来确定。如大型企业、业务繁多的企业可以设置多一些、明细一些的会计科目，小型企业可以设置少一些、简单一些的会计科目。

第二节 会计账户

一、账户的概念

账户是根据会计科目设置的，具有一定的格式和结构，用以全面、系统、连续地记录交易或事项的发生而引起会计要素的增减变动及其结果的载体。会计科目是对会计要素的内容进行分类，是分类核算的项目。但是由于会计科目没有格式、没有结构，所以会计科目无法独立反映会计要素的增减变动及其结果。因此，为了全面、系统、连续地反映交易或事项发生情况以及会计要素增减变动的结果，还必须根据会计科目设置账户。设置账户是会计核算的一种专门方法。通过账户记录提供的会计核算数据，可以反映企业一定时期内交易或事项的情况，又是编制财务报表的基础。

账户是根据会计科目设置的，会计科目的性质决定了账户的性质。因此，在实际工作中，对账户的分类主要有以下两种：

1. 按反映经济内容不同分类

账户按其反映经济内容不同分为资产类、负债类、共同类、所有者权益类、成本类和损益类账户。其中，资产类账户主要包括：库存现金、银行存款、其他货币资金、交易性金融资产、应收票据、应收账款、预付账款、其他应收款、原材料、在途物资、材料采购、库存商品、工程物资、在建工程、长期股权投资、固定资产、无形资产和长期待摊费用等。负债类账户主要包括：短期借款、交易性金融负债、应付票据、应付账款、预收账款、应付职工薪酬、应交税费、其他应付款、长期借款、应付债券、长期应付款等。所有者权益类账户主要包括：实收资本、资本公积、盈余公积、未分配利润、本年利润等。成本类账户主要包括：生产成本、制造费用、劳务成本、研发支出等。损益类账户主要包括：主营业务收入、其他业务收入、营业外收入、主营业务成本、其他业务成本、管理费用、财务费用、销售费用、资产减值损失、税金及附加、营业外支出等。

2. 按提供信息的详细程度及统驭关系分类

账户按其所提供信息的详细程度及统驭关系分为总分类账户和明细分类账户。其中，总分类账户又称总账账户或一级账户，是指对会计要素具体内容进行总分类核算的账户，如库存现金、银行存款等。明细分类账户又称明细账户，是指对会计要素具体内容进行明细分类核算的账户，如"应收账款——A 公司""应付职工薪酬——工资"等。

总分类账户与明细分类账户的关系是：总分类账户对其管辖的明细分类账户具有统驭和控制的作用，提供概括性、浓缩性的会计信息；明细分类账户对其总分类账户具有补充和说明的作用，提供更加明细的会计信息。

值得注意的是，账户与会计科目是两个不同的概念，它们既有联系又有区别。一方面，账户和会计科目所反映的经济内容是相同的，两者相辅相成，会计科目是设置账户的依据，是账户的名称；账户则是会计科目的具体运用。没有会计科目，账户便失去了设置的依据；没有账户，就无法发挥会计科目的作用。另一方面，会计科目本身并不存在结构问题，而账户作为一种核算和监督的工具，必须具备一定的格式和结构，以便记录和反映每一笔经济业务对会计要素的影响。在实际工作中，对会计科目和账户往往不加严格区分，而是相互通用。

二、账户的内容与结构

（一）账户的内容

账户是根据会计科目设置的，不仅应具有名称，还应具有一定的格式和结构。经济业务所引起会计要素的增减变动包括增加和减少两种情况，因此，账户在结构上也分为两个部分：一方登记增加数额，另一方登记减少数额。为满足实际业务核算的需要，每一方又分为若干专栏，分别反映会计核算的主要内容。通常而言，账户应包括以下五个方面的内容：账户名称，即会计科目；记账日期；凭证号数，是记账和事后查询的依据；摘要，简要说明经济业务内容；增加和减少的金额及余额。账户的基本结构如表4-3所示。

表4-3　账户名称（会计科目）

年		凭证		摘　要	借　方	贷　方	借或贷	余　额
月	日	字	号					

（二）账户的结构

账户由名称、时间、凭证字号、摘要、金额等内容构成，账户的缩写为"T"字账或"丁"字账。账户分为左边和右边，在借贷记账法下，左边称为"借方"，右边称为"贷方"。账户的借方、贷方可以表示增加或者减少以及余额的方向。但是，哪一方表示增加数，哪一方表示减少数，则取决于账户所反映的经济内容和性质。

在账户中，登记本期增加的金额称为本期增加发生额；登记本期减少的金额称为本期减少发生额；将本期增加额和本期减少额相抵的差额称为余额。账户余额分为期初余额和期末余额两种。通常情况下，余额登记的方向与登记本期增加发生额的方向一致。本期增加发生额、本期减少发生额和期初余额、期末余额四个方面的核算数据，用下列公式表示如下：

$$期末余额 = 期初余额 + 本期增加发生额 - 本期减少发生额$$

为了教学上的方便，上述账户的基本结构可用"T"字形账户来说明。如图4-2所示。

借方	账户名称	贷方

图4-2 "T"字形账户

第三节 会计记账方法

一、会计记账方法的概念

会计记账方法，是指对企业发生的交易或事项所引起的会计要素的增减变动，遵循一定的记账原理，借助记账符号进行记录的方法。记账方法是会计核算方法之一，是完成会计工作的必然途径，选择科学合理的记账方法，对准确、全面反映企业会计信息有重要的作用。

二、会计记账方法分类

根据记账方法的发展历程以及记账方法在实际工作中的应用，可以分为单式记账法和复式记账法。

（一）单式记账法

单式记账法，是指企业对发生的交易或事项只在一个账户中登记的方法。单式记账法的原理是：企业发生的每笔交易或事项只记入一个账户，一般只登记现金、银行存款的收付业务和各种债权、债务和往来款项。如以现金1 000元购买办公用品，只需要在库存现金账户登记减少1 000元，不需要反映对应账户。单式记账法的优点是：简单、通俗易懂、易学，便于理解。单式记账法的缺点是：方式单一；不完整；不能全面、系统地反映交易或事项的来龙去脉，无法反映账户之间的对应关系；不便于检查账户记录的正确性和真实性。由于单式记账法固有的缺陷，现代企业已经淘汰了单式记账法。

（二）复式记账法

复式记账法，是指企业对发生的每一项交易或事项都要以相等的金额在两个或两个以上相互联系的账户中登记的记账方法。复式记账法是经济发展到一定程度的产物，是适应企业管理需要而诞生的方法。最早的复式记账法是由意大利的数学家卢卡帕乔利在1494 年的专著《数学大全》里面首次全面介绍。复式记账法的原理是：企业发生的任何一项交易或事项都会涉及两个或两个以上账户，并且金额总计是相等的。例如，企业向银行提取现金 10 000 元备用，一方面要在"库存现金"账上登记增加 10 000 元，另一方面又要在"银行存款"账上登记减少 10 000 元。复式记账法的优点是：形成了一套完整的账户体系，可以反映每一项交易或事项的来龙去脉，也可以反映资金运动的过程，便于核对账务记录，容易查找错误。正是因为复式记账法的优点很明显，已在全球大部分地区得到广泛的推广。我国《企业会计准则》规定，企业应采用复式记账法。

三、借贷记账法

借贷记账法是以"借"和"贷"作为记账符号的复式记账法，即企业对发生的每一项交易或事项都要以相等的金额在两个或两个以上相互联系的账户中登记的记账方法。

（一）记账符号

借贷记账法是以"借"和"贷"作为记账符号来表示交易或事项所引起的会计要素的增减变动。

1. 借贷记账法的起源与发展

借贷记账法起源于公元十三四世纪的意大利，其正处于资本主义萌芽时期，经济繁荣，已是商业信贷和银行业的中心。经营钱庄的商人，一方面吸收商人零散的存款并支付一定的利息；另一方面又把钱借给资金短缺的商人，收取高额的利息；钱庄通过存款的低利息与放款的高利息获得收益。钱庄记账时，向钱庄借钱的是债务人，其借款金额记在该人名账户的借方，表示人欠我金额的增加；贷款给钱庄的人是债权人，其贷款金额记在该人名的贷方，表示我欠人的金额增加。钱庄在中间划账，由此而产生"借"和"贷"。由于人欠我、我欠人的金额有相等的求偿权，能得到对比，这就为借贷记账法建立了理论基础。后来，随着商品经济的发展，威尼斯商人又把这种方法推广运用在商业经营企业，将借主、贷主之意逐渐由人推及物。这样，"借""贷"两字就逐渐失去了原来本身的含义，而转化为单纯的记账符号和会计上的专门术语，其作用在于指明记账的方向、账户对应关系及账户余额的性质，在全球大部分地区得到推广和应用。

2."借""贷"符号的作用

借贷记账法的符号"借"和"贷"经过了漫长的发展历程，已经失去了其本来的含义。在借贷记账法下，"借"和"贷"仅仅是两个记账符号。

与借贷记账法结合起来，"借"和"贷"有三个方面的作用：

一是表示账户的两个固定部分，即左方为借方，右方为贷方。

二是表示增加或减少，至于借方表示增加还是贷方表示增加，由账户的性质来决定。如资产类、成本类、费用类增加记在借方，负债类、所有者权益类、收入类增加记在贷方。

三是表示账户的余额方向，如资产类、成本类账户的余额一般在借方，负债类、所有者权益类账户的余额一般在贷方。

（二）账户结构

在借贷记账法下，账户分为左右两部分，左边称为借方，右边称为贷方，用来反映不同类型的交易或事项所引起的会计要素在数额上的变动。账户的结构像一个 T 字或丁字，因此也称为 T 字账户或丁字账户。账户的左方和右方，一方登记增加数，另一方登记减少数。每一个账户的借方和贷方都要按相反的方向记录其增减变动，一方登记增加额，另一方就登记减少额。至于账户的哪一方登记增加额，哪一方登记减少额，则取决于账户的性质。不同类型不同性质的账户其结构是不同的。

1.资产类账户的结构

根据借贷记账法的记账要求，一般资产类账户的结构是：借方登记资产的增加数额，贷方登记资产的减少数额；在一定会计期间内，借方登记的增加数额相加称为借方发生额合计，贷方登记的减少数额相加称为贷方发生额合计；在会计期末将借方与贷方发生额相抵，差额为期末余额。一般资产类账户余额在借方，表示期末资产的实有数额。资产类账户的基本结构如图 4-3 所示。

借方	资产类账户		贷方
期初余额	× × ×		
本期增加额	× × ×	本期减少额	× × ×
	…		…
本期借方发生额合计	× × ×	本期贷方发生额合计	× × ×
期末余额	× × ×		

图4-3 一般资产类账户的基本结构

资产类账户期末借方余额＝期初借方余额＋本期借方发生额－本期贷方发生额

注意：资产类的备抵账户（如坏账准备、存货跌价准备、累计折旧等）贷方登记增加数额，借方登记减少数额，期末若有余额在贷方，表示资产类备抵账户的实有数。

2. 负债类账户的结构

负债类账户的结构是：账户的贷方登记负债的增加数额，借方登记负债的减少数额；在一定会计期间内，贷方登记的增加数额相加称为贷方发生额合计，借方登记的减少数额相加称为借方发生额合计；在会计期末将借贷发生额相抵，其差额为期末余额。负债类账户若有期末余额一般在贷方，表示期末负债的实有数。负债类账户的基本结构如图4-4所示。

借方	负债		贷方
		期初余额	×××
本期减少额 ×××		本期增加额	×××
		...	...
本期借方发生额合计 ×××		本期贷方发生额合计	×××
		期末余额	×××

图4-4 负债类账户的基本结构

负债类账户期末贷方余额＝期初贷方余额＋本期贷方发生额－本期借方发生额

3. 所有者权益类账户的结构

所有者权益类账户的结构是：账户的贷方登记所有者权益的增加数额，借方登记所有者权益的减少数额；在一定会计期间内，贷方登记的增加数额相加称为贷方发生额合计，借方登记的减少数额相加称为借方发生额合计；在会计期间末将借贷发生额相抵，差额为期末余额。所有者权益类账户若有期末余额一般在贷方，表示期末所有者权益的实有数。所有者权益类账户的基本结构如图4-5所示。

借方	所有者权益		贷方
		期初余额	×××
本期减少额 ×××		本期增加额	×××
		...	...
本期借方发生额合计 ×××		本期贷方发生额合计	×××
		期末余额	×××

图4-5 所有者权益类账户的基本结构

所有者权益类账户期末贷方余额＝期初贷方余额＋本期贷方发生额－本期借方发生额

4. 成本类账户的结构

根据借贷记账法的记账要求，成本类账户的结构是：借方登记成本的增加数额，贷方登记成本的减少数额；在一定会计期间内，借方登记的增加数额相加称为借方发生额合计，贷方登记的减少数额相加称为贷方发生额合计；在会计期末将借方与贷方发生额相抵，其差额为期末余额。成本类账户若有余额在借方，表示期末资产（在产品）的实有数额。成本类账户的基本结构如图 4-6 所示。

借方		成本类账户	贷方	
期初余额	×××			
本期增加额	×××	本期减少额	×××	
		…		…
本期借方发生额合计	×××	本期贷方发生额合计	×××	
期末余额	×××			

图4-6 成本类账户的基本结构

成本类账户期末借方余额＝期初借方余额＋本期借方发生额－本期贷方发生额

5. 收入类账户的结构

收入类账户的结构是：账户的贷方登记收入的增加数额，借方登记收入的减少数额；在一定会计期间内，贷方登记的增加数额相加称为贷方发生额合计，借方登记的减少数额相加称为借方发生额合计；期末将收入的余额转入本年利润，结转后无余额。收入类账户的基本结构如图 4-7 所示。

借方		收入类账户	贷方	
本期减少额	×××	本期增加额	×××	
…				…
本期借方发生额合计	×××	本期贷方发生额合计	×××	

图4-7 收入类账户的基本结构

6. 费用类账户的结构

费用类账户的结构是：账户的借方登记费用的增加数额，贷方登记收入的减少数额；在一定会计期间内，借方登记的增加数额相加称为借方发生额合计，贷方登记的减少数额相加称为贷方发生额合计；期末将费用的余额转入本年利润，结转后无余额。费用类账户的基本结构如图 4-8 所示。

借方	费用类账户	贷方	
本期增加额	×××	本期减少额	×××
	...		...
本期借方发生额合计	×××	本期减少额合计	×××

图4-8 费用类账户的基本结构

为了便于了解所有账户借、贷两方所反映的经济内容，现将上述各类账户的具体结构概括如表 4-4 所示。

表4-4 各类账户的具体结构

账户类型	借方	贷方	余额
资产类	+	−	借方
负债类	−	+	贷方
所有者权益类	−	+	贷方
成本类	+	−	借方
损益类	费用类 +，收入类 −	费用类 −，收入类 +	无
资产类备抵账户	−	+	贷方

（三）记账规则

根据复式记账法的原理，对任何一项交易或事项都必须以相等的金额，在两个或两个以上相互联系的账户中登记。在以"借"和"贷"为记账符号的复式记账法下，任何一项交易或事项，有借方项目一定会有对应的贷方项目，反之也成立；记录在借方的金额合计与记录在贷方的金额合计一定相等。借贷记账法的记账规则归纳起来就是：有借必有贷，借贷必相等。

【例题 4-1】2023 年 6 月 1 日，SSZ 公司收到 WQ 有限责任公司投入注册资本金 5 000 000 元，款项已存入银行，不考虑其他因素。

分析：该项交易的发生，一方面使企业的"银行存款"账户增加了 5 000 000 元，另一方面使企业的"实收资本"账户增加了 5 000 000 元。"银行存款"属于资产类账户，增加记入借方，"实收资本"属于所有者权益类账户，增加记入贷方。如图 4-9 所示。

借方	实收资本	贷方		借方	银行存款	贷方
		（1）5 000 000		（1）5 000 000		

图4-9　【例题4-1】"T"字形账户

【例题4-2】2023年6月2日，SSZ公司从建设银行借入期限10个月的短期借款300 000元，款项已收到，不考虑其他因素。

分析：该项交易的发生，一方面使企业的"银行存款"账户增加了300 000元，另一方面使企业的"短期借款"账户增加了300 000元。"银行存款"属于资产类账户，增加记入借方，"短期借款"属于负债类账户，增加记入贷方。如图4-10所示。

借方	短期借款	贷方		借方	银行存款	贷方
		（2）300 000		（2）300 000		

图4-10　【例题4-2】"T"字形账户

【例题4-3】2023年6月2日，SSZ公司收回乙公司前欠购货款150 000元，款项已收到存入银行，不考虑其他因素。

分析：该项交易的发生，一方面使企业的"应收账款"账户减少150 000元，另一方面使企业的"银行存款"账户增加150 000元。"应收账款"和"银行存款"同属于资产类账户，减少记入贷方，增加记入借方。如图4-11所示。

借方	应收账款	贷方		借方	银行存款	贷方
		（3）150 000		（3）150 000		

图4-11　【例题4-3】"T"字形账户

【例题4-4】2023年6月10日，SSZ公司企业向建设银行借入3个月到期的借款60 000元，直接偿还所欠B公司购货款，不考虑其他因素。

分析：该项交易的发生，一方面使企业的"短期借款"账户增加了60 000元，另一方面使企业的"应付账款"账户减少了 60 000 元;"短期借款"和"应付账款"同属于负债类账户,增加记入贷方,减少记入借方。如图 4-12 所示。

借方	短期借款	贷方		借方	应付账款	贷方
		(4) 60 000				(4) 60 000

图4-12　【例题4-4】"T"字形账户

【例题 4-5】2023 年 6 月 15 日,SSZ 公司以资本公积 100 000 元转增资本,不考虑其他因素。

分析:该事项的发生,一方面使企业的"资本公积"账户减少 100 000 元,另一方面使企业的"实收资本"账户增加了 100 000 元,"资本公积"和"实收资本"同属于所有者权益类账户,增加记入贷方,减少记入借方。如图 4-13 所示。

借方	实收资本	贷方		借方	资本公积	贷方
		(5) 100 000				(5) 100 000

图4-13　【例题4-5】"T"字形账户

【例题 4-6】2023 年 9 月 10 日,SSZ 公司用银行存款 60 000 元偿还短期借款,不考虑其他因素。

分析:该项交易的发生,一方面使企业的"银行存款"账户减少了 60 000 元,另一方面使企业的"短期借款"账户减少了 60 000 元,"银行存款"属于资产类账户,减少记入贷方,"短期借款"属于负债类账户,减少记入借方。如图 4-14 所示。

借方	银行存款	贷方		借方	短期借款	贷方
		(6) 60 000				(6) 60 000

图4-14　【例题4-6】"T"字形账户

【例题 4-7】2023 年 9 月 15 日,SSZ 公司用银行存款 20 000 元购买固定资产,不考虑其他因素。

分析：该项交易的发生，一方面使企业的"银行存款"账户减少了 20 000 元，另一方面使企业的"固定资产"账户增加了 20 000 元，"银行存款"与"固定资产"属于资产类账户，增加记入借方，减少记入贷方，如图4-15所示。

借方	银行存款	贷方		借方	固定资产	贷方
		（7）20 000				（7）20 000

图4-15　【例题4-7】"T"字形账户

通过以上所举的七个案例可以看出，在借贷记账法下，每一项交易或事项的发生，都必须是一方面记入某一个账户借方，另一方面记入另一个账户的贷方，而且记入借方与记入贷方的金额必然相等。所以，借贷记账法的记账规则是：有借必有贷，借贷必相等。

（四）账户的对应关系和会计分录

1. 账户的对应关系

账户的对应关系，是指在借贷记账法下企业发生的交易或事项所涉及的几个账户之间存在着应借应贷的对应关系。存在着对应关系的账户称为对应账户，在某项交易或事项中，借方的账户与贷方的账户之间存在对应关系，借方账户与借方账户之间或者贷方账户与贷方账户之间不存在对应关系。正是因为账户对应关系的存在，企业发生的交易或事项的过程及来龙去脉就可以清楚地反映出来，便于检测账户的正确性。

2. 会计分录

会计分录，是指在借贷记账法下列示出应借应贷的记账符号、账户的名称以及金额的一种记录。会计分录是由"借""贷"符号、会计科目与金额构成。会计分录按涉及会计科目的多少分为简单分录和复合分录，其中，一借一贷分录属于简单分录，一借多贷、多借一贷、多借多贷分录属于复合分录。通过编制会计分录，可以将交易或事项的来龙去脉以及资金运动的过程反映出来，为企业编制记账凭证提供依据。

为了保证账簿记录的正确性，在经济交易或事项登记入账前应该：

第一，分析经济交易或事项涉及的会计科目；

第二，确定涉及哪些会计科目及是增加还是减少；

第三，确定哪个（或哪些）会计科目记借方，哪个（或哪些）会计科目记贷方；

第四，确定应借应贷会计科目是否正确，借贷方金额是否相等。

编制会计分录的格式，一般是先借后贷、上借下贷或左借右贷。一般"贷"字应对齐借方会计科目的第一个字，金额对齐写。

现将前面所举的七笔业务，编制会计分录如下。

【例题4-8】承【例题4-1】2023年6月1日，SSZ公司收到WQ有限责任公司投入注册资本金5 000 000元，款项已存入银行，不考虑其他因素。

SSZ公司编制如下会计分录：

借：银行存款　　　　　　　　　　　　　　5 000 000

　　贷：实收资本　　　　　　　　　　　　　5 000 000

【例题4-9】承【例题4-2】2023年6月2日，SSZ公司从建设银行借入期限10个月的短期借款300 000元，款项已收到，不考虑其他因素。

SSZ公司编制如下会计分录：

借：银行存款　　　　　　　　　　　　　　300 000

　　贷：短期借款　　　　　　　　　　　　　300 000

【例题4-10】承【例题4-3】2023年6月2日，SSZ公司收回乙公司前欠购货款150 000元，款项已收到存入银行，不考虑其他因素。

SSZ公司编制如下会计分录：

借：银行存款　　　　　　　　　　　　　　150 000

　　贷：应收账款　　　　　　　　　　　　　150 000

【例题4-11】承【例题4-4】2023年6月10日，SSZ公司向建设银行借入3个月到期的借款60 000元，直接偿还所欠B公司购货款，不考虑其他因素。

SSZ公司编制如下会计分录：

借：应付账款　　　　　　　　　　　　　　60 000

　　贷：短期借款　　　　　　　　　　　　　60 000

【例题4-12】承【例题4-5】2023年6月15日，SSZ公司以资本公积100 000元转增资本，不考虑其他因素。

SSZ公司编制如下会计分录：

借：资本公积　　　　　　　　　　　　　　100 000

　　贷：实收资本　　　　　　　　　　　　　100 000

【例题4-13】承【例题4-6】2023年9月10日，SSZ公司用银行存款60 000元偿还短期借款，不考虑其他因素。

SSZ公司编制如下会计分录：

借：短期借款　　　　　　　　　　　　　　60 000

　　贷：银行存款　　　　　　　　　　　　　60 000

【例题4-14】承【例题4-7】2023年9月15日，SSZ公司用银行存款20 000元购买固定资产，不考虑其他因素。

SSZ公司编制如下会计分录：

借：固定资产　　　　　　　　　　　　　　　　　　　20 000

　　贷：银行存款　　　　　　　　　　　　　　　　　　　20 000

【例题4-15】2023年9月15日，SSZ公司采购原材料一批，价格20 000元，已用银行存款支付15 000元，尚欠5000元货款，不考虑其他因素。

SSZ公司编制如下会计分录：

借：原材料　　　　　　　　　　　　　　　　　　　　20 000

　　贷：银行存款　　　　　　　　　　　　　　　　　　　15 000

　　　　应付账款　　　　　　　　　　　　　　　　　　　5000

（五）借贷记账法的试算平衡

试算平衡，是指根据资产与权益的恒等关系以及借贷记账法的记账规则，检查所有账户记录是否正确的一种专门方法。试算平衡包括发生额试算平衡和余额试算平衡，其中，余额试算平衡包括期初余额试算平衡和期末余额试算平衡。在手工做账环境下，难免会发生记账错误的情况。因此，通过试算平衡，可以检验一定时期内所发生的交易或事项在账户中登记的正确性。

1. 发生额试算平衡

发生额试算平衡就是通过计算所有账户的借方发生额与贷方发生额是否相等来检验账户记录是否正确的方法。发生额试算平衡的依据是"有借必有贷，借贷必相等"的记账规则。根据借贷记账法，对任何一项经济业务都必须以相等的金额，在两个或两个以上相互联系的账户中登记，且借贷方金额相等。因此，根据每项经济业务所编制的会计分录，借、贷两方的发生额是相等的。无论发生多少笔经济业务，在某一期间内，所有账户借方发生额合计必然等于所有账户贷方发生额合计。如果出现不相等，必然是在记账过程中出现了差错，应及时查找并更正。

发生额试算平衡公式：

全部账户本期借方发生额合计＝全部账户本期贷方发生额合计

2. 余额试算平衡

余额试算平衡就是通过计算全部账户的借方余额合计与贷方余额合计是否相等来检验账户记录是否正确的方法，包括期初余额平衡和期末余额平衡。余额试算平衡的依据是资产与权益的恒等关系。资产类账户的期末余额一般都是在借方，所有账户的借方余额合计就是资产总额；负债及所有者权益账户的期末余额一般都在贷方，所有账户的贷方余额合计就是负债及所有者权益类账户的期末余额。所以，根据"资产＝负债＋所有者权益"，在一定时点上，全部账户的借方余额合计必然等于全部账户的贷方余额合计。如果不相等，说明账户记录有错误，应予以查找并更正。

余额试算平衡公式如下：

全部账户的期初借方余额合计＝全部账户的期初贷方余额合计

全部账户的期末借方余额合计＝全部账户的期末贷方余额合计

在实际工作中，这两种方法通常是在月末结出各个账户的本月发生额和月末余额后，依据上述两个计算公式编制试算平衡表的方法进行的。

3.试算平衡表的格式

试算平衡表格式如表4-5～表4-7所示。

表4-5　账户期初余额试算平衡

年　　月　　　　　　　　　　　　单位：元

会计科目	借方余额	贷方余额
…	…	…
合　计		

表4-6　账户本期发生额试算平衡表

年　　月　　　　　　　　　　　　单位：元

会计科目	借方发生额	贷方发生额
…	…	…
合　计		

表4-7　账户本期发生额余额试算平衡表

年　　月　　　　　　　　　　　　单位：元

会计科目	期初余额		本期发生额		期末余额	
	借　方	贷　方	借　方	贷　方	借　方	贷　方
…	…	…	…	…	…	…
合　计						

【例题4-16】SSZ公司2023年9月初有关账户的余额见表4-8。

表4-8　账户余额表

账户名称	借方余额	贷方余额
银行存款	500 000	
应收账款	300 000	
原材料	150 000	
固定资产	1 600 000	
短期借款		350 000
应付票据		200 000
实收资本		2 000 000
合　计	2 550 000	2 550 000

SSZ 公司 2023 年 9 月发生如下经济业务：

（1）收到投资者 A 追加投资 800 000 元，款项已收存入银行，不考虑其他因素。

SSZ 公司公司编制如下会计分录：

　　借：银行存款　　　　　　　　　　　　　　　800 000

　　　　贷：实收资本　　　　　　　　　　　　　　　800 000

（2）收回 F 工厂所欠货款 300 000 元，款项已存入银行。

　　借：银行存款　　　　　　　　　　　　　　　300 000

　　　　贷：应收账款　　　　　　　　　　　　　　　300 000

（3）用银行存款偿还已到期的商业承兑汇票款 200 000 元。

　　借：应付票据　　　　　　　　　　　　　　　200 000

　　　　贷：银行存款　　　　　　　　　　　　　　　200 000

（4）向银行借入短期借款 300 000 元用于周转。

　　借：银行存款　　　　　　　　　　　　　　　300 000

　　　　贷：短期借款　　　　　　　　　　　　　　　300 000

（5）购入原材料一批，价款为 500 000 元（不考虑增值税），原材料已验收入库，货款通过商业承兑汇票支付。

　　借：原材料　　　　　　　　　　　　　　　　500 000

　　　　贷：应付票据　　　　　　　　　　　　　　　500 000

（6）用银行存款 400 000 元偿还短期借款。

　　借：短期借款　　　　　　　　　　　　　　　400 000

　　　　贷：银行存款　　　　　　　　　　　　　　　400 000

根据上述资料登记有关账户如图 4-16 所示，并计算本期发生额和期末余额填入试算平衡表。如表 4-9 所示。

借方	银行存款	贷方		借方	应收账款	贷方
期初余额	500 000			初余额	300 000	
	① 800 000	③ 200 000				② 300 000
	② 300 000					
	④ 300 000					
		⑥ 400 000				
本期发生额	1 400 000	本期发生额 600 000		本期发生额 0		本期发生额 300 000
期末余额	1 300 000			期末余额 0		

借方	固定资产	贷方		借方	原材料	贷方
期初余额	1 600 000			期初余额	150 000	
					⑤ 500 000	
本期发生额 0		本期发生额 0		本期发生额 500 000		本期发生额 0
期末余额	1 600 000			期末余额 650 000		

借方	短期借款	贷方		借方	应付票据	贷方
		期初余额 350 000				期初余额 200 000
	⑥ 400 000	④ 300 000			③ 200 000	⑤ 400 000
本期发生额 400 000		本期发生额 300 000		本期发生额 200 000		本期发生额 400 000
		期末余额 250 000				期末余额 400 000

借方	实收资本	贷方
		期初余额 2 000 000
		① 800 000
		本期发生额 800 000
		期末余额 2 800 000

图4-16　【例题4-16】"T"字形账户

表4-9　总分类账户试算平衡表

2023 年 9 月 31 日

账户名称	期初余额		本期发生额		期末余额	
	借方	贷方	借方	贷方	借方	贷方
银行存款 应收账款原材料 固定资产	500 000 300 000 150 000		1 400 000 500 000	600 000 300 000	1 300 000 0 650 000	

续表

账户名称	期初余额		本期发生额		期末余额	
	借方	贷方	借方	贷方	借方	贷方
短期借款 应付票据 实收资本	1 600 000	350 000 200 000 2 000 000	400 000 200 000	300 000 500 000 800 000	1 600 000	250 000 500 000 2 800 000
合计	2 550 000	2 550 000	2 500 000	2 500 000	3 550 000	3 550 000

必须指出，即使试算平衡表中借贷金额相等，也不足以说明账户记录完全没有错误。因为有些错误并不影响借贷双方的平衡，通过试算也就无法发现，如漏记或重记某项经济业务、借贷记账方向彼此颠倒，或者方向正确但记错了账户等。因此，根据试算平衡的结果，只能确认账户记录是否基本正确。

四、总分类账户与明细分类账户的平行登记

根据总分类账户与明细分类账户之间的关系，在会计核算中，为了保证核算资料的完整性和正确性，总分类账户与其管辖的明细分类账户应当采用平行登记的方法。平行登记，是指对企业发生的每项交易或事项，一方面要在总分类账户中登记，另一方面要在其管辖的明细分类账户中登记。平行登记是手工做账条件下自我检测账户记录是否正确完整的保障，主要包括四个要点：

（一）登记依据相同

登记依据相同，是指企业在登记总分类账与其管辖的明细分类账的时候，要依据相同的会计凭证。会计凭证是登账的依据，因此，在登记总分类账与其管辖的明细分类账时，应当根据相同的会计凭证。由于采用的会计核算形式不同，登记总分类账可以依据记账凭证、汇总记账凭证、科目汇总表登记；登记明细分类账可以依据记账凭证、原始凭证、汇总原始凭证。从形式上看，依据的会计凭证是不相同的，但是，不管依据哪一种核算形式，登记总分类账与其管辖的明细分类账都要依据相同的原始凭证。

（二）登记期间相同

登记期间相同，是指企业登记总分类账与其管辖的明细分类账要在同一会计期间。如某笔交易或事项的总分类账登记在 10 月，其对应的明细分类账也要登记在 10 月，保障登记的会计期间相同，便于核对账目。

（三）登记方向相同

登记方向相同，是指企业登记总分类账与其管辖的明细分类账要在相同的方向，即对企业发生的每一笔交易或事项，登记总分类账户的方向应与登记其管辖的明细分类账户在方向上保持一致，做到总分类账与其管辖的明细分类账在登记上同借同贷。如某项交易或事项的总分类账金额登记在借方（或贷方），其所属明细分类账户的金额也应登记在借方（或贷方）。

（四）登记金额相等

登记金额相等，是指企业登记总分类账金额与其管辖的明细分类账金额合计是相等的，即企业发生的每一笔交易或事项，登记在总分类账的金额与登记在其明细分类账的金额合计是相等的，用公式表示为：

总分类账户的期初余额＝其所管辖各明细分类账户的期初余额合计

总分类账户的借方发生额＝其所管辖各明细分类账户的借方发生额合计

总分类账户的贷方发生额＝其所管辖各明细分类账户的贷方发生额合计

总分类账户的期末余额＝其所管辖各明细分类账户的期末余额合计

根据平行登记的原则和要求，企业发生的每一笔交易或事项一方面登记在总分类账中，另一方面登记在其管辖的各个明细分类账中，并且登记的金额是相等的。因此，将一定会计期间内所发生的交易或事项全部登记入账后，总分类账与其管辖的明细分类账在方向上必然相同、在金额上必然相等、在期间上必然相同。如果出现总分类账与其管辖的明细分类账不相符，意味着存在登账错误，应当认真核对，直到找出错误的根源。

本章总结

本章主要介绍了会计科目的概念、会计科目分类、常用会计科目及其解释，会计科目的作用；会计科目的设置原则（真实完整原则、满足信息使用者需求原则、合法合规原则、实用原则）；账户的概念、账户的内容与结构；会计记账方法的概念、会计记账方法分类（单式记账法和复式记账法）、借贷记账法（记账符号、账户结构、记账规则、借贷记账法的试算平衡）；总分类账户与明细分类账户的平行登记（登记依据相同、登记期间相同、登记方向相同、登记金额相等）。

拓展阅读

现代信息技术环境下借贷记账法的改革

一、借贷记账法的缺陷及对会计信息化的影响

（一）"借"和"贷"记账符号不是经济业务事项的客观反映

借贷记账法是以"借"和"贷"作为记账符号的一种复式记账法。它起源于中世纪商业资本比较发达的意大利地中海一带城市。最初"借"和"贷"二字是从借贷资本家的角度来解释的，表示人与人之借贷关系。以后随着社会经济的发展，这种记账方法广泛地应用于各行各业。借贷两字逐渐失去了其字面含义而成为纯粹的记账符号和会计学上的一个专门名词。也正是这两个专用名词成为经济业务核算与会计核算的分水岭，使人们在经济生活中对会计产生了神秘感，认为"借""贷"两字高深莫测。特别是对于发生的经济业务事项在进行会计确认时，必须记入一个或几个账户的借方同时记入另一个或另几个账户的贷方。这时的"借"和"贷"已经不是经济业务事项的客观反映，而是会计处理的特殊要求使对经济业务事项的描述和会计借贷处理之间产生了断层，不便于推进在信息技术条件下的业务和账务处理一体化，也不便于自动记账和进行实时控制。

（二）账户的性质决定金额的记账方向不利于会计确认

在借贷记账法下所有账户的左方均为"借方"，右方均为"贷方"，但对反映资金存在及耗用形态的资产、费用账户与反映资金形成和收入的资金来源及收入账户规定了不同的登记方向。这样虽然符合会计等式中会计要素在会计等式左右两边的分布，但在经济业务发生进行会计确认时，除了明确经济业务发生引起相关账户金额的增加或减少外，还要明确账户的性质才能决定账户的记账方向。对于发生的经济业务进行会计确认时，总是先明确涉及的账户，然后确定经济业务发生引起相关账户金额的增加或减少，最后再根据账户性质决定记账方向。在手工操作的情况下，会计人员长期工作中形成了思维定式，问题还不大。但是在信息技术条件下，经济业务发生引起相关账户的增减变化，如果在明确相关账户金额增加或减少的同时，还必须明确账户的性质，然后才能在借贷相反的方向进行会计确认，则导致在借贷记账法下进行会计确认比较复杂，人为地增加了会计确认的难度，不利于高效、准确地进行会计确认，限制了会计信息化作用的发挥。

（三）"借""贷"成为业务核算与会计核算的鸿沟

任何经济业务事项的发生，都从客观上引起两个或两个以上会计科目的增减变化。从记录经济业务性质的角度来看，描述经济业务属性的数据项主要有时间、内容、关联方、数量、单价、金额、业务员、客户性质等。按照复式记账原理还应指明经济业务引起的相关项目的变化性质是增加还是减少，也就是明确会计记账方向。在借贷记账法下必须把经济业务发生引起相关项目发生增减变化的实质，转化为会计用以记账的"借""贷"符号。在这种转化的过程中，"借"和"贷"变成了业务核算与会计核算的鸿沟，不利于业务和账务处理一体化。而且在转化的过程中过滤掉一些对企业管理非常重要的信息，只保留了会计核算所需要的一些信息，人为地割裂了业务信息与会计信息之间的内在联系，不便于业务信息与会计信息的集成，也不利于在现代信息技术条件下数据仓库的构建和数据挖掘的有效实施，会计信息的决策有用目标难以在现代信息技术条件下真正得以实现。

（四）账户不固定分类影响会计信息的明晰性

借贷记账法的特点之一就是账户不要求固定分类，可以设置一些双重性质的账户，期末根据账户的余额方向确定账户的性质。在手工操作的情况下，这不仅简化了账户的设置，也提高了账户运用的灵活性，使得这一特点成为借贷记账法的优点之一。然而，在现代信息技术条件下，账户不固定分类增加了会计确认的判别成本，也导致了报表信息输出要以不同级次的账户余额为数据源，不利于实时报告的生成，也影响了会计信息的明晰性。例如，如果企业平时预收款业务较少，可以不设置"预收账款"账户；发生的预收账款业务通过"应收账款"相关明细账的贷方进行核算。这样"应收账款"总账余额就不是真正的应收账款余额，而是应收账款与预收账款的差额，混淆了账户的性质。为了在资产负债表中正确反映应收账款和预收账款，就无法根据应收账款总账余额直接填列报表，必须根据相应明细账的余额方向进行归类，才能形成资产负债表中的相关信息。

二、借贷记账法的改革思路及 I/O 记账法的基本原理

任何经济业务和事项的发生引起相关会计要素的变化自然不外乎增加（Increase）和减少（Decrease）两种情况，而从信息流程的角度来看不外乎信息的输入（Input）和输出（Output）。针对上述列示的借贷记账法的缺陷，有利于业务核算与会计核算的平滑衔接，有利于根据经济业务发生引起各会计要素变化的自然属性进行会计确认，有利于会计信息的明晰和会计信息处理的规范。放弃"借"和"贷"作为会计记账符号，改为以"入"和"出"为记账符号，这种以"入（In）"和"出（Out）"作为记账符号直接反映经济业务发生引起相关会计要素金额发生增减变化的复式记账方法，称为入出记账法。为了便于国际协调，本文把这种记账方法称为 I/O 记账法（I/O 记账法的基本原理这里不做阐述）。

（节选自《现代信息技术环境下借贷记账法的改革》，郭德贵，财经论丛 2006 年第 4 期，79-83 页）

第五章　企业主要经济业务与会计处理

1. 了解企业主要经济业务的内容、设置会计账户的作用以及使用规则；
2. 理解借贷记账法在企业的具体应用；
3. 掌握企业资金筹集、供应过程、生产过程、销售过程和财务成果形成及其分配等业务的核算。

思政目标

1. 通过对企业主要经济业务的介绍，使学生认识到企业完成一次从筹资到利润分配是资金循环，不是凭空产生的，而是需要一点一滴的投入和坚持不懈地努力，才能取得预期结果。
2. 培养学生的诚信职业素养，全面、准确、系统地记录企业经济业务是每个会计学生的基本素养。
3. 培养学生用会计数据进行反思的能力。企业经济业务和会计数据之间以及不同会计数据之间具有很强的逻辑关系，任何虚构的数据都会原形毕露。

案例导入

玩具厂的利润计算

孙老板投资成立了一家玩具厂，在忙碌的管理工作之余，孙老板想算一算玩具厂的利润有多少。于是，孙老板从投资款开始测算、涉及厂房建设、机器设备购置、材料购买、材料管理、职工薪酬、水电费……越算越头疼，越算越糊涂，搞了好几天也算不清楚。你知道怎么计算吗？

本章主要内容（图5-1）

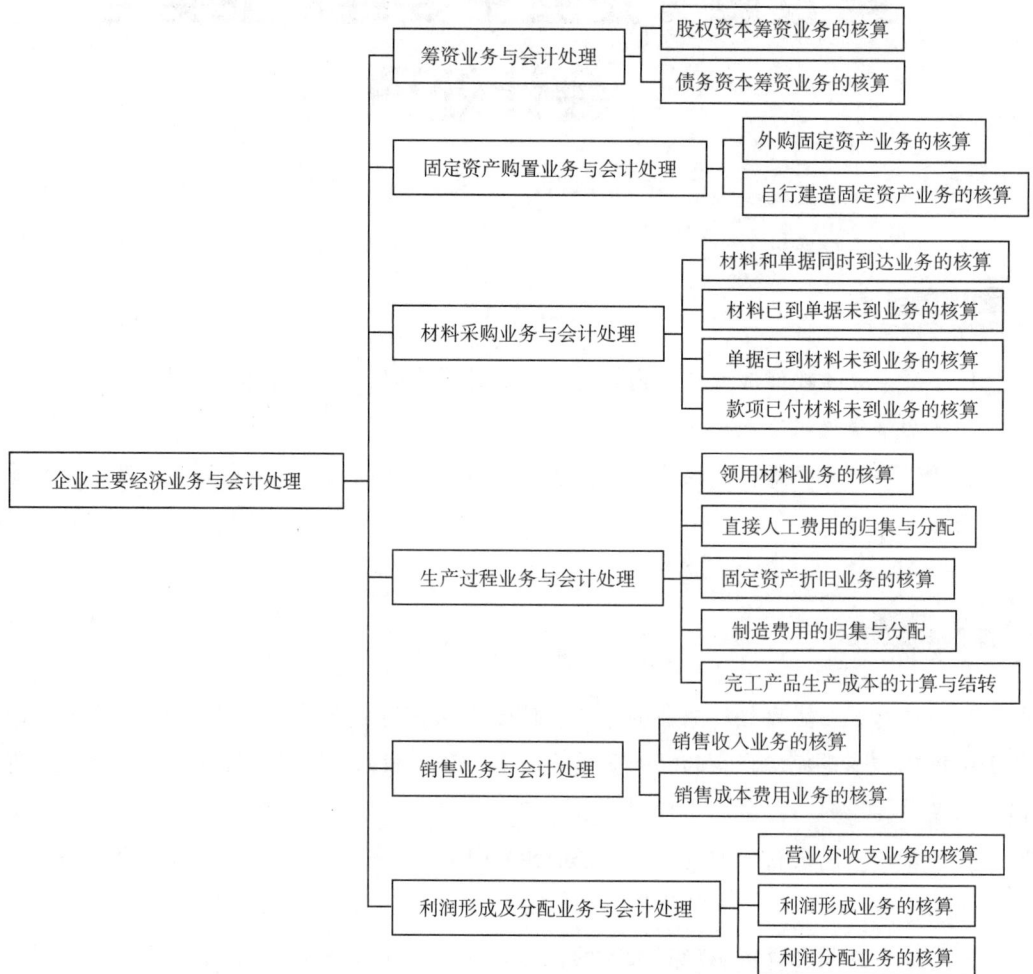

图5-1　第五章思维导图

第一节　筹资业务与会计处理

资本是企业进行生产经营活动的物质条件，有了资本，企业才可以生存、发展；没有资本，企业就无法生存，更谈不上发展。企业的资本来源主要有两个方面：一是投资者投入企业的资本及其增值额，即实收资本（或股本）和资本公积，形成企业所有者权益的重要组成部分；二是债权人投入企业的资本，形成企业的负债（即债权人权益）。实务中，我们习惯将所有者权益和负债统称为权益。

一、股权资本筹资业务的核算

股权资本是由所有者投入企业的资本及其发生的增值额构成，是形成企业资产的重要来源，是企业从事生产经营活动的前提条件。股权资本在有限责任公司称为实收资本，在股份有限公司称为股本。

（一）应设置的账户

1. 实收资本（或股本）

实收资本（股本），是指投资者按照企业章程、合同或协议的约定实际投入企业的注册资本。根据《公司法》规定：股东可以用货币出资，也可以用实物、知识产权、土地使用权、股权、债权等可以用货币估价并可以依法转让的非货币财产作价出资，但货币出资比例不得低于公司注册资本的30%；投入公司的资本，公司不得随意减少，如果需要减少资本应当由股东会作出决议并向公司所在地的市场监督管理局提出变更资本的登记。

为了反映收到投资者投入资本的增减变动情况，企业应设置"实收资本（股本）"账户。"实收资本（股本）"账户属于所有者权益类账户，贷方登记企业实际收到投资者投入的资本数额，借方登记企业减少的资本数额；期末余额在贷方，表示企业期末实收资本（股本）的实有数额。

"实收资本（股本）"账户应当根据投资者的身份设置明细账户核算。

2. 资本公积

资本公积，是指企业在接受投资者投入资本过程中所引起的增值以及直接计入所有者权益的利得和损失。

为了反映企业资本公积的增减变动情况，企业应设置"资本公积"账户。该账户属于所有者权益账户，贷方登记投资者投入企业的资本超过其注册资本中所占的份额以及直接计入所有者权益的利得，借方登记由于转增资本等原因减少的资本公积数额以及直接计入所有者权益的损失；期末余额在贷方，表示企业资本公积的实有数额。

资本公积账户应当分别按照"资本溢价"（或"股本溢价"）和"其他资本公积"进行明细核算。

（二）股权资本筹集业务的账务处理

1. 接受货币资产投资

接受货币资产投资，是指投资者用货币性资产投入企业。一般，投入企业的货币性资产存入银行形成企业的银行存款。

收到投资者投入货币资产时，企业应编制如下会计分录：

借：银行存款

　　贷：实收资本（股本）

　　　　资本公积——资本溢价或股本溢价（按照收到的货币性资产与注册资本

　　　　　　差额）

注意：如果按法定程序报经批准减少注册资本的，企业应编制如下会计分录：

借：实收资本（股本）

　　贷：银行存款

【例题 5-1】2023 年 3 月，A、B、C 共同投资设立 SSZ 公司，注册资本为 4 000 000 元，A、B、C 持股比例分别为 60%、25% 和 15%，A、B、C 投入资本分别为 2 400 000 元、1 000 000 元和 600 000 元。SSZ 公司已收到 A、B、C 投资者一次缴足的款项。

收到投资款时，SSZ 公司编制如下会计分录：

借：银行存款　　　　　　　　　　　　　　　　4 000 000

　　贷：实收资本——A　　　　　　　　　　　　2 400 000

　　　　　　　——B　　　　　　　　　　　　1 000 000

　　　　　　　——C　　　　　　　　　　　　　600 000

【例题 5-2】SSZA 股份有限公司通过发行普通股筹集资金，2023 年 3 月 10 日发行普通股 10 000 000 股，每股面值 1 元，每股发行价格 5 元。假定股票发行成功，款项 50 000 000 元已全部存入银行，不考虑发行过程中发生的相关税费。

股票发行成功时，SSZA 股份有限公司编制如下会计分录：

借：银行存款　　　　　　　　　　　　　　　　50 000 000

　　贷：股本　　　　　　　　　　　　　　　　10 000 000

　　　　资本公积——股本溢价　　　　　　　　40 000 000

2. 接受非货币性资产投资

我国《公司法》规定，股东既可以用货币出资，也可以用实物、知识产权、土地使用权等非货币性资产出资；但是，法律规定不得用于出资的资产除外。企业接受投资者投入非货币性资产时，作为出资的非货币性资产应当按照投资合同或协议约定的价值核算，但投资合同或协议约定的价值不公允除外。不论以何种方式出资，投资者如果在投资过程中违反投资合同或协议的约定，不按规定如期缴足出资额，其他履行投资合同或协议的投资者可以依法追究违约投资者的法律责任。

（1）接受投资者投入的固定资产。企业接受投资者投入的房屋、建筑物、机器设备等固定资产，应按投资合同或协议约定的价值作为固定资产的入账价值，但投资合同或协议约定价值不公允的除外。

接受投资者投入的固定资产时，企业应编制如下会计分录：

借：固定资产（不需要安装的情况）

在建工程（需要安装的情况）

应交税费——应交增值税（进项税额）

贷：实收资本

【例题 5-3】SSZ 公司于设立时收到 F 公司作为资本投入的不需要安装的机器设备一台，合同约定该机器设备的价值为 4 000 000 元，增值税进项税额为 520 000 元（假设增值税允许抵扣）。合同约定的固定资产价值与公允价值相符，不考虑其他因素。

收到 F 公司投入的固定资产时，SSZ 公司编制如下会计分录：

借：固定资产 4 000 000

应交税费——应交增值税（进项税额） 520 000

贷：实收资本——F 公司 4 520 000

（2）接受投资者投入的材料、商品等。企业接受投资者投入的材料、商品等，应按投资合同或协议约定的价值作为材料、商品的入账价值，但投资合同或协议约定价值不公允的除外。

接受投入的材料物资时，企业应编制如下会计分录：

借：原材料

库存商品等

应交税费——应交增值税（进项税额）

贷：实收资本

【例题 5-4】SSZ 公司于设立时收到 M 公司作为资本投入的原材料一批，该批原材料投资合同或协议约定价值（不含可抵扣的增值税进项税额部分）为 200 000 元，增值税进项税额为 26 000 元。M 公司已开具了增值税专用发票。假设合同约定的价值与公允价值相符，该进项税额允许抵扣，不考虑其他因素。

收到 M 公司投入的材料时，SSZ 公司编制如下会计分录：

借：原材料 200 000

应交税费——应交增值税（进项税额） 26 000

贷：实收资本——M 公司 226 000

【例题 5-5】SSZ 公司于设立时收到 R 投资者作为资本投入的商品一批，该批商品投资合同或协议约定价值（不含可抵扣的增值税进项税额部分）为 1 000 000 元，增值税进项税额为 130 000 元。R 公司已开具了增值税专用发票。假设合同约定的价值与公允价值相符，该进项税额允许抵扣，不考虑其他因素。

收到 R 投资者投入商品时，SSZ 公司编制如下会计分录：

借：库存商品　　　　　　　　　　　　　　　　　　　　　　1 000 000

　　应交税费——应交增值税（进项税）　　　　　　　　　　　130 000

　　贷：实收资本——R　　　　　　　　　　　　　　　　　　　　1 130 000

（3）接受投资者投入的无形资产。企业收到投资者投入的无形资产，应按投资合同或协议约定价的值作为无形资产的入账价值，但投资合同或协议约定价值不公允的除外。

收到投入的无形资产时，企业应编制如下会计分录：

借：无形资产

　　应交税费——应交增值税（进项税额）

　　贷：实收资本

【例题 5-6】SSZ 公司于设立时收到 L 公司作为资本投入的专利技术一项，该专利技术投资合同约定价值为 160 000 元，同时收到 Z 公司作为资本投入的土地使用权一项，投资合同约定价值为 400 000 元。假设 SSZ 公司接受该非专利技术和土地使用权符合国家注册资本管理的有关规定，可按合同约定作实收资本入账，合同约定的价值与公允价值相符，不考虑其他因素。

收到投入的非专利技术时，SSZ 公司编制如下会计分录：

借：无形资产——专利技术　　　　　　　　　　　　　　　　160 000

　　　　　　——土地使用权　　　　　　　　　　　　　　　　400 000

　　贷：实收资本——L 公司　　　　　　　　　　　　　　　　　160 000

　　　　　　　　——Z 公司　　　　　　　　　　　　　　　　　400 000

二、债务资本筹资业务的核算

企业成立后，在后续发展中，会存在资金紧张或资金周转不灵的情况。为了解决资金紧张或资金周转等问题，企业向银行等金融机构借入资金，或者向供应商赊购材料、赊购设备等，形成企业的债务。债务也称债权人权益，表示债权人对企业资产的求偿权。债务即负债，是指企业过去的交易或者事项形成的、预期会导致经济利益流出企业的现时义务，主要包括短期借款、应付票据、应付账款、预收账款、应付职工薪酬、应交税费、应付股利、其他应付款、长期借款、应付债券、长期应付款等。

（一）应设置的账户

1. 短期借款

短期借款，是指企业向银行或其他金融机构借入的偿还期限在 1 年以内（含 1 年）的各种借款。

为了反映企业短期借款的增减变动情况，企业应设置"短期借款"账户。"短期借款"账户属于负债类账户，贷方登记企业借入的各种短期借款数额，借方登记企业偿还的短期借款数额；期末余额在贷方，表示企业尚未偿还的短期借款的数额。

该账户应当按债权人设置明细账，并按借款种类进行明细核算。

2. 长期借款

长期借款，是指企业向银行或其他金融机构借入的偿还期限在 1 年以上（不含 1 年）的各种借款。

为了反映企业长期借款的增减变动情况，企业应设置"长期借款"账户。"长期借款"账户属于负债类账户，贷方登记企业借入长期借款的本金以及到期一次还本付息偿还方式下计提的利息，借方登记企业偿还的本金及利息；期末余额在贷方，表示企业尚未偿还的长期借款的本金和利息。

该账户应当按债权人设置明细账，并按借款种类进行明细核算。

3. 财务费用

财务费用，是指企业为筹集生产经营所需资金等而发生的筹资费用，主要包括利息支出（减利息收入）、汇兑差额以及相关的手续费、企业发生的现金折扣或收到的现金折扣等。

为了反映企业财务费用的增减变动情况，企业应设置"财务费用"账户。"财务费用"账户属于损益类账户，借方登记企业实际发生的财务费用，贷方登记企业减少的财务费用（如利息收入、汇兑收益等）；期末，应将该账户的余额转入"本年利润"账户，结转后该账户没有余额。

该账户应当按照财务费用具体项目进行明细核算。

4. 应付利息

应付利息，是指企业按照合同或协议约定应付的利息，包括短期借款利息、到期还本分期付息的长期借款利息等。

为了反映企业应付利息的增减变动情况，企业应设置"应付利息"账户。"应付利息"账户属于负债类账户，贷方登记企业按合同或协议约定的利率计算确定的应付但尚未支付利息，借方登记企业实际支付的利息；期末余额在贷方，表示企业应付但尚未支付的利息数额。

该账户应当按照债权人进行明细核算。

（二）债务资本筹集业务的账务处理

1. 短期借款业务

借入短期借款时，企业应编制如下会计分录：

借：银行存款

  贷：短期借款

计提利息费用时，企业应编制如下会计分录：

借：财务费用

  贷：应付利息

偿还本金和利息时，企业应编制如下会计分录：

借：短期借款

  应付利息

  贷：银行存款

【例题 5-7】SSZ 公司由于生产经营的需要于 2023 年 1 月 1 日向银行取得借款 10 000 000 元，期限为 1 年，年利率为 4.5%，利息随本金到期一次支付，款项已存入银行，不考虑其他因素。

借入短期借款时，SSZ 公司编制如下会计分录：

借：银行存款   10 000 000

  贷：短期借款   10 000 000

【例题 5-8】SSZ 公司 1 月 31 日计提本月短期借款利息，金额为 37 500 元。

计提 1 月份利息费用时，SSZ 公司编制如下会计分录：

借：财务费用   37 500

  贷：应付利息   37 500

注：2—12 月月末计提利息费用的会计分录与【例题 5-8】是一样的。

【例题 5-9】SSZ 公司 2024 年 1 月 1 日以银行存款偿还到期的短期借款本金及利息。

偿还本金和利息时，SSZ 公司编制如下会计分录：

借：短期借款   10 000 000

  应付利息   450 000

  贷：银行存款   10 450 000

2. 长期借款业务

借入长期借款时，企业应编制如下会计分录：

借：银行存款

　　贷：长期借款——本金

计提利息费用时，企业应编制如下会计分录：

　　借：财务费用（生产经营活动形成的一般性借款计提利息的情况）

　　　　制造费用（用于生产多种商品借款计提的利息满足资本化的情况）

　　　　在建工程等（用于工程建设等借款计提的利息满足资本化的情况）

　　贷：应付利息（分期付息的情况）

　　　　长期借款——应计利息（到期一次还本付息的情况）

偿还本金和利息时，企业应编制如下会计分录：

　　借：长期借款——本金

　　　　长期借款——应计利息

　　　　应付利息

　　贷：银行存款

【例题 5-10】2022 年 7 月 1 日，SSZ 公司为了满足生产经营需要而向银行借入 2 年期的款 30 000 000 元，年利率 6%，借款利息每半年支付一次，款项已存入银行，不考虑其他因素。

　　借入长期借款时，SSZ 公司编制如下会计分录：

　　借：银行存款　　　　　　　　　　　　　　　　　　30 000 000

　　　　贷：长期借款——本金　　　　　　　　　　　　　30 000 000

【例题 5-11】2022 年 7 月 31 日，SSZ 公司计提 7 月份的长期借款利息 150 000 元。

　　计提长期借款利息时，SSZ 公司编制如下会计分录：

　　借：财务费用　　　　　　　　　　　　　　　　　　　150 000

　　　　贷：应付利息　　　　　　　　　　　　　　　　　　150 000

　　注：8 ～ 12 月月末计提利息费用的会计分录与【例题 5-11】是一样的。

【例题 5-12】2023 年 1 月 1 日，SSZ 公司支付长期借款利息 900 000 元。

　　支付半年利息时，SSZ 公司编制如下会计分录：

　　借：应付利息　　　　　　　　　　　　　　　　　　　900 000

　　　　贷：银行存款　　　　　　　　　　　　　　　　　　900 000

　　注：2023 年 7 月 1 日、2024 年 1 月 1 日、2024 年 7 月 1 日偿还利息的会计分录与【例题 5-12】是一样的。

【例题 5-13】2024 年 7 月 1 日 SSZ 公司以银行存款归还到期的借款本金。

　　偿还长期借款本金时，SSZ 公司编制如下会计分录：

　　借：长期借款——本金　　　　　　　　　　　　　　30 000 000

　　　　贷：银行存款　　　　　　　　　　　　　　　　　30 000 000

第二节　固定资产购置业务与会计处理

企业成立后，需要通过生产产品或提供劳务来获取收入，维持企业的生存和发展。企业生产产品，首先要购置各种生成经营活动所需的资产，如购建厂房、购置机器设备等固定资产，购买生产过程用的各种材料物资，由此形成了供应过程业务的核算。供应过程业务的核算主要包括固定资产业务的核算和材料物资业务的核算。本节主要介绍固定资产购置业务，下节介绍材料物资供应业务。

一、固定资产的概念和分类

（一）固定资产的概念

固定资产，是指企业为生产商品、提供劳务、出租或经营管理而持有的，使用寿命超过一个完整的会计年度有形资产。

固定资产具有以下三个特征：

1. 企业持有固定资产是为了生产商品、提供劳务、出租或经营管理

这是固定资产的最基本特征，该特征使固定资产明显与库存商品等相互区别。

2. 使用寿命超过一个会计年度

这一特征表明企业固定资产属于长期性资产，其收益期超过一年，固定资产能在超过一年的时间里为企业创造经济利益。该特征使固定资产与流动资产相互区别。

3. 固定资产属于有形资产

固定资产具有实物形态，该特征与无形资产相互区别。

（二）固定资产分类

企业在经营活动中，根据不同的管理要求，可以将固定资产做如下分类：

1. 按经济用途分类

固定资产按经济用途分为生产经营用固定资产和非生产经营用固定资产。其中，生产经营用固定资产，是指直接服务于企业生产、经营过程的各种固定资产，如生产经营用的房屋、建筑物、机器、设备、器具、工具等。非生产经营用固定资产，是指不直接服务于生产、经营过程的各种固定资产，如职工宿舍、食堂、浴室、理发室等使用的房屋、设备和其他固定资产等。

2. 按使用情况分类

固定资产按使用情况分为使用中的固定资产、未使用的固定资产和不需用的固定资

产。其中，使用中的固定资产，是指正在使用中的经营性和非经营性的固定资产。由于季节性经营或大修理等原因，暂时停止使用的固定资产仍属于企业使用中的固定资产；企业出租给其他单位使用的固定资产和内部替换使用的固定资产，也属于使用中的固定资产。未使用的固定资产，是指已完工或已购建的尚未交付使用的新增固定资产以及因进行改建、扩建等原因暂停使用的固定资产，如企业购建的尚待安装的固定资产、经营任务变更停止使用的固定资产等。不需用的固定资产，是指本企业多余或不适用，需要调配处理的各种固定资产。

3. 综合分类

将固定资产综合分类，可以分为以下七类：

（1）生产经营用固定资产。

（2）非生产经营用固定资产。

（3）租出固定资产（指在经营租赁方式下出租给外单位使用的固定资产）。

（4）不需用固定资产。

（5）未使用固定资产。

（6）土地，是指过去已经估价单独入账的土地。因征地而支付的补偿费，应计入与土地有关的房屋、建筑物的价值内，不单独作为土地价值入账；企业取得的土地使用权应作为无形资产管理，不作为固定资产管理。

（7）融资租入固定资产。

二、应设置的账户

在实务中，为了加强对固定资产的会计核算，企业需要设置"固定资产""工程物资""在建工程"等账户，核算固定资产取得情况。

1. 固定资产

为了反映企业持有固定资产的增减变动情况，企业应设置"固定资产"账户。"固定资产"账户属于资产类账户，借方登记企业增加的固定资产原值，贷方登记企业减少的固定资产原值；期末余额在借方，表示企业期末持有固定资产的账面价值。

2. 工程物资

工程物资，是指企业为工程建设而储备的各项物资，工程物资属于长期资产的范畴。

为了反映企业持有工程物资的增减变动情况，企业应设置"工程物资"账户。"工程物资"账户属于资产类账户，借方登记企业增加工程物资的实际成本，贷方登记企业减少工程物资的实际成本；期末余额在借方，表示企业持有工程物资的实际成本。

3. 在建工程

在建工程，是指企业正在建设但尚未完工的各项工程的成本，在建工程属于长期资产的范畴。

为了反映企业在建工程的增减变动情况，企业应设置"在建工程"账户。"在建工程"账户属于资产类账户，借方登记企业各项在建工程的实际成本，贷方登记企业完工工程转出的实际成本；期末余额在借方，表示企业尚未完工的各项工程的实际成本。

三、取得固定资产的核算

取得固定资产的渠道很多，主要包括：外购固定资产、自行建造固定资产、投资者投入固定资产、接受捐赠固定资产等。

（一）外购固定资产

企业外购固定资产的成本，应由实际支付的购买价款和相关税费，以及使固定资产达到预定可使用状态所发生的可直接归属于该项资产的合理的必要的支出构成，如运输费、装卸费和专业人员服务费等。增值税一般纳税人企业在购买固定资产支付的增值税额允许抵扣，不计入固定资产成本。

1. 购入不需要安装的固定资产

企业购入的不需要安装的固定资产，是指企业购买的不需要安装即可直接使用的固定资产。购入不需要安装的固定资产，应按购入时实际支付的购买价款、相关税费，以及使固定资产达到预定可使用状态所发生的可直接归属于该资产的合理的必要的支出入账。

购入不需要安装的固定资产时，企业应编制如下会计分录：

借：固定资产
　　应交税费——应交增值税（进项税额）
　　贷：银行存款
　　　　应付票据
　　　　应付账款等

【例题 5-14】2023 年 1 月 1 日，SSZ 公司（一般纳税人）购入不需要安装的 A 设备一台，价款 1 000 000 元，增值税税率为 13%，另支付运杂费 30 000 元（不能抵扣增值税），包装费 50 000 元。款项以银行存款支付，不考虑其他因素。

购入 A 设备时，SSZ 公司编制如下会计分录：

借：固定资产——A 设备 1 080 000（1 000 000 +30 000+ 50 000）

应交税费——应交增值税（进项税额）	130 000
贷：银行存款	1 210 000

2. 购入需要安装的固定资产

企业购入需要安装的固定资产，是指企业购买的需要经过安装以后才能交付使用的固定资产。购入需要安装的固定资产，应在购入固定资产采购成本的基础上加上安装调试成本入账。核算时，先记入"在建工程"账户，待安装完毕达到预定可使用状态后，再由"在建工程"账户转入"固定资产"账户。

购入需要安装的固定资产时，企业应编制如下会计分录：

借：在建工程

　应交税费——应交增值税（进项税额）

　贷：银行存款

　　　应付票据

　　　应付账款等

支付安装、调试费用时，企业编制如下会计分录：

借：在建工程

　贷：银行存款

　　　应付职工薪酬等

安装完毕达到预定可使用状态时，企业编制如下会计分录：

借：固定资产

　贷：在建工程

【例题 5-15】2023 年 2 月 2 日，SSZ 公司（一般纳税人）购入一台需要安装的 B 设备，取得的增值税专用发票上注明设备买价为 500 000 元，增值税率为 13%，支付运杂费为 10 000 元（不能抵扣增值税），设备运抵企业后由供货商安装，支付安装费 40 000 元，款项均以银行存款支付，不考虑其他因素。

购入 B 设备时，SSZ 公司编制如下会计分录：

借：在建工程——B 设备	510 000
应交税费——应交增值税（进项税额）	65 000
贷：银行存款	575 000

支付安装费时，SSZ 公司编制如下会计分录：

借：在建工程——B 设备	40 000
贷：银行存款	40 000

B 备安装完毕时，SSZ 公司编制如下会计分录：

借：固定资产——B 设备	550 000（510 000 + 40 000）

贷：在建工程——B 设备　　　　　　　　　　　　　　550 000

（二）自行建造固定资产

自行建造固定资产，是指企业自行建造房屋、建筑物、各种机械设备等，应按实际发生的各项合理的必要的支出入账。核算时，先通过"在建工程"账户记录，等工程完工达到预定可使用状态后，从"在建工程"账户转入"固定资产"账户。

购入工程物资时，企业应编制如下会计分录：

借：工程物资

　　应交税费——应交增值税（进项税额）

　　贷：银行存款

　　　　应付票据

　　　　应付账款等

领用工程物资时，企业应编制如下会计分录：

借：在建工程

　　贷：工程物资

发生工程人工费时，企业应编制如下会计分录：

借：在建工程

　　贷：应付职工薪酬

工程完工时，企业应编制如下会计分录：

借：固定资产

　　贷：在建工程

【例题 5-16】2023 年 3 月 10 日，SSZ 公司自行建造生产线一条，有关业务如下：公司购入为工程准备的物资 5 000 000 元，支付的增值税 650 000 元，款项已通过银行支付；生产线开始动工，领用工程物资 5 000 000 元；生产线建设有关工程成员工资为 800 000 元；2023 年 3 月 25 日，生产线建设工程投入使用。

购入工程物资时，SSZ 公司编制如下会计分录：

借：工程物资　　　　　　　　　　　　　　　　　5 000 000

　　应交税费——应交增值税（进项税额）　　　　　650 000

　　贷：银行存款　　　　　　　　　　　　　　　　5 650 000

　　领用工程物资时，SSZ 公司编制如下会计分录：

借：在建工程　　　　　　　　　　　　　　　　　5 000 000

　　贷：工程物资　　　　　　　　　　　　　　　　5 000 000

发生人工费用时，SSZ 公司编制如下会计分录：

借：在建工程　　　　　　　　　　　　　　　800 000

　　贷：应付职工薪酬　　　　　　　　　　　　　800 000

生产线安装完成时，SSZ 公司编制如下会计分录：

借：固定资产　　　　　　　　　　　　　　　5 800 000

　　贷：在建工程　　　　　　　　　　　　　　5 800 000

第三节　材料采购业务与会计处理

原材料是企业生产经营中不可缺少的物资，在生产经营中起着重要的作用。有的原材料在生产过程中构成产品的实体，有的原材料虽然不构成产品实体，但有助于产品的形成，有的原材料在生产过程或提供劳务过程中消耗掉。不同的原材料在生产过程或提供劳务过程中处于不同的形态，在生产过程或提供劳务过程所起的作用也不同，但是原材料核算是相同的。

一、原材料分类

原材料按其在生产经营过程中的作用分为以下六类：

1. 原料及主要材料

原料及主要材料，是指经过加工后能够构成产品主要实体的各种原料和主要材料。原料是指没有经过加工的材料，如纺纱用的原棉、制糖用的甘蔗、冶炼用的铁矿石等；主要材料是指经过加工过的材料，如织布用的棉纱、机器制造用的钢材等。

2. 外购半成品

外购半成品，是指从外部购买，需要经过本企业进一步加工或装配的已加工过的原材料。如织布厂外购的棉纱、汽车制造厂外购的轮胎等。在实务中，外购半成品也可以纳入原料及主要材料核算。

3. 辅助材料

辅助材料，是指直接用于生产，在生产中起辅助作用，不构成产品实体的各种材料。如催化剂、染料、润滑油等。

4. 燃料

燃料，是指工艺技术过程或非工艺技术过程用来燃烧取得热能的各种材料。包括固体燃料、液体燃料和气体燃料。

5. 修理用备件

修理用备件，是指为修理本企业机器设备和运输工具等而储备的各种备品备件。如螺帽、轴承、齿轮等。

6. 包装材料

包装材料，是指企业为包装本企业商品而储备的各种包装容器，包括桶、坛、袋、箱等。

二、应设置的账户

为了核算企业供应过程材料采购业务的情况，企业应设置"原材料""在途物资""材料采购""材料成本差异""应付账款""应付票据""预付账款""应交税费"等账户。

1. 在途物资

在途物资，是指企业已经购买，但尚未验收入库的各种材料的实际成本。

为了反映企业采用实际成本法核算的材料等物资的增减变动情况，企业应设置"在途物资"账户。该账户属于资产类账户，借方登记企业购入但尚未验收入库材料等物资的实际成本，贷方登记验收入库材料等物资的实际成本；期末余额在借方，表示企业已经购买、但尚未验收入库材料等物资的实际成本。

该账户可按供应单位和物资品种进行明细核算。

2. 原材料

原材料，是指企业为生产产品、提供劳务等而持有的各种主要材料及辅助材料。

为了反映企业库存各种材料的增减变动情况，企业应设置"原材料"账户。该账户属于资产类账户，借方登记企业验收入库材料的成本，贷方登记企业发出材料的成本；期末余额在借方，表示企业库存材料的实际成本或计划成本。

该账户应当按照材料的保管地点（仓库）、材料的类别、品种和规格等进行明细核算。

3. 应付账款

应付账款，是指企业购买材料、商品、接受劳务等应付的款项。

为了反映企业因购买材料、商品和接受劳务等应付的各种款项，企业应设置"应付账款"账户。此账户属于负债类账户，贷方登记企业因购买材料、商品等或接受劳务等发生的应付未付的款项，借方登记企业已经支付的款项或已经开出承兑商业汇票抵付的应付款项；期末余额一般在贷方，表示企业尚未支付的应付账款；如果期末余额在借方，则表示企业预付的款项。

该账户应当按照不同的债权人进行明细核算。

4. 应付票据

应付票据，是指企业购买材料、商品等开出承兑的商业汇票，包括银行承兑汇票和商业承兑汇票。

为了反映企业购买材料、商品和接受劳务等而开出、承兑的商业汇票的增减变动情况，企业应设置"应付票据"账户。该账户属于负债类账户，贷方登记企业开出、承兑汇票或以承兑汇票抵付货款的金额，借方登记企业已支付的到期商业汇票的金额；期末余额在贷方，表示企业尚未到期的商业汇票的金额。

5. 预付账款

预付账款，是指企业按照合同或协议的约定预先支付的各种款项。

为了反映企业预付账款的增减变动情况，企业应设置"预付账款"账户。"预付账款"账户属于资产类账户，借方登记按合同或协议约定预付给供应单位或者提供劳务单位的款项和补付的款项，贷方登记收到材料、商品等或接受劳务应付的款项和收到退回多付的款项；期末余额一般在借方，表示企业预付的款项；期末余额如果在贷方，则表示企业尚未补付的款项。

该账户应当按照供应单位和提供劳务方进行明细核算。

6. 应交税费

应交税费，是指企业按照税法规定应交的各项税费，主要包括增值税、消费税、所得税、资源税、土地增值税、城建税、房产税、土地使用税、车船税、印花税、教育费附加、矿产资源补偿费等。

为了反映企业应交税费的增减变动情况，企业应设置应"交税费"账户。"应交税费"账户属于负债类账户，贷方登记企业税法按规定计算应交纳的各种税费，借方登记实际缴纳的各种税费；期末余额一般在贷方，表示企业尚未交纳的各种税费；期末余额如果在借方，则表示企业多交或尚未抵扣的各种税费。

该账户一般按照应交税费的税种进行明细核算。

三、材料采购业务的核算

材料采购业务在实务中可以分为按计划成本入账和按实际成本入账两种。按计划成本入账发生的材料采购成本应先通过"材料采购"账户核算。如果没有特别说明，本书采购材料业务是按实际成本核算的，在此只介绍按实际成本入账。

企业取得原材料的具体情况不同，其账务处理也不相同，企业取得原材料的核算主要包括以下四种情况：

1. 材料和单据同时到达

购入材料时，企业应编制如下会计分录：

借：原材料

　　应交税费——应交增值税（进项税额）

贷：应付账款

应付票据

银行存款等

【例题 5-17】2023 年 4 月 6 日，SSZ 公司购入 Q 材料一批，增值税专用发票注明价款为 300 000 元，增值税为 39 000 元，发票账单已收到，材料已验收入库，全部款项以银行存款支付，不考虑其他因素。

购入材料时，SSZ 公司编制如下会计分录：

借：原材料——Q 材料　　　　　　　　　　　　　　　300 000

应交税费——应交增值税（进项税额）　　　　　 39 000

贷：银行存款　　　　　　　　　　　　　　　　 339 000

【例题 5-18】2023 年 4 月 5 日，SSZ 公司购入 C 材料一批，增值税专用发票注明价款为 200 000 元，增值税为 26 000 元，发票账单已收到，材料已验收入库，款项尚未支付，不考虑其他因素。

购入材料时，SSZ 公司编制如下会计分录：

借：原材料——C 材料　　　　　　　　　　　　　　　200 000

应交税费——应交增值税（进项税额）　　　　　 26 000

贷：应付账款　　　　　　　　　　　　　　　　 226 000

【例题 5-19】2023 年 4 月 7 日，SSZ 公司购入 E 材料一批，增值税专用发票注明价款为 100 000 元，增值税为 13 000 元，发票账单已收到，材料已验收入库，已开出并承兑的商业汇票金额为 113 000 元支付货款，不考虑其他因素。

购入材料时，SSZ 公司编制如下会计分录：

借：原材料——E 材料　　　　　　　　　　　　　　　100 000

应交税费——应交增值税（进项税额）　　　　　 13 000

贷：应付票据　　　　　　　　　　　　　　　　 113 000

2. 材料已到单据未到

企业购入的材料已经入库，到月底发票账单尚未收到，应当按暂估价值入账。

购入材料发票账单未到时，企业应编制如下会计分录：

借：原材料

贷：应付账款——暂估应付账款

下个月月初用红字冲回，企业应编制如下会计分录：

借：原材料　　　　　　　　　　　　　　　　　　　（金额用红字）

贷：应付账款——暂估应付账款　　　　　　　　　　（金额用红字）

【例题 5-20】SSZ 公司 2023 年 4 月 29 日购入并验收入库 D 材料一批，发票账单尚未收到，D 材料暂估价值为 500 000 元，4 月 30 日，发票账单尚未到达。为反映库存真实情况，应当根据暂估价值入账。

购入材料时，SSZ 公司编制如下会计分录：

借：原材料——D 材料　　　　　　　　　　　　　500 000

　　贷：应付账款——暂估应付账款　　　　　　　　　　　　500 000

5 月 1 日，用红字编制相同分录冲销：

借：原材料——D 材料　　　　　　　　　　　　　500 000

　　贷：应付账款——暂估应付账款　　　　　　　　　　　　500 000

假设 5 月 5 日，收到上述购入 D 材料的结算凭证和发票账单，专用发票列明材料价款 500 000 元，增值税额 65 000 元，以银行存款支付，不考虑其他因素。

收到材料时，SSZ 公司编制如下会计分录：

借：原材料——D 材料　　　　　　　　　　　　　500 000

　　应交税费——应交增值税（进项税额）　　　　　 65 000

　　贷：银行存款　　　　　　　　　　　　　　　　　　　565 000

3. 单据已到材料未到

企业购入材料，如果发票账单已到达，材料尚未验收入库时，企业应编制如下会计分录：

借：在途物资

　　应交税费——应交增值税（进项税额）

　　贷：应付账款

　　　　应付票据

　　　　银行存款等

【例题 5-21】2023 年 5 月 3 日，SSZ 公司购入一批 R 材料，增值税专用发票上注明材料价款为 500 000 元，增值税为 65 000 元。双方商定采用商业承兑汇票结算方式支付货款，付款期限为三个月，材料尚未到达，不考虑其他因素。

购买材料尚未入库时，SSZ 公司编制如下会计分录：

借：在途物资——R 材料　　　　　　　　　　　　500 000

　　应交税费——应交增值税（进项税额）　　　　　 65 000

　　贷：应付票据　　　　　　　　　　　　　　　　　　　565 000

R 材料到达验收入库时，SSZ 公司编制如下会计分录：

借：原材料——R 材料   500 000

 贷：在途物资——R 材料   500 000

如果上述购入 R 材料取得的是增值税普通发票，列明金额为 565 000 元，采用商业承兑汇票结算方式支付货款，付款期限为三个月，材料尚未到达。

购入材料尚未入库时，SSZ 公司编制如下会计分录：

借：在途物资——R 材料   565 000

 贷：应付票据   565 000

4. 款项已付材料尚未到达

企业购入材料，如果款项已付，材料尚未验收入库，则应分步核算。

预付款购买材料时，企业应编制如下会计分录：

借：预付账款

 贷：银行存款

借：在途物资

  应交税费——应交增值税（进项税额）

 贷：预付账款

   银行存款等

【例题 5-22】2023 年 5 月 10 日 SSZ 公司从 B 公司购入一批 Y 材料，增值税专用发票上注明材料价款为 500 000 元，增值税为 65 000 元。双方商定采用预付款方式，5 月 10 日签订合同签订时预付 300 000 元，B 公司发出材料时补付余款，5 月 15 日材料已发出，但尚未到达，不考虑其他因素。

预付款项时，SSZ 公司编制如下会计分录：

借：预付账款   300 000

 贷：银行存款   300 000

借：在途物资——Y 材料   500 000

  应交税费——应交增值税（进项税）   65 000

 贷：预付账款   300 000

   银行存款   265 000

当企业同时购进两种或两种以上材料时发生的采购费用，如果能分清承担对象的，可以直接计入各种材料的采购成本；如果不能分清对象的，应选择适当的分配标准在各种材料之间进行合理分配，再分别计入各种材料的采购成本。其计算公式如下：

材料采购的费用分配率＝材料采购费用 ÷ 分配标准合计 ×100%

上式中的分配标准可选择购入材料的重量、体积、买价、件数等。在实务中，可根据具体情况选择使用。计算公式：

　　某材料应负担的采购费用＝某种材料分配标准数 × 料采购费用分配率

【例题5-23】2023年5月25日SSZ公司同时购入一批R材料与E材料，增值税专用发票上注明R材料价款为500 000元，增值税为65 000元，E材料的价款为300 000元，增值税为39 000元。双方商定采用商业承兑汇票结算方式支付货款，付款期限为三个月，材料尚未到达，不考虑其他因素。

购买材料尚未入库时，SSZ公司编制如下会计分录：

借：在途物资——R材料	500 000
——E材料	300 000
应交税费——应交增值税（进项税额）	104 000
贷：应付票据	904 000

【例题5-24】承【例题5-23】2023年5月26日SSZ公司以银行存款支付R、E两种材料的运杂费90 000元（按重量分配），假设R材料的重量为20 000斤，E材料的重量为10 000斤。

支付运杂费时，SSZ公司编制如下会计分录：

借：在途物资——R材料	60 000
——E材料	30 000
贷：银行存款	90 000

分配计算如下：

运杂费分配率 =90 000÷（20 000+10 000）=3（元/千克）

R材料应负担的运杂费 =20 000×3=60 000（元）

E材料应负担的运杂费 =10 000×3=30 000（元）

【例题5-25】承【例题5-23】【例题5-24】2023年5月26日SSZ公司购入的R、E两种材料均已验收入库，结转其采购成本。

验收入库时，SSZ公司编制如下会计分录：

借：原材料——R材料	560 000
——E材料	330 000
贷：在途物资——R材料	560 000
——E材料	330 000

第四节 生产过程业务与会计处理

企业购建固定资产、采购材料物资为生产环节提供了物资基础和保障，供应过程环节之后就进入了生产环节。生产环节主要是将储备的各种材料物资进行生产、加工并形成产品的过程。企业在生产过程必然要发生各种消耗，如消耗各种材料物资、支付职工薪酬，以及固定资产等发生的磨损而计提的折旧费等。生产过程形成的各种耗费属于日常活动中所发生的经济利益的总流出，称为费用。费用分为可以对象化的制造成本（直接材料、直接人工、制造费用）和不能对象化的期间费用（管理费用、销售费用、财务费用）。

一、制造成本与期间费用概述

（一）制造成本

制造成本，是指企业为生产一定种类和数量的产品所发生的各种对象化费用的总和。制造成本一般按产品品种进行归集，通常包括直接材料、直接人工和制造费用。其中，直接材料指企业在制造产品过程中，用于构成产品实体而耗用的原料和主要材料，以及虽然不构成产品实体但有助于产品形成的各种辅助性材料等。直接人工指企业直接从事产品生产的工人的各项职工薪酬，包括工资、奖金、津贴补贴、福利等。制造费用指企业生产产品过程中发生的，不能直接计入某项产品成本、经过一定分配标准计入产品成本的各项间接费用，它通常包括车间管理部门发生的费用、车间机物料损耗等。

（二）期间费用

期间费用，是指在生产过程中发生的，与制造产品没有直接关系的各项费用，它在发生时直接计入当期损益。期间费用主要包括管理费用、销售费用和财务费用。

其中，管理费用是指为组织和管理企业的生产经营活动而发生的各项费用。管理费用主要包括企业的董事会和行政管理部门在企业的经营管理中发生的或者应由企业统一负担的公司经费（包括行政管理部门职工薪酬、修理费、物料消耗、低值易耗品摊销、办公费和差旅费等）、工会经费、董事会费（包括董事会成员津贴、会议费和差旅费等）、聘请中介机构费、咨询费（含顾问费）、诉讼费、业务招待费、房产税、车船使用税、土地使用税、印花税、技术转让费、矿产资源补偿费、研究费用、排污费等。

销售费用是指企业在销售商品和材料、提供劳务的过程中发生的各项费用，包括保险费、包装费、展览费和广告费、商品维修费、预计产品质量保证损失、运输费、装卸费等，以及为销售本企业商品而专设的销售机构（含销售网点、售后服务网点等）的职工薪酬、业务费、折旧费等。

财务费用是指企业为筹集生产经营所需资金等而发生的筹资费用，包括利息支出（减利息收入）、汇兑差额以及相关的手续费、企业发生的现金折扣或收到的现金折扣等。

二、应设置的账户

1. 生产成本

为了反映企业生产成本的增减变动情况，企业应设置"生产成本"账户。"生产成本"账户属于成本类账户，借方登记企业生产产品过程中发生的各项直接费用以及应由产品成本负担的间接费用，贷方登记已经生产完工并验收入库的产品以及自制半成品等的实际成本；期末余额在借方，表示企业尚未生产完工的各项产品的成本。

该账户应按照基本生产成本和辅助生产成本进行明细核算。

2. 制造费用

为了反映企业生产车间为生产产品和提供劳务而发生的各项间接费用的增减变动情况，企业应设置"制造费用"账户。"制造费用"账户属于成本类账户，借方登记各项间接费用的累计发生数额，贷方登记分配计入有关成本计算对象的间接费用；期末将余额转入"生产成本"账户，结转后无余额。

3. 管理费用

为了反映企业管理费用的增减变动情况，企业应设置"管理费用"账户。该账户属于损益类账户，借方登记实际发生的各项管理性费用，贷方登记其冲减和转入"本年利润"账户的金额，期末结转后无余额。

该账户应当按照费用项目进行明细核算。

4. 应付职工薪酬

为了反映企业应付职工薪酬的增减变动情况，企业应设置"应付职工薪酬"账户。"应付职工薪酬"账户属于负债类账户，贷方登记企业计算应付给职工的各种薪酬，借方登记实际支付给职工的各种报酬；期末余额在贷方，表示企业尚未支付的职工薪酬。

该账户应当按照工资、福利、社会保险费、住房公积金、工会经费、职工教育经费等项目进行明细核算。

5. 库存商品

为了反映企业库存商品的增减变动情况，企业应设置"库存商品"账户。"库存商品"账户属于资产类账户，借方登记验收入库的商品或产成品的成本，贷方登记发出商品成本；期末余额在借方，表示企业结存各种库存商品的成本。

该账户应当按照库存商品的种类、品种和规格进行明细核算。

6. 累计折旧

为了反映企业固定资产累计计提折旧的增减变动情况，企业应设置"累计折旧"账户。"累计折旧"账户属于资产类备抵账户，贷方登记固定资产计提的折旧数额，借方登记由于固定资产出售、报废、盘亏等转出的累计折旧数额；期末余额在贷方，表示固定资产累计计提的折旧数额。

该账户应当按照固定资产的类别或项目进行明细核算。

三、生产过程业务的核算

生产过程业务的核算，主要包括生产过程中发生的各项费用的归集以及按产品品种汇总各项费用后计算出各种产品的制造成本。

（一）领用材料的核算

企业在生产过程消耗的各种材料，有的构成产品成本，计入"生产成本""制造费用"账户；有的不构成产品成本，直接计入当期损益。对于直接用于某种产品生产的材料消耗，应直接计入该产品生产成本，对于由几种产品共同耗用、应由这些产品共同负担的材料费，应当采用合理的标准在各种产品之间进行分配，计入各产品的成本；对于发生的间接耗费，应先通过"制造费用"账户归集，然后再同其他间接费用一起分配计入各有关产品成本中。

生产经营领用原材料时，企业应编制如下会计分录：

借：生产成本

　　制造费用

　　销售费用

　　管理费用

　　在建工程等

贷：原材料

　　应交税费——应交增值税（进项税额转出）（如用于非应税项目）

【例题5-26】2023年3月31日，SSZ公司"发料凭证汇总表"的数据显示，2023年3月份生产甲产品领用M材料400 000元，生产乙产品领用M材料80 000元，车间管理部门领用M材料10 000元，企业行政管理部门领用M材料8 000元，合计498 000元，不考虑其他因素。

领用材料时，SSZ公司编制如下会计分录：

借：生产成本——甲	400 000
———乙	80 000
制造费用	10 000
管理费用	8000
贷：原材料——M 材料	498 000

（二）直接人工费用的归集与分配

企业从事生产经营活动，需要拥有一定数量的职工，职工是企业实现其经营目标的劳动者，没有职工，企业无法生产产品或提供服务。职工给企业提供劳动力，有些薪酬构成企业产品成本，计入"生产成本""制造费用"账户；有的薪酬不构成产品成本，直接计入当期损益。对于直接服务某种产品生产的职工薪酬，应直接计入该产品生产成本，对于由几种产品共同承担的薪酬，应当采用合理的标准在各种产品之间进行分配，计入各项目的成本；对于发生的间接耗费，应先通过"制造费用"账户归集，然后再同其他间接费用一起分配计入各产品成本。

计提职工薪酬时，企业应编制如下会计分录：

借：生产成本

　　制造费用

　　销售费用

　　管理费用

　　在建工程等

　　贷：应付职工薪酬

【例题 5-27】SSZ 公司 2023 年 3 月末结算本月的职工薪酬，其中生产甲产品的职工薪酬是 100 000 元，生产乙产品的职工薪酬 80 000 元，车间管理人员职工薪酬 16 000 元，行政管理人员职工薪酬是 40 000 元。

计提职工薪酬时，SSZ 公司编制如下会计分录：

借：生产成本——甲产品	100 000
———乙产品	80 000
制造费用	16 000
管理费用	40 000
贷：应付职工薪酬——工资	236 000

【例题 5-28】SSZ 公司 2023 年 4 月 2 日出提取现金 240 000 元，其中 236 000 元用于发放 2 月工资，4 000 元留作备用金。

提取现金时，SSZ 公司编制如下会计分录：

借：库存现金 240 000

    贷：银行存款 240 000

【例题 5-29】SSZ 公司 2023 年 4 月 6 日用现金发放 3 月职工工资 236 000 元。

支付工资时，SSZ 公司编制如下会计分录：

借：应付职工薪酬——工资 236 000

    贷：库存现金 236 000

【例题 5-30】SSZ 公司 2023 年 4 月 10 日用现金支付小王困难补助 4 000 元。

支付困难补助时，SSZ 公司编制如下会计分录：

借：应付职工薪酬——职工福利费 4 000

    贷：库存现金 4 000

（三）固定资产折旧的核算

固定资产属于长期性资产，在为企业生产产品过程中依旧保持原来的特征。但是，固定资产在生产经营过程中随着时间的推移会不断地发生磨损或损耗，其价值也慢慢地减少，通过折旧的方式转移到有关成本费用中。

折旧，是指在固定资产使用寿命内，按照确定的方法对其应计折旧额进行系统的分摊。其中，应计折旧额是指应当计提折旧的固定资产原价减去预计净残值后的金额；已计提减值准备的固定资产，还应当扣除已计提固定资产减值准备的累计金额。预计净残值是指固定资产预计使用寿命达到预计的期限并处于使用寿命终了时的预期状态，企业从该项资产处置中获得的净现金流量。

企业应当对所有的固定资产计提折旧，但对于已计提足折旧仍继续使用的固定资产、单独计价入账的土地使用权、提前报废的固定资产不计提折旧。企业应当按月计提固定资产折旧，当月增加的固定资产，当月不计提折旧，从下月开始计提折旧；当月处置的固定资产，当月仍计提折旧，从下月起不提折旧。

1. 固定资产计提折旧的计算方法

企业选择计提折旧的方法应当反映与固定资产有关经济利益的预期实现方式。固定资产折旧方法包括年限平均法、工作量法、双倍余额递减法、年数总和法。

（1）年限平均法。年限平均法又称直线法，是指将固定资产的应计折旧额均衡地分摊到固定资产预计使用寿命内的一种方法。采用这种方法计算的每期折旧额相等。计算公式如下：

固定资产年折旧额 =（固定资产原价 - 预计净残值）÷ 预计使用年限

固定资产月折旧额 = 固定资产年折旧额 ÷ 12

或

固定资产年折旧率 =（1 - 预计净残值率）÷ 预计使用年限 × 100%

$$固定资产月折旧率 = 固定资产年折旧率 \div 12$$
$$固定资产月折旧额 = 固定资产原价 \times 月折旧率$$

【例题 5-31】2023 年 4 月 1 日，SSZ 公司购入机器设备 1 台，价值 160 000 元，预计使用年限为 10 年，预计净残值为 16 000 元，不考虑其他因素。计算该设备的年折旧额、年折旧率和月折旧额。

年折旧额 =（160 000 − 16 000）÷10=14 400（元）

年折旧率 =14 400÷160 000=9%

月折旧额 =14 400÷12=1 200（元）

平均年限法的计算过程简单方便，但是它只考虑资产的使用年限长短，忽视了资产在各个期间的使用和损耗情况。固定资产在各个期间的使用成本等于本期折旧和维护修理费用之和。采用年限平均法计提折旧，各个期间的折旧金额一般是相等的。

（2）工作量法。工作量法，是指按照固定资产预计所完成的工作量作为计算折旧额的方法。工作量法计提折旧考虑了固定资产在各个期间的磨损情况，通过固定资产承担的工作量大小来分摊固定资产折旧。这种方法一般适用于一些专用设备、运输工具等。采用工作量法计提固定资产折旧的计算公式如下：

$$单位工作量折旧额 =（固定资产原价 - 预计净残值）\div 预计总工作量$$
$$固定资产月折旧额 = 固定资产当月工作量 \times 单位工作量折旧额$$

【例题 5-32】2023 年 4 月 10 日，SSZ 公司购入一辆小货车，原价为 112 000 元，预计总行驶里程为 500 000 千米，预计净残值为 20 000 元，4 月行驶了 4 000 千米，5 月行驶了 5 000 千米。计算该货车 4 月、5 月的折旧额。

单位里程折旧额 =（112 000 − 20 000）÷500 000=0.22（元 / 公里）

4 月该货车折旧额 =4 000×0.22=880（元）

5 月该货车折旧额 =5 000×0.22=1 100（元）

工作量法计提折旧计算简单明了，而且这种方法将折旧的计提与固定资产的使用情况及固定资产的磨损情况结合起来。但是，工作量法只重视固定资产的使用情况和有形损耗，忽略了无形损耗对固定资产价值的影响。

（3）双倍余额递减法。双倍余额递减法，是指在不考虑固定资产预计净残值的情况下，根据每期期初固定资产原价减去累计折旧后的金额和双倍的直线法折旧率计算固定资产折旧的一种方法。应用这种方法计算折旧额时，由于每年年初固定资产净值没有扣除预计净残值，所以在计算固定资产折旧额时，应在其折旧年限到期前两年内，将固定资产净值扣除预计净残值后的余额平均摊销。计算公式如下：

$$固定资产年折旧率 = 2 \div 预计使用年限 \times 100\%$$

$$固定资产月折旧率 = 固定资产年折旧率 \div 12$$

$$固定资产月折旧额 = （固定资产原价 - 累计折旧）\times 月折旧率$$

（4）年数总和法。年数总和法又称年限合计法，是指将固定资产的原价减去预计净残值后的余额，乘以一个以固定资产尚可使用寿命为分子、以预计使用寿命逐年数字之和为分母的逐年递减的分数计算每年的折旧额。计算公式如下：

$$固定资产年折旧率 = 尚可使用寿命 \div 预计使用寿命的年数总和 \times 100\%$$

$$固定资产月折旧率 = 年折旧率 \div 12$$

$$固定资产月折旧额 = （固定资产原价 - 预计净残值）\times 月折旧率$$

2. 固定资产计提折旧的会计分录

计提固定资产折旧时，企业应编制如下会计分录：

借：制造费用

管理费用

其他业务成本等

贷：累计折旧

【例题 5-33】2023 年 4 月 30 日，SSZ 公司计提本月固定资产折旧额 80 000 元，其中，生产车间计提折旧 60 000 元，行政管理部门计提折旧 12 000 元，销售部门计提折旧 8 000 元。

计提折旧时，SSZ 公司编制如下会计分录：

借：制造费用　　　　　　　　　　　　　　　　60 000

管理费用　　　　　　　　　　　　　　　　12 000

销售费用　　　　　　　　　　　　　　　　 8 000

贷：累计折旧　　　　　　　　　　　　　　　　　　80 000

（四）其他费用的核算

企业在生产经营过程中，除了发生材料费用、人工费用、折旧损耗以外，还有水电费、办公费和差旅费等。

【例题 5-34】2023 年 4 月 30 日，SSZ 公司以银行存款支付本月的水电费 16 000 元，其中车间承担 12 000 元，行政管理部门承担 2 400 元，销售部门承担 1 600 元。

支付水电费时，SSZ 公司编制如下会计分录：

借：制造费用　　　　　　　　　　　　　　　　12 000

管理费用	2 400
销售费用	1 600
贷：银行存款	16 000

【例题5-35】2023年3月31日，SSZ公司以银行存款支付本月的办公费12 000元，其中车间承担4 000元，行政管理部门承担6 000元，销售部门承担2 000元。

支付办公费时，SSZ公司编制如下会计分录：

借：制造费用	4 000
管理费用	6 000
销售费用	2 000
贷：银行存款	12 000

【例题5-36】2023年4月20日，SSZ公司以现金支付行政人员小韦出差预借差旅费6 000元。

支付小韦借款时，SSZ公司编制如下会计分录：

借：其他应收款——小韦	6 000
贷：库存现金	6 000

【例题5-37】承例题【5-36】2023年4月25日，SSZ公司小韦出差回来，到公司报销差旅费7 000元，差额以现金结算。

结算差旅费时，SSZ公司编制如下会计分录：

借：管理费用	7 000
贷：其他应收款——小韦	6 000
库存现金	1 000

【例题5-38】2023年4月28日，SSZ公司以银行存款支付管理咨询费8 000元。

支付咨询费时，SSZ公司编制如下会计分录：

借：管理费用	8 000
贷：银行存款	8 000

（五）制造费用的归集与分配

制造费用是企业在生产产品和提供劳务过程中发生的各项间接费用，主要包括企业各生产车间为组织和管理生产活动所发生的耗费，如生产车间管理人员的职工薪酬，生产车间使用的照明费、取暖费、运输费、劳动保护费等。企业发生的制造费用，应当先归集起来，然后通过一定的分配标准分配制造费用。在分配制造费用时，应坚持"谁受益谁承担"的原则，做到多收益多承担、少收益少承担。

分配制造费用计算公式如下：

$$制造费用分配率 = 制造费用总额 \div 分配标准合计$$

某种产品应承担的制造费用＝某种产品所占分配标准数 × 制造费用分配率

制造费用的分配方法一般包括：直接人工工时法、直接人工成本法、机器工时法、直接材料成本法等。

【例题 5-39】2023 年 4 月末，SSZ 公司按本月生产甲、乙两种产品生产工人工资比例分配制造费用（表 5-1）。本月，公司发生的制造费用合计金额为 120 000 元，本月生产甲产品工人工资合计为 80 000 元，生产乙产品工人工资合计为 40 000 元。

制造费用分配率 =120 000÷（80 000+40 000）=1

甲产品应负担制造费用 =80 000×1=80 000（元）

乙产品应负担制造费用 =40 000×1=40 000（元）

表5-1　制造费用分配表

单位：元

应借账户	分配标准	分配率	分配金额
生产成本——甲产品	80 000	1	80 000
生产成本——乙产品	40 000	1	40 000
合计	120 000	1	120 000

分配制造费用时，SSZ 公司编制如下会计分录：

　　借：生产成本——甲产品　　　　　　　　　　　　　80 000

　　　　　　　　——乙产品　　　　　　　　　　　　　40 000

　　　贷：制造费用　　　　　　　　　　　　　　　　　　　120 000

（六）完工产品生产成本的计算与结转

将制造费用分配转入产品的生产成本之后，应当根据产品的完工情况分别处理。对于全部完工的产品，应将其发生的生产成本全部转入库存商品；对于部分完工的产品，按照实际完工产品的数量及其成本转入库存商品，即完工多少结转多少，不完工不结转。

期末在产品成本 = 期初在产品成本 + 本期发生的生产费用 - 本期完工产品成本

本期完工产品成本 = 期初在产品成本 + 本期发生的生产费用 - 期末在产品成本

【例题 5-40】2023 年 5 月 SSZ 公司月初甲产品在产品的总成本为 120 000 元，其中直接材料为 60 000 元，直接人工为 40 000 元，制造费用为 20 000 元；乙产品无期初余额，2023 年 5 月底，甲产品全部完工入库，乙产品完工入库 80%，甲、乙产品的"生产成本"账户如表 5-2、表 5-3 所示：

表5-2 生产成本明细账

产品名称：甲产品 单位：元

2023 年		凭证种类	摘要	成本项目			合计
月	日			直接材料	直接人工	制造费用	
5	1		期初余额	60 000	80 000	20 000	120 000
	略	略	生产领用材料	400 000			400 000
			分配生产工人工资		100 000		100 000
			分配结转制造费用			80 000	80 000
			本月合计	460 000	140 000	100 000	700 000
			结转完工产品成本	460 000	140 000	100 000	700 000

表5-3 生产成本明细账

产品名称：乙产品 单位：元

2023 年		凭证种类	摘要	成本项目			合计
月	日			直接材料	直接人工	制造费用	
5	1		期初余额	0	0	0	0
	略	略	生产领用材料	80 000			80 000
			分配生产工人工资		80 000		80 000
			分配结转制造费用			40 000	40 000
			本月合计	80 000	80 000	40 000	200 000
			结转完工产品成本	64 000	64 000	32 000	160 000
			月末在产品成本	16 000	16 000	8000	40 000

结转成本时，SSZ公司编制如下会计分录：

借：库存商品——甲产品 700 000

——乙产品 160 000

贷：生产成本——甲产品 700 000

——乙产品 160 000

第五节 销售业务与会计处理

企业制造出来的商品经过销售环节，一方面将商品的价值转化为货币性资产，另一方面弥补制造产品过程发生的成本费用，实现资金回笼，保证企业的正常运转。企业在销售环节的会计处理应当反映以下内容：已销售商品实现的收入；销售材料、出租包装物、出租固定资产、出租无形资产等取得其他业务收入；已销售商品的实际生产成本；销售产品应承担的税费以在销售过程中发生的销售费用等。

一、销售收入的核算

（一）收入的概念

收入，是指企业在日常活动中形成的、会导致所有者权益增加的、与所有者投入资本无关的经济利益的总流入。收入按照重要性分为主营业务收入和其他业务收入；按照反映经济业务的性质分为销售商品收入、提供劳务收入、让渡资产使用权收入。

（二）应设置的账户

1. 主营业务收入

为了反映企业销售商品、提供劳务等主营业务的收入的增减变动情况，企业应设置"主营业务收入"账户。"主营业务收入"账户属于损益类账户，贷方登记企业销售商品、提供劳务等所实现的收入，借方登记企业发生的销售折让、销售退回和转入"本年利润"账户的金额，期末结转后无余额。

该账户应当按照主营业务收入种类进行明细核算。

2. 其他业务收入

为了反映企业除主营业务活动以外的其他经营活动实现收入的增减变动情况，企业应设置"其他业务收入"账户。"其他业务收入"账户属于损益类账户，贷方登记企业实现的其他业务收入，借方登记转入"本年利润"账户的收入，期末结转后无余额。

该账户应当按照其他业务收入种类进行明细核算。

3. 应收账款

为了反映应收账款的增减变动情况，企业应设置"应收账款"账户。"应收账款"账户属于资产类账户，借方登记企业由于销售商品、提供劳务等发生的应收账款，贷方登记企业已经收回或者无法收回而转销的应收账款；期末余额一般在借方，表示企业尚未收回的应收账款；期末如为贷方余额，则表示企业预收的账款。

该账户应当按照不同的购货单位或接受劳务的单位进行明细核算。

4. 应收票据

为了反映企业因销售商品、提供劳务等活动收到的商业汇票的增减变动情况，企业应设置"应收票据"账户。"应收票据"账户属于资产类账户，借方登记企业收到的商业汇票，贷方登记票据到期收回的票面金额或者到期无法收回而转销的金额；期末余额在借方，表示企业持有尚未到期的商业汇票的票面金额。

企业应当按照开出和承兑商业汇票的单位进行明细核算。

5. 预收账款

为了反映企业按照合同规定预先收取款项的增减变动情况，企业应设置"预收账款"账户。预收账款属于负债类账户，贷方登记企业预收的款项和购货单位补付的款项，借方登记向购货方销售商品结算的货款和退回购货单位多付的款项；期末余额一般在贷方，表示企业向购货单位预收的款项；期末如为借方余额，则表示企业持有应由购货单位补付的款项。

该账户应按照购货单位进行明细核算。

（三）销售收入核算

企业由于采用不同的销售方式或结算方式，其账务处理有所不同。

1. 实现主营业务收入

实现主营业务收入时，企业应编制如下会计分录：

借：银行存款
应收账款
应收票据
预收账款
贷：主营业务收入
应交税费——应交增值税（销项税额）

【例题 5-41】2023 年 3 月 10 日，一般纳税人企业 SSZ 公司销售甲产品 100 件，单价 2 000 元 / 件，增值税率 13%，产品已发出，开出增值税专用发票，款项已存入银行。

实现收入时，SSZ 公司编制如下会计分录：

借：银行存款　　　　　　　　　　　　　226 000
贷：主营业务收入——甲产品　　　　　　　200 000
应交税费——应交增值税（销项税额）　　26 000

【例题 5-42】2023 年 3 月 12 日，SSZ 公司采用托收承付方式向 FX 有限责任公司发出乙产品 50 件，单价 2 000 元 / 件，增值税税率为 13%，代垫运杂费 10 000 元，已办理委托收款手续，款项尚未收到。

实现收入时，SSZ 公司编制如下会计分录：

借：应收账款　　　　　　　　　　　　　123 000
贷：主营业务收入——乙产品　　　　　　　100 000
应交税费——应交增值税（销项税额）　　13 000
银行存款　　　　　　　　　　　　　　10 000

【例题 5-43】2023 年 3 月 16 日，SSZ 公司销售甲产品 8 件，单价 2 000 元 / 件，增

值税税率为13%，收到购货单位签发的银行承兑商业汇票一张。

实现收入时，SSZ公司编制如下会计分录：

借：应收票据　　　　　　　　　　　　　　　　　　18 080
　　贷：主营业务收入——甲产品　　　　　　　　　　　　16 000
　　　　应交税费——应交增值税（进项税额）　　　　　　 2 080

【例题5-44】2023年3月15日，SSZ公司预收FX有限责任公司货款160 000元，款项已存入银行。

预收款项时，SSZ公司编制如下会计分录：

借：银行存款　　　　　　　　　　　　　　　　　　160 000
　　贷：预收账款——FX有限责任公司　　　　　　　　　160 000

【例题5-45】承【例题44】2023年3月16日，SSZ公司向FX有限责任公司发出甲产品100件，单价2000元每件，增值税专用发票注明价款为200 000元，增值税额为26 000元。

发货给FX有限责任公司时，SSZ公司编制如下会计分录：

借：预收账款——FX有限责任公司　　　　　　　　　226 000
　　贷：主营业务收入——甲产品　　　　　　　　　　　 200 000
　　　　应交税费——应交增值税（销项税额）　　　　　　26 000

【例题5-46】承【例题44】【例题45】2023年3月16日，SSZ公司与FX有限责任公司结算货款，收到FX有限责任公司补付货款66 000元，款项已存入银行。

收到FX有限责任公司补付货款时，SSZ公司编制如下会计分录：

借：银行存款　　　　　　　　　　　　　　　　　　66 000
　　贷：预收账款——X有限责任公司　　　　　　　　　　66 000

2. 实现其他业务收入

企业实现其他业务收入一般包括：出售材料收入、出租固定资产收入、出租无形资产收入、出租或出售包装物收入。

实现其他业务收入时，企业应编制如下会计分录：

借：银行存款
　　应收账款
　　应收票据
　　预收账款
　　贷：其他业务收入
　　　　应交税费——应交增值税（销项税额）

【例题5-47】2023年3月10日，SSZ公司销售不需用的材料一批，增值税专用发票注明价格为20 000元，增值税为2 600元，款项已存入银行。

实现收入时，SSZ公司编制如下会计分录：

借：银行存款 22 600
　　贷：其他业务收入 20 000
　　　　应交税费——应交增值税（销项税额） 2 600

二、销售成本费用的核算

（一）销售成本费用概述

企业在销售环节中，通过把商品出售给购货方，实现收入。在确认收入的同时，也需确认所销售商品的成本、销售过程发生的相关税费，如实反映企业销售过程发生的成本费用。销售成本费用主要包括主营业务成本、其他业务成本、税金及附加、销售费用。

（二）应设置的账户

1. 主营业务成本

为了反映企业主营业务成本的增减变动情况，企业应设置"主营业务成本"账户。"主营业务成本"账户属于损益类账户，借方登记企业已销售商品或已提供劳务的成本，贷方登记企业本期发生商品销售退回等成本和期末转入"本年利润"账户的数额，期末结转后无余额。

该账户应当按照主营业务的种类进行明细核算。

2. 其他业务成本

为了反映企业其他业务成本的增减变动情况，企业应设置"其他业务成本"账户。"其他业务成本"账户属于损益类账户，借方登记企业发生的其他业务成本，贷方登记企业其他业务成本转入"本年利润"账户的数额，期末结转后无余额。

该账户应当按照其他业务成本的种类进行明细核算。

3. 税金及附加

为了反映企业税金及附加的增减变动情况，企业应设置"税金及附加"账户。该账户属于损益类账户，借方登记企业按规定计算确定的与经营活动相关的税费，贷方登记减免退回的税金和期末转入"本年利润"账户的数额，期末结转后余额。

4. 销售费用

为了反映企业销售费用的增减变动情况，企业应设置"销售费用"账户。"销售费用"账户属于损益类账户，借方登记企业发生的各项销售费用，贷方登记期末转入"本年利润"账户的数额，期末结转后无余额。

该账户应当按照销售费用项目进行明细核算。

（三）销售成本费用核算

确认销售成本时，企业应编制如下会计分录：

借：主营业务成本

　　贷：库存商品

【例题 5-48】2023 年 3 月 28 日，SSZ 公司结转本月销售甲产品的成本 320 000 元，乙产品的成本 140 000 元。

确认销售成本时，SSZ 公司编制如下会计分录：

借：主营业务成本——甲产品　　　　　　　　　　　　320 000

　　　　　　　　　——乙产品　　　　　　　　　　　　140 000

　　贷：库存商品——甲产品　　　　　　　　　　　　　320 000

　　　　　　　　——乙产品　　　　　　　　　　　　　140 000

确认税金及附加时，企业编制如下会计分录：

借：税金及附加

　　贷：应交税费——应交消费税

　　　　　　　　——城建税

　　　　　　　　——教育费附加

【例题 5-49】2023 年 3 月底，SSZ 公司月末计算应交消费税 20 000 元，应交增值税 40 000 元，应交教育费附加 1 800 元，应交城建税 4 200 元。

确认税金及附加时，SSZ 公司编制如下会计分录：

借：税金及附加　　　　　　　　　　　　　　　　　　26 000

　　贷：应交税费——应交消费税　　　　　　　　　　　20 000

　　　　　　　　——应交教育费附加　　　　　　　　　1 800

　　　　　　　　——应交城建税　　　　　　　　　　　4 200

确认销售费用时，企业编制如下会计分录：

借：销售费用

　　贷：库存现金

　　　　银行存款

　　　　应付职工薪酬等

【例题 5-50】2023 年 3 月底，SSZ 公司计提本月销售机构人员工资薪酬 100 000 元。

计提销售机构工资时，SSZ 公司编制如下会计分录：

借：销售费用　　　　　　　　　　　　　　　　　　　100 000

　　　　贷：应付职工薪酬——工资　　　　　　　　　　　　　100 000

　　【例题5-51】2020年3月2日，SSZ公司以银行存款支付销售商品的运输费、保险费共4 000元（不考虑相关税费）。

　　支付运输费保险费时，SSZ公司编制如下会计分录：

　　　　借：销售费用　　　　　　　　　　　　　　　　　　　4 000

　　　　　　贷：银行存款　　　　　　　　　　　　　　　　　　4 000

　　确认其他业务成本时，企业编制如下会计分录：

　　　　借：其他业务成本

　　　　　贷．原材料

　　　　　　　累计折旧

　　　　　　　累计摊销等

　　【例题5-52】2023年3月底，SSZ公司结转本月已销售材料成本10 000元。

　　结转销售材料成本时，SSZ公司编制如下会计分录：

　　　　借：其他务成本　　　　　　　　　　　　　　　　　　10 000

　　　　　　贷：原材料　　　　　　　　　　　　　　　　　　10 000

　　【例题5-53】2023年3月底，SSZ公司结转出租固定的成本，该固定资产每月的折旧额为20 000元。

　　结转出租固定资产成本时，SSZ公司编制如下会计分录：

　　　　借：其他务成本　　　　　　　　　　　　　　　　　　20 000

　　　　　　贷：累计折旧　　　　　　　　　　　　　　　　　　20 000

第六节　利润形成及分配业务与会计处理

　　财务成果，是指企业在一定会计期间从事生产经营活动所取得的成果，具体体现为盈利或亏损。企业在一定会计期间所实现的收入与发生的相关成本费用相抵后的差额就是企业获得的利润。如果收入大于费用，其差额为企业的盈利；如果收入小于费用，其差额为企业的亏损。企业在经营活动中，既要对一段时间内实现的利润进行准确核算，也要安排好利润的分配。

一、营业外收支的核算

（一）营业外收支概述

　　营业外收支，是指企业在非日常活动中发生的各项利得和损失，是企业财务成果的组成部分。营业外收支包括营业外收入、营业外支出两部分。营业外收入与营业外支出彼此独立，不具有因果关系。

1. 营业外收入

营业外收入，是指企业在非日常活动中形成的直接计入当期损益的利得。营业外收入核算的内容主要包括：处置非流动资产利得、非货币性资产交换利得、债务重组利得、罚没利得、政府补助利得、确实无法支付而按规定程序经批准后转作营业外收入的应付款项等。

2. 营业外支出

营业外支出，是指企业在非日常活动中发生的直接计入当期损益的损失。营业外支出核算的内容主要包括：处置非流动资产损失、非货币性资产交换损失、债务重组损失、罚款支出、捐赠支出、非常损失等。

（二）应设置的账户

1. 营业外收入

为了反映企业发生的与其经营活动没有直接关系的各项利得的增减变动情况，企业应设置"营业外收入"账户。"营业外收入"账户属于损益类账户，贷方登记企业实现的各项利得，借方登记期末转入"本年利润"的数额，期末结转后无余额。

该账户应当按照营业外收入项目进行明细核算。

2. 营业外支出

为了反映企业发生的与其经营活动没有直接关系的各项损失的增减变动情况，企业应设置"营业外支出"账户。"营业外支出"账户属于损益类账户，借方登记企业发生的各项营业外支出，贷方登记期末转入"本年利润"的数额，期末结转后无余额。

该账户应当按照支出项目进行明细核算。

（三）营业外收支核算

1. 营业外收入

形成营业外收入时，企业应编制如下会计分录：

    借：银行存款

        库存现金

        待处理财产损溢等

    贷：营业外收入

【例题5-54】2023年4月1日，SSZ公司收到员工小张支付现金罚款2 000元。

收到罚款时，SSZ公司编制如下会计分录：

借：库存现金　　　　　　　　　　　　　　　2 000
　　贷：营业外收入　　　　　　　　　　　　　　　2 000

【例题 5-55】2023 年 4 月 8 日，SSZ 公司收到 N 公司支付的违约款 20 000 元，款项已存入银行。

收到违约款时，SSZ 公司编制如下会计分录：

借：银行存款　　　　　　　　　　　　　　20 000
　　贷：营业外收入　　　　　　　　　　　　　　20 000

2.营业外支出

发生营业外支出时，企业编制如下会计分录：

借：营业外支出
　　贷：库存现金
　　　　银行存款
　　　　待处理财产损溢等

【例题 5-56】2023 年 4 月 10 日，SSZ 公司开出 1 000 000 元的现金支票捐给希望工程。

捐款时，SSZ 公司编制如下会计分录：

借：营业外支出　　　　　　　　　　　　1 000 000
　　贷：银行存款　　　　　　　　　　　　　1 000 000

二、利润形成的核算

（一）利润概述

利润，是指企业在一定会计期间的经营成果，具体表现为盈利或亏损。企业将本期的收入、利得与本期发生的费用、损失进行比较，从而确定本期是盈利还是亏损，为分析企业经营成果提供依据。

（二）利润计算公式

利润的计算有单步式和多步式两种，我国规定用多步式计算利润。

1.营业利润

营业利润，是指企业在一定期间内从事生产经营活动所取得的利润，营业利润反映企业日常活动形成的利润，是企业利润总额的主要构成部分。

营业利润的计算公式如下：

营业利润＝营业收入－营业成本－税金及附加－销售费用－管理费用－

财务费用－信用减值损失－资产减值损失＋其他收益＋公允价值变动收益－

公允价值变动损失＋投资收益－投资损失＋资产处置损益

2. 利润总额

利润总额，是指企业在一定时期通过日常活动和非日常活动共同取得的税前利润，利润总额包含日常活动形成的利润和非日常活动形成的利润。

利润总额的计算公式如下：

利润总额＝营业利润＋营业外收入－营业外支出

3. 净利润

净利润，是指企业在一定会计期间通过日常活动和非日常活动取得的净收益，净利润是企业实现的利润总额扣除应交的所得税费用后的净额。

净利润的计算公式如下：

净利润＝利润总额－所得税费用

（二）应设置账户

1. 本年利润

为了反映企业一定会计期间的盈利或亏损情况，企业应设置"本年利润"账户。"本年利润"账户属于所有者权益类账户，贷方登记期末全部收入类账户的转入数，借方登记期末全部费用类账户的转入数；期末余额在贷方表示盈利，如果期末余额在借方表示亏损。年度终了，应将本年实现的净利润，转入"利润分配"账户，结转后没有余额。

2. 所得税费用

为了反映企业所得税费用的增减变动情况，企业应设置"所得税费用"账户。"所得税费用"属于损益类账户，借方登记按税法规定确认纳税的所得税额，贷方登记期末转入"本年利润"账户的所得税额，期末结后无余额。

（三）利润形成的核算

期末结转利润时，企业应编制如下会计分录：

借：主营业务收入

其他业务收入

营业外收入等

贷：本年利润

同时

借：本年利润

贷：主营业务成本

税金及附加

其他业务成本

销售费用

管理费用

财务费用

营业外支出等

【例题 5-57】SSZ 公司 2023 年 4 月末主营业务收入为 600 000 元，其他业务收入为 100 000 元，营业外收入为 20 000 元，主营业务成本为 440 000 元，税金及附加为 10 000 元，销售费用为 20 000 元，管理费用为 40 000 元，财务费用 10 000 元，营业外支出为 4 000 元，其他业务成本为 80 000 元，不考虑其他因素。

结转利润时，SSZ 公司编制如下会计分录：

借：主营业务收入　　　　　　　　　　　　　　　600 000

　　其他业务收入　　　　　　　　　　　　　　　100 000

　　营业外收入　　　　　　　　　　　　　　　　 20 000

　　贷：本年利润　　　　　　　　　　　　　　　720 000

同时

借：本年利润　　　　　　　　　　　　　　　　　604 000

　　贷：主营业务成本　　　　　　　　　　　　　440 000

　　　　其他业务成本　　　　　　　　　　　　　 80 000

　　　　税金及附加　　　　　　　　　　　　　　 10 000

　　　　销售费用　　　　　　　　　　　　　　　 20 000

　　　　管理费用　　　　　　　　　　　　　　　 40 000

　　　　财务费用　　　　　　　　　　　　　　　 10 000

　　　　营业外支出　　　　　　　　　　　　　　　4000

本期实现的利润总额 =720 000-604 000=116 000（元）

（四）所得税费用的核算

所得税是企业根据《税法》规定，根据应纳税所得额与规定的税率相乘得到，并按规定期限缴纳的税种。

所得税计算公式如下：

$$应纳所得税额 = 应纳税所得额 \times 所得税税率$$

应纳税所得额，是指企业在一定会计期间内，由于经营或投资而获得的收入，扣除税法认定的费用后的余额。从税法的有关规定来看，应纳税所得额与利润总额并不完全一致，所以具体计算纳税时，应该以企业实现的利润总额为基础，按税法的有关规定进行调整，计算出应纳税所得额，并且按调整后的所得额计算并缴纳所得税。我国税法规定一般企业的所得税税率为25%。

【例题5-58】承【例题5-57】SSZ公司本月不涉及纳税调整事项，要求计算本月应交所得税额并编制所得税的分录。

应交所得税额 = 利润总额 × 所得税税率 =116 000×25%=29 000（元）

确认所得税费用时，SSZ公司编制如下会计分录：

借：所得税费用   29 000

 贷：应交税费——应交企业所得税   29 000

实际交纳所得税时，SSZ公司编制如下会计分录：

借：应交税费——应交所得税   29 000

 贷：银行存款   29 000

【例题5-59】承【例题5-58】【例题5-57】SSZ公司将本月所得税费用转入本年利润。

借：本年利润   29 000

 贷：所得税费用   29 000

三、利润分配的核算

（一）利润分配概述

利润分配，是将企业实现的净利润，按照国家规定的分配形式和顺序，在国家、企业和投资者之间进行分配的活动。企业的利润分配，应当考虑企业长远发展、抵御风险等需求，并不是全部分配完毕，更不是全部分配给投资者。企业在利润分配过程中，应当先计算可供分配利润。企业可供分配利润是指企业当期实现的净利润，加上年初未分配利润或减去年初未弥补亏损的余额。可供分配利润按下列顺序进行分配：

1. 计提法定盈余公积金

法定盈余公积金按照税后净利润的10%提取。如果有五年内未弥补的亏损，应当先弥补完亏损，再计提法定盈余公积金。法定盈余公积金已达注册资本的50%时可以不再提取。提取的法定盈余公积金可以用于弥补以前年度亏损或转增资本金。但转增资本金后留存的法定盈余公积金不得低于注册资本的25%。

2. 计提任意盈余公积金

企业计提法定盈余公积金后，可以根据股东会的决议再计提任意盈余公积金。任意盈余公积金的用途和法定盈余公积金是一样的。任意盈余公积金的计提比例可以根据企业股东大会的决议来确定，《公司法》没有明确的要求。

3. 向投资者分配利润

企业计提盈余公积后，可以根据股东大会的决议向投资者宣告发放利润。向投资者发放利润的额度由股东大会表决通过。一般，企业不会将所有的剩余利润全部发给投资者，而是留存一部分用于企业开拓业务、抵御风险等。

（二）应设置的账户

1. 利润分配

为了反映企业利润的分配（或亏损的弥补）的增减变动情况，企业应设置"利润分配"账户。"利润分配"账户属于所有者权益类账户，贷方登记企业年末从"本年利润"账户借方转入的全年实现的净利润和用盈余公积弥补以前年度亏损的金额，借方登记企业按规定实际分配的利润数或年末时从"本年利润"账户的贷方转入的全年亏损数额；年末余额如果在贷方，表示企业历年累计的未分配利润；年末余额如果在借方，表示企业历年积存的未弥补亏损。

该账户应当分别按照"提取法定盈余公积""提取任意盈余公积""应付现金股利或利润""盈余公积补亏"和"未分配利润"等进行明细核算。

2. 盈余公积

为了反映企业盈余公积的增减变动情况，企业应设置"盈余公积"账户。"盈余公积"账户属于所有者权益类账户，贷方登记企业计提的盈余公积数额，借方登记企业盈余公积的减少数额；期末余额在贷方，表示企业盈余公积累计余额。

该账户应当分别按照"法定盈余公积""任意盈余公积"进行明细核算。

3. 应付股利

为了反映企业应付股利或现金股利的增减变动情况，企业应设置"应付股利"账户。"应付股利"账户属于负债类账户，贷方登记企业宣告向投资者分配的现金股利或利润，借方登记企业实际支付的现金股利或利润；期末贷方余额，表示企业尚未支付的现金股利或利润。

该账户应当按照投资者进行明细核算。

（三）利润分配的核算

1. 结转净利润

年度终了，企业应将全年实现的净利润转入利润分配科目，企业应编制如下会计分录：

借：本年利润

　　贷：利润分配——未分配利润（净利润转入）

或

借：利润分配——未分配利润（净亏损转入）

　　贷：本年利润

【例题 5-60】SSZ 公司 2023 年度实现净利润 2 000 000 元，假设不考虑其他因素。

转入利润分配时，SSZ 公司编制如下会计分录：

借：本年利润　　　　　　　　　　　　　　　　　　2 000 000

　　贷：利润分配——未分配利润　　　　　　　　　　　　2 000 000

2. 提取盈余公积

提取的盈余公积时，企业应编制如下会计分录：

借：利润分配——提取法定盈余公积

　　　　　　——提取任意盈余公积

　　贷：盈余公积——法定盈余公积

　　　　　　　　——任意盈余公积

【例题 5-61】承【例题 5-60】SSZ 公司根据 2023 年度净利润的 10% 计提的法定盈余公积，根据净利润的 8% 提取任意盈余公积分别为 200 000 元和 160 000 元，不考虑其他因素。

计提盈余公积时，SSZ 公司编制会计如下分录：

借：利润分配——提取法定盈余公积　　　　　200 000

　　　　　　——提取任意盈余公积　　　　　160 000

　　贷：盈余公积——法定盈余公积　　　　　　　200 000

　　　　　　　　——任意盈余公积　　　　　　　160 000

3. 宣告发放现金股利

宣告发放现金股利时，企业应编制如下会计分录：

借：利润分配——应付股利

　　贷：应付股利（应付库存现金股利或利润）

【例题 5-62】承【例题 5-60】SSZ 公司根据 2023 年度净利润的 50% 分配现金股利。

宣告发放现金股利时，SSZ 公司编制会计如下分录：

借：利润分配——应付股利　　　　　　　　　1 000 000

　　贷：应付股利　　　　　　　　　　　　　　　1 000 000

期末利润分配结束，只有"利润分配——未分配利润"科目有余额，利润分配其他明细科目的余额全部转入"利润分配——未分配利润"科目。

结转利润分配明细科目时，企业编制如下会计分录：

借：利润分配——未分配利润

　　贷：利润分配——提取法定盈余公积

　　　　　　——提取任意盈余公积

　　　　　　——应付现金股利等

【例题5-63】承【例题5-60】【例题5-61】【例题5-62】SSZ公司利润分配结束后，将"利润分配"的明细科目转入"利润分配——未分配利润"。

结转利润分配明细科目时，SSZ公司编制会计如下分录：

借：利润分配——未分配利润　　　　　　　　　1 360 000

　　贷：利润分配——提取法定盈余公积　　　　　　200 000

　　　　　　——提取任意盈余公积　　　　　　　160 000

　　　　　　——应付现金股利　　　　　　　　1 000 000　□□

本章总结

本章主要介绍了企业筹资业务及其会计处理，包括股权资本筹资和债务资本筹资业务的核算；固定资产购置业务及其会计处理，包括外购固定资产和自行建造固定资产的核算；材料采购业务及其会计处理，包括材料和单据同时到达、材料已到单据未到、单据已到材料未到和款项已付材料未到四种情况下的核算；生产过程业务及其会计处理，包括领用材料、直接人工费用的归集与分配、固定资产折旧、制造费用的归集与分配、完工产品生产成本的计算与结转等的核算；销售业务及其会计处理，包括销售收入和销售成本费用的核算；利润形成及分配业务与会计处理，包括营业外收支、利润形成和利润分配的核算。

拓展阅读

存货的确认和计量

一、存货的确认

存货，是指企业在日常活动中持有以备出售的产成品或商品、处在生产过程中的在产品、在生产过程或提供劳务过程中耗用的材料和物料等。

存货同时满足下列条件的，才能予以确认：

（1）与该存货有关的经济利益很可能流入企业。

（2）该存货的成本能够可靠地计量。

二、存货的计量

（1）存货应当按照成本进行初始计量。存货成本包括采购成本、加工成本和其他成本。

存货的采购成本，包括购买价款、相关税费、运输费、装卸费、保险费以及其他可归属于存货采购成本的费用。存货的加工成本，包括直接人工以及按照一定方法分配的制造费用。制造费用，是指企业为生产产品和提供劳务而发生的各项间接费用。企业应当根据制造费用的性质，合理地选择制造费用分配方法。在同一生产过程中，同时生产两种或两种以上的产品，并且每种产品的加工成本不能直接区分的，其加工成本应当按照合理的方法在各种产品之间进行分配。存货的其他成本，是指除采购成本、加工成本以外的，使存货达到目前场所和状态所发生的其他支出。

（2）下列费用应当在发生时确认为当期损益，不计入存货成本：

①非正常消耗的直接材料、直接人工和制造费用。

②仓储费用（不包括在生产过程中为达到下一个生产阶段所必需的费用）。

③不能归属于使存货达到目前场所和状态的其他支出。

（3）应计入存货成本的借款费用，按照《企业会计准则第 17 号——借款费用》处理。

（4）投资者投入存货的成本，应当按照投资合同或协议约定的价值确定，但合同或协议约定价值不公允的除外。

（5）收获时农产品的成本、非货币性资产交换、债务重组和企业合并取得的存货的成本，应当分别按照《企业会计准则第 5 号——生物资产》、《企业会计准则第 7 号——非货币性资产交换》、《企业会计准则第 12 号——债务重组》和《企业会计准则第 20 号——企业合并》确定。

（6）企业提供劳务的，所发生的从事劳务提供人员的直接人工和其他直接费用以及可归属的间接费用，计入存货成本。

（7）企业应当采用先进先出法、加权平均法或者个别计价法确定发出存货的实际成本。

对于性质和用途相似的存货，应当采用相同的成本计算方法确定发出存货的成本。对于不能替代使用的存货、为特定项目专门购入或制造的存货以及提供劳务的成本，通常采用个别计价法确定发出存货的成本。对于已售存货，应当将其成本结转为当期损益，相应的存货跌价准备也应当予以结转。

（8）资产负债表日，存货应当按照成本与可变现净值孰低计量。存货成本高于其可变现净值的，应当计提存货跌价准备，计入当期损益。

可变现净值，是指在日常活动中，存货的估计售价减去至完工时估计将要发生的成本、估计的销售费用以及相关税费后的金额。企业确定存货的可变现净值，应当以取得的确凿证据为基础，并且考虑持有存货的目的、资产负债表日后事项的影响等因素。为生产而持有的材料等，用其生产的产成品的可变现净值高于成本的，该材料仍然应当按照成本计量；材料价格的下降表明产成品的可变现净值低于成本的，该材料应当按照可变现净值计量。为执行销售合同或者劳务合同而持有的存货，其可变现净值应当以合同价格为基础计算。企业持有存货的数量多于销售合同订购数量的，超出部分的存货的可变现净值应当以一般销售价格为基础计算。

（9）企业通常应当按照单个存货项目计提存货跌价准备。对于数量繁多、单价较低的存货，可以按照存货类别计提存货跌价准备。与在同一地区生产和销售的产品系列相关、具有相同或类似最终用途或目的，且难以与其他项目分开计量的存货，可以合并计提存货跌价准备。

（10）资产负债表日，企业应当确定存货的可变现净值。以前减记存货价值的影响因素已经消失的，减记的金额应当予以恢复，并在原已计提的存货跌价准备金额内转回，转回的金额计入当期损益。

（11）企业应当采用一次转销法或者五五摊销法对低值易耗品和包装物进行摊销，计入相关资产的成本或者当期损益。

（12）企业发生的存货毁损，应当将处置收入扣除账面价值和相关税费后的金额计入当期损益。存货的账面价值是存货成本扣减累计跌价准备后的金额。存货盘亏造成的损失，应当计入当期损益。

（资料来源：根据《企业会计准则第 1 号——存货》整理。）

第六章 会计账簿

知识目标

1. 了解会计账簿的概念、会计账簿的种类。

2. 理解会计账簿的基本内容、会计账簿的设置。

3. 掌握会计账簿的启用、各类会计账簿的登记、会计错账查找与错误更正。

思政目标

1. 深入理解总与分、零星分散与系统综合的辩证统一思想。会计账簿是连接会计凭证与财务报表的桥梁，对会计凭证的信息进行汇总、浓缩，为编制财务报表做准备。

2. 培养学生有错必改的思想。通过会计差错更正，使学生理解在日常生活和学习过程中也可能犯错，但是一定要用正确的方法及时更正错误。

案例导入

会计老孙的秘密账簿

会计老孙有一个秘密账簿，每当上班的时候，总会第一时间拿出来，在上面写一阵子，然后锁起来；下班的时候再拿出来写一阵子，然后再锁起来。时间一天一天过去，会计老孙依旧重复着同样的行为。你想知道里面写着什么吗？你知道会计的秘密账簿吗？好好学习会计吧，你入行了也会有一本秘密会计账簿噢！

本章主要内容（图6-1）

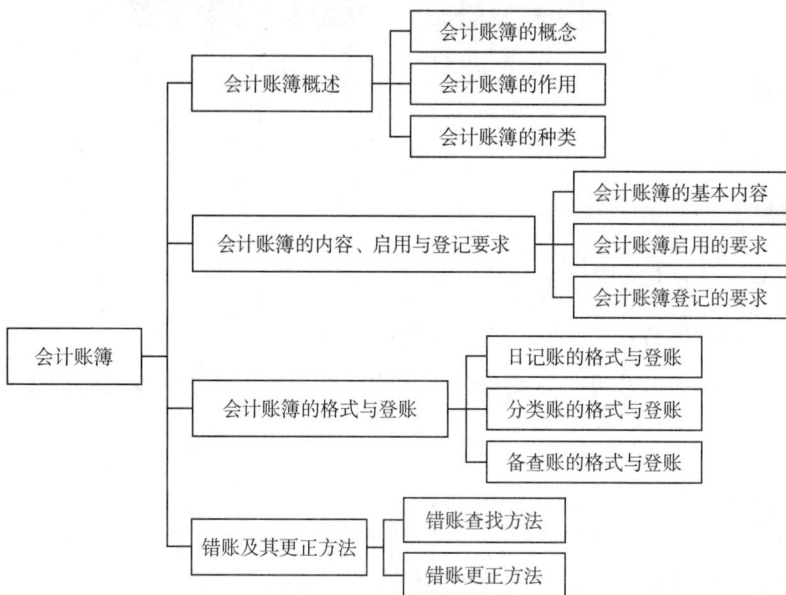

```
                          ┌─────────────────┐      ┌──────────────────┐
                          │   会计账簿概述    │──────│   会计账簿的概念    │
                          │                 │──────│   会计账簿的作用    │
                          │                 │──────│   会计账簿的种类    │
                          └─────────────────┘      └──────────────────┘

                          ┌─────────────────────┐  ┌──────────────────────┐
                          │ 会计账簿的内容、启用   │──│   会计账簿的基本内容    │
                          │     与登记要求        │──│   会计账簿启用的要求    │
                          │                      │──│   会计账簿登记的要求    │
                          └─────────────────────┘  └──────────────────────┘
┌─────────┐
│ 会计账簿  │             ┌─────────────────┐      ┌──────────────────┐
└─────────┘             │  会计账簿的格式   │──────│   日记账的格式与登账  │
                          │    与登账        │──────│   分类账的格式与登账  │
                          │                 │──────│   备查账的格式与登账  │
                          └─────────────────┘      └──────────────────┘

                          ┌─────────────────┐      ┌──────────────────┐
                          │ 错账及其更正方法   │──────│   错账查找方法      │
                          │                 │──────│   错账更正方法      │
                          └─────────────────┘      └──────────────────┘
```

图6-1　第六章思维导图

第一节　会计账簿概述

一、会计账簿的概念

会计账簿，是指由具有一定格式的账页组成的，以审核无误的会计凭证为依据，全面、系统、连续地记录一个单位的交易或事项的簿籍。会计账簿是会计信息储存的载体，在会计核算体系中具有重要的作用，企业应当按照相关规定设置会计账簿。在实际工作中，企业发生的每一笔交易或事项，都有相应的会计凭证，证明交易或事项的发生或完成。但是会计凭证记录的信息过于分散，不便于查找和核对，也不利于信息使用者及时获取相关会计信息。因此，取得和审核会计凭证后，还需要根据审核无误的会计凭证登记账簿，分类汇总和序时记录企业的会计信息，为信息使用者提供决策有用的信息。

二、会计账簿的作用

会计账簿是会计凭证和会计报表的桥梁，具有承上启下的作用。一方面，会计账簿将会计凭证中分散、凌乱、不完整的会计信息按照一定的标准进行分类汇总和序时登记，是会计信息的集中和分类环节；另一方面，会计账簿储存的会计信息为企业编制会计报表提供了资料和数据，促进了会计核算工作的有序开展。因此，合理设置会计账簿和正确使用账簿，对完成会计核算工作有十分重要的作用，具体表现在以下三个方面：

1. 为信息使用者提供全面、系统、连续的会计信息

通过设置和登记账簿，对经济业务进行针对性的核算，可以将大量分散的数据加以归类整理，逐步加工为有用的会计信息。全面、系统地提供有关企业成本费用、财务状况和经营成果的总括和明细的核算资料，为经营管理提供系统、完整的会计信息。

2. 为编制会计报表提供数据

会计凭证资料通过账簿进行归类整理以后，就能提供一个单位在一定时期内的资产、负债、所有者权益的增减变化和结存情况，以及收入、费用、利润及其分配等的经营情况。若将这些日常的账簿核算资料再加以进一步地汇总、整理，就可以编制出会计报表。因此，及时、完整、正确的账簿记录为定期编制会计报表提供了依据。

3. 为评价经营业绩提供分析数据

会计账簿提供的核算资料比会计凭证提供的资料更集中、有针对性，又比会计报表提供的信息更加具体、丰富。因此，利用会计账簿资料能全面了解企业的财务状况和经营成果，并通过与预算数据比较，考核各种预算的执行与完成情况，为加强企业经营管理提供原始数据资料。

三、会计账簿的种类

会计账簿是企业记录交易或事项的重要载体，根据不同的标准有不同的分类，如按照账簿的用途、外形特征、账页格式分类。合理地对账簿进行分类，有助于开展登账工作和信息的分类。

（一）会计账簿按用途分类

会计账簿按用途分类，是指根据会计账簿的用途不同，可将其分为：序时账簿、分类账簿和备查账簿。

1. 序时账簿

序时账簿也称日记账簿，是指按照企业发生的各项交易或事项的先后顺序，逐日逐笔进行明细登记的账簿。序时账簿的主要功能是按照时间的先后顺序记录企业发生的交易或事项，按照所记录交易或事项内容的不同，可以分为普通日记账簿和特种日记账簿。

其中，普通日记账簿是用来登记企业发生的全部交易或事项的账簿，即将企业每天发生的全部交易或事项，按其发生的先后顺序逐笔登记到普通日记账簿中。特种日记账簿是用来登记企业发生的某一类型交易或事项的账簿，即将企业发生的某一类型的交易或事项按先后顺序记入账簿中，如现金日记账、银行存款日记账。

2. 分类账簿

分类账簿，是指按照企业发生的各项交易或事项所涉及的不同账户进行分类登记的账簿，简称分类账。分类账簿的功能是分类反映企业发生的各项交易或事项，便于汇总会计信息，其提供的数据是编制报表数据的主要来源和依据。分类账簿根据反映交易或事项的详细程度的不同，可分为总分类账簿和明细分类账簿。

其中，总分类账簿，简称总账，是按照总分类科目设置的，用来反映企业发生的各项交易或事项的总括内容的账簿。明细分类账簿，简称明细账，是根据总账科目所管辖的明细分类科目设置的，用来反映企业发生的各项交易或事项明细内容的账簿，它对总分类账具有补充和说明的作用。

3. 备查账簿

备查账簿，是指对某些在序时账簿和分类账簿等主要账簿中未能记载的交易或事项以及记载不详细的交易或事项进行补充和说明的账簿。企业可以根据自身的情况考虑是否设置备查账簿，以及采用什么方法和格式进行登记。

（二）会计账簿按外形特征分类

会计账簿按外形特征分类，是指根据会计账簿的外在形式和特征将其分为订本式账簿、活页式账簿和卡片式账簿。

1. 订本式账簿

订本式账簿也称订本账，是指企业启用之前就将若干账页按顺序编号并装订成册的账簿。采用订本式账簿的优点包括：可以避免账页散失和人为抽换，保障账簿资料的完整、安全，防止舞弊行为。采用订本式账簿的缺点包括：账页启用前是固定的，并且是连续编号的，不能根据需要随时增减；如果预留账页过少，会影响账簿记录的连续性；如果预留账页过多，又会造成账页的浪费；订本式账簿在同一时间内只能由一个人登记，所以不便于会计分工协作。在实务中，反映重要会计信息的账簿应当采用订本式账簿，如现金日记账、银行存款日记账和总分类账。

2. 活页式账簿

活页式账簿也称活页账，是指企业启用之前将分散的账页装在活页账夹内，账页不编号，根据使用的需要可以随时增减账页的账簿。活页式账簿的优点包括：使用起来灵活方便，不需要预留账页，便于会计分工，提高工作效率。活页式账簿的缺点包括：账页容易散失、被抽换，易出现舞弊行为。因此，使用活页式账簿时，必须要求按账页顺序编号，装置在账页中保管使用，并由有关人员在账页上盖章，以防散失和抽换。使用完毕，将其装订成册，以便保管。活页式账簿一般用于各种明细账的登记。

3. 卡片式账簿

卡片式账簿也称卡片账，是指企业使用的将具有一定格式的账页印制在卡片上，并存放在专设的卡片箱的账簿。卡片式账簿严格来说也属于一种明细账簿，只不过账页存放的地方不同。卡片式账簿的优点包括：每一张账页是独立的，账页可以随时增减，使用起来灵活方便，不需要预留账页，便于会计分工，提高工作效率。卡片式账簿的缺点包括：账页容易散失、被抽换，易出现舞弊行为。使用卡片账时必须将卡片顺序编号并存放在卡片箱内，由专人保管，不需要每年更换，可跨年度使用。卡片账适用于记载内容比较复杂的财产物资明细账，如固定资产登记卡、低值易耗品登记卡等。

（三）会计账簿按账页格式分类

会计账簿按账页格式不同，可分为两栏式账簿、三栏式账簿、数量金额式账簿和多栏式账簿。

1. 两栏式账簿

两栏式账簿，是指账簿的账页金额栏只有借方、贷方两个主要栏目。两栏式账簿一般用于简单的交易或事项的登记，如普通日记账、转账日记账。由于现代企业发生的交易或事项是复杂的，两栏式账簿已经不能满足企业提供信息的需要，基本上已不再使用。两栏式账簿账页如表 6-1 所示。

表6-1　两栏式账页

账户名称：

年		凭证字号	摘　要	借　方										贷　方									
月	日			千	百	十	万	千	百	十	元	角	分	千	百	十	万	千	百	十	元	角	分

2. 三栏式账簿

三栏式账簿，是指账簿的账页金额栏主要包括借方、贷方和余额三个主要栏目。三栏式账簿一般适用于总分类账、日记账、债权债务明细分类账，如"应收账款""应付账款""其他应收款""其他应付款""应交税费"等。三栏式账簿账页如表 6-2 所示。

表6-2 三栏式账页

账户名称：

年		凭证号数	摘要	借　方										贷　方										余　额									
月	日			千	百	十	万	千	百	十	元	角	分	千	百	十	万	千	百	十	元	角	分	千	百	十	万	千	百	十	元	角	分

3. 数量金额式账簿

数量金额式账簿，是指账簿的账页金额栏有"借方""贷方""余额"三个主要栏目，在每个主要栏目下又分别有"数量""单价""金额"专栏。数量金额式账簿适用于既要进行金额核算，又要能进行实物数量核算的各种存货明细账，如原材料、库存商品等。数量金额式账簿账页如表 6-3 所示。

表6-3 数量金额式账页

账户名称：　　　　　　　　　　规格：　　　　　　　　　　计量单位：

年		凭证		摘要	借　方												贷　方												余　额											
月	日	字	号		数量	单价	金　额										数量	单价	金　额										数量	单价	金　额									
							千	百	十	万	千	百	十	元	角	分			千	百	十	万	千	百	十	元	角	分			千	百	十	万	千	百	十	元	角	分

4. 多栏式账簿

多栏式账簿，是指账簿的账页金额栏有超过三栏的主要栏目，根据企业的核算需要，可以是借方多栏，也可以是贷方多栏。多栏式账簿一般用于收入、成本、费用明细账，如"生产成本""制造费用""管理费用"等。多栏式账簿账页格式如表 6-4 所示。

表6-4　多栏式账簿账页

账户名称：

年		凭证号数	摘要	合　　计								项　　　　目																							
月	日			十万	千	百	十	元	角	分	十万	千	百	十	元	角	分	十万	千	百	十	元	角	分	十万	千	百	十	元	角	分				

第二节　会计账簿的内容、启用与登记要求

一、会计账簿的基本内容

虽然不同用途会计账簿的格式、使用方法有所区别，但是会计账簿的基本内容是相同的，主要包括以下三个方面：

1. 封面

会计账簿的封面主要写明账簿的名称，如总分类账、明细分类账、现金日记账、银行存款日记账。

2. 扉页

会计账簿封面下一页就是扉页，扉页主要填列账户启用登记表、会计科目索引以及经管账簿人员一览表。其格式见表6-5、表6-6所示。

表6-5　账簿启用及经管人员一览表

单位名称		
账簿名称		
账簿编号		
账簿页数	本账簿共　页	
启用日期	年　月　日	公　章

续表

经管人员	负责人		会计主管		复　核		记　账	
	姓名	签章	姓名	签章	姓名	签章	姓名	签章

交接记录	经管人员		接管人员				监交人员			
	姓名	职别	年	月	日	签章	年	月	日	签章

印花税票粘贴处		备注	

表6-6　会计科目索引表

编　号	科　目	页　数	编　号	科　目	页　数

3. 账页

账页是记载经济业务的载体，由于经济业务的性质不通，所使用的账页格式有所区别。但是，账页都应当包含以下基本内容：账户的名称，亦称会计科目（包括一级科目和明细科目）；登账日期栏，即记账凭证上的日期；凭证种类和编号栏，即登记账簿所依据的记账凭证种类和编号；摘要栏，即登记经济业务内容的简要说明；金额栏，即登记经济业务的金额的增减变动；账页的编号，即总页次和分户页次。

二、会计账簿启用的要求

为了保证会计账簿记录的合法性、真实性、完整性，启用会计账簿应满足下列两个要求：

1. 启用账簿填列

启用账簿时，应在账簿封面上写明账簿名称，并填写账簿扉页上的"账簿启用经管人员一览表"，基本内容包括：单位名称、启用日期、账簿编号、账簿页数、记账人员、主管人员等，并加盖公章。

2. 账页连续编号

启用订本式账簿，应当从第一页到最后一页按先后顺序编号，使用过程中不得跳页、缺号（如果所启用的订本式账簿起始页码已经印好的就不需要再填）。启用活页式账簿，其账页应当按账户顺序编号，并定期装订成册；装订后再按实际使用的账页顺序编写页码，另加目录，记明每个账户的名称和页码；在装订成册时填写起止页码。卡片式账簿在启用前应当登记卡片登记簿。

三、会计账簿登记的要求

为了保障会计账簿的质量，会计人员登记账簿信息时，应当满足下列要求：

1. 准确完整性

为了保障会计账簿记录的准确完整，企业应当根据审核无误的会计凭证登记账簿。在登记会计账簿时，应当将会计凭证上的日期、凭证号、业务内容摘要、金额和其他有关资料逐项记入账页内，做到数字准确、内容完整、登记及时、字迹工整。

2. 标记性

为了避免记账出现重复或漏记，登记会计账簿完成时，应在记账凭证上盖章或"√"符号，表示已经记账，并便于核对。

3. 永久性

为了保证会计账簿数据的永久性，登记会计账簿时，要用蓝黑墨水笔或碳素墨水笔书写，不得使用铅笔或圆珠笔（银行的复写账簿除外）。但下列情况下，可以用红色墨水笔记账：按照红字冲账的记账凭证，冲销错误记录；在不设借贷等栏的多栏式账页中登记减少数；三栏式账户的余额栏前未印明余额方向的，在余额栏内登记负数余额；根据国家统一会计制度的规定可以用红字登记的其他会计记录。

4. 连续性

为了保证会计记录的连续性，在登记会计账簿时，应当按先后顺序连续登记，不得跳行、隔页。如果发生跳行、隔页，应当将空行、空页划线注销，或者注明"此行空白""此页空白"字样，并由责任人签字或者盖章。

5. 书写规范性

在登记会计账簿时，书写的文字和数字应紧靠账格下线书写，占全格高度的 1/2，上面要留有适当空距，以便更正错账时书写正确的文字或数字。

6. 数据衔接性

为了账簿数据的有效衔接，每一张账页登记完毕，结转下页时，应当结出本页合计数和余额，写在本页最后一行和下页第一行有关栏内，并在摘要栏注明"过次页"或"承前页"字样。对需要结计本月发生额的账户，结计"过此页"时的本页合计数，应当是月初至本页末的发生额合计；对需要结计本年累计发生额的账户，结计"过此页"时的本页合计数，应当是年初至本页末的发生额合计；对不需要结计本月发生额，也不要结计本年累计发生额的账户，只需将每页最后一笔业务的余额结转此页。

7.余额方向性

凡需结出余额的账户，结出余额后，应在"借或贷"栏内写明"借"或"贷"：字样；没有余额的账户，应在"借或货"栏内写"平"字，并在余额栏"元"位上用"0"表示。现金日记账和银行存款日记账必须逐日结出余额。

8.数据累计性

各种账簿期末时都应对每个账户的本期发生额和期末余额，进行结账，并将余额转入下一会计期间。在摘要栏分别注明"本月合计""月初余额"等字样。年初开始启用新账簿时，也应将上年末各账户余额转入账户余额栏内，并在摘要栏注明"上年结转"或"年初余额"字样。

第三节　会计账簿的格式与登账

一、日记账的格式与登账

（一）普通日记账的格式和登账

普通日记账又称分录账簿，是逐日逐笔地登记企业的全部经济业务的簿籍。普通日记账是根据原始凭证逐日逐笔顺序登记的，把每一笔经济业务转化为会计分录登记在日记账上，然后再转计列入分类账中。普通日记账金额栏只有借方金额和贷方金额两栏。普通日记账格式如表6-7所示。

表6-7　普通日记账

年		凭证字号	摘　要	借　　　方										贷　　　方									
月	日			千	百	十	万	千	百	十	元	角	分	千	百	十	万	千	百	十	元	角	分

（二）特种日记账的格式和登账

特种日记账，是指用来登记某一类经济业务的日记账，常用的特种日记账有库存现金日记账和银行存款日记

1. 库存现金日记账的格式和登账

现金日记账，是指用来记录库存现金增减变动业务的一种特种日记账。现金日记账有三栏式也有多栏式，企业一般采用三栏式。使用现金日记账，一定要使用订本式。其中，三栏式库存现金日记账是指在同一张账页上分设"收入""支出"和"结余"三栏。为清晰反映现金收付业务的具体内容，在"摘要"栏后还应设置"对应账户"栏，登记对方账户名称。其格式如表6-8所示。

表6-8　现金日记账（三栏式）

年		凭证号数	摘　要	对方科目	借　　方										贷　　方										余　　额									
月	日				千	百	十	万	千	百	十	元	角	分	千	百	十	万	千	百	十	元	角	分	千	百	十	万	千	百	十	元	角	分

现金日记账各栏目的登记方法如下：

（1）"日期"栏登记现金实际收付的日期，如果记账凭证的日期与实际收付款日期有差异，按照记账凭证的日期填写。

（2）"凭证字号"栏应填写登记账簿所依据的收款凭证、付款凭证的号数，以便日后查对。

（3）"摘要"栏简要说明入账的经济业务的内容，文字既要简练，又要能说明问题。

（4）"对方科目"栏应填写登记现金收入的来源科目或支出的用途科目，用于了解经济业务的来龙去脉。如从银行提取现金，其来源科目（即对应科目）为"银行存款"科目。

（5）"收入""支出"栏应填写登记现金实际收付的金额。

（6）"余额"栏于每日终了后，结出账面余额，并将现金日记账的账面余额与库存现金实际额核对相符。

三栏式库存现金日记账不仅序时地反映了每笔现金的收入、支出及余额情况，而且清晰地反映了每笔现金收入、支出的来龙去脉。但是，由于只设一个"对应科目"栏，所以不能反映对应账户经济业务的全部情况，不便于总账的登记。由于登记方法简单，三栏式现金日记账被广泛采用。

2. 银行存款日记账的格式和登账

银行存款日记账，是指记录银行存款收付业务增减变动的一种特种日记账，一般是由出纳人员根据各种银行存款的收款、付款凭证按时间顺序逐日逐笔地登记。

银行存款日记账的登记方法与现金日记账的登记方法基本相同，每日终了，结出本日银行存款的收入、支出合计和本日余额，以便定期与银行存款对账单逐笔核对。其账页格式见表6-9所示。

表6-9　银行存款日记账（三栏式）

年		凭证号数	摘　要	借　　方										贷　　方										余　　额									
---	---	---	---	千	百	十	万	千	百	十	元	角	分	千	百	十	万	千	百	十	元	角	分	千	百	十	万	千	百	十	元	角	分
月	日																																

另外，对于现金存入银行的收入数，应根据现金付款凭证进行登记。每月终了和月终要进行"日清月结"，并与银行对账单核对，编制"银行存款余额调节表"。

二、分类账的格式与登账

（一）总分类账的格式和登账

总分类账簿是用来概括性登记企业全部经济业务增减变动情况的簿籍，有三栏式账簿，也有多栏式账簿，企业一般采用三栏式账簿。在登记分类账时，一定要使用订本式账簿。由于订本式账簿页次固定，不能随意增添，也不能随意抽取账页，因而在启用时应根据各科目发生业务的多少预留页数。三栏式总分类账的格式如表6-10所示。

表6-10 总分类账

年		凭证号数	摘要	借 方										贷 方										借或贷	余 额									
月	日			千	百	十	万	千	百	十	元	角	分	千	百	十	万	千	百	十	元	角	分		千	百	十	万	千	百	十	元	角	分

总分类账可以直接根据各种记账凭证逐笔登记，也可以通过一定的汇总方法，把各种记账凭证进行汇总，编制汇总记账凭证或科目汇总表，再据以登记总分类账。企业如何登记总分类账，由企业所采用的会计核算形式决定。不管采用哪一种核算形式，总分类账都要反映出本期发生额和期末余额，为对账、编制财务报表提供数据。

总分类账的具体登记方法如下：

1. 日期栏填写

"日期"栏，应填写记账凭证的日期（包括记账凭证、汇总记账凭证、科目汇总表），在记账凭证核算形式下是记账凭证的日期，在汇总记账凭证核算形式下是汇总记账凭证的日期，在科目汇总表核算形式下是科目汇总表的日期。

2. 凭证字号栏填写

"凭证字号"栏，应填写记账凭证的字号，在记账凭证核算形式下是记账凭证的编号（包括收、付、转三种），在汇总记账凭证核算形式下是汇总记账凭证的字号（包括汇总、汇付、汇转三种）。

3. 摘要栏填写

"摘要"栏，应填写所依据的记账凭证的摘要。

4. 发生额栏填写

"借方金额"或"贷方金额"栏，应填入计入总分类账的发生金额。

5. 余额方向栏填写

"借或贷"栏，应填写余额的方向，借方余额写"借"字，贷方余额写"贷"字，没有余额写"平"字。

6. 余额栏填写

"余额"栏，应填写账户的期初、期末余额。

（二）明细分类账的格式和登账

明细分类账按照明细科目设置，用以分类、连续记录和反映各会计要素的详细信息的账簿。通过明细分类账，可以记录有关资产、负债、所有者权益、收入、费用、利润方面的明细资料，为编制财务报表提供依据。明细账的登记方法，应依据单位业务量的大小、经营管理上的需要以及所记录的经济业务内容加以确定。明细分类账登记的主要依据为原始凭证、汇总原始凭证或记账凭证。一般来说债权、债务、固定资产等明细账应逐笔登记，其他明细账可以逐笔、逐日或定期汇总登记。

明细账一般采用活页式账簿，其格式主要有三栏式、数量金额式和多栏式三种。

1. 三栏式明细账

三栏式明细账的格式与三栏式总账格式基本相同，账页金额栏有借方、贷方和余额三个金额栏。它一般适用于只能或只需采用金额进行明细核算的账户，如"应收账款""应付账款"等债权债务方面的明细核算。三栏式明细账登记方法与总分类账基本相同。其具体格式见表 6-11。

表6-11　三栏明细分类账

账户名称：

年		凭证号数	摘要	借　方										贷　方										借或贷	余　额									
月	日			千	百	十	万	千	百	十	元	角	分	千	百	十	万	千	百	十	元	角	分		千	百	十	万	千	百	十	元	角	分

2. 数量金额式明细账

数量金额式明细账的账页在收入、发出和结存三个基本栏目内分别设置"数量""单价""金额"栏目。数量金额式明细账适用于既要进行金额核算又要进行数量核算的明细账，如原材料、库存商品等。数量金额式明细账是由会计人员根据审核无误的记账凭证或原始凭证，按照经济业务发生的时间先后顺序逐日逐笔登记的。具体格式见表 6-12。

表6-12　数量金额式明细账

账户名称：　　　　　　　　　规格：　　　　　　　　　计量单位：

年		凭证		摘要	借　方													贷　方														余　额												
月	日	字	号		数量	单价	金　额											数量	单价	金　额										数量	单价	金　额									
							千	百	十	万	千	百	十	元	角	分			千	百	十	万	千	百	十	元	角	分			千	百	十	万	千	百	十	元	角	分

3. 多栏式明细账

多栏式明细账，是指将属于同一个总账科目的所有明细科目反映在同一张账页的账簿。多栏式明细账是在账页的借方或贷方设置若干专栏进行明细分类核算的账簿。多栏式明细账的格式可以根据管理需要灵活设计，如设置借方多栏、贷方多栏，或者同时设置借方多栏和贷方多栏。多栏式明细账一般适用于只需要进行金额核算而不需要进行数量核算的业务，如"制造费用""管理费用""销售费用""主营业务收入"等账户的明细核算。多栏式明细账如表6-13～表6-15所示。

表6-13　生产成本明细账

年		凭证号数	摘要	合　计								生产成本																									
												直接材料								直接人工								制造费用								
月	日			十	万	千	百	十	元	角	分	十	万	千	百	十	元	角	分	十	万	千	百	十	元	角	分	十	万	千	百	十	元	角	分

表6-14　管理费用明细分类账

年		凭证号数	摘要	合计								管理费用																						
												办公费							差旅费							…								
月	日			十	万	千	百	十	元	角	分	十	万	千	百	十	元	角	分	十	万	千	百	十	元	角	分	十	万	千	百	十	元	角

表6-15　主营业务收入明细分类账

年		凭证号数	摘要	合计								主营业务收入																						
												甲产品							乙产品							…								
月	日			十	万	千	百	十	元	角	分	十	万	千	百	十	元	角	分	十	万	千	百	十	元	角	分	十	万	千	百	十	元	角	分

三、备查账的格式与登账

备查账簿没有固定格式，各单位可根据实际工作的需要自行设计。备查账的记录不列入本单位的财务会计报告。

第四节　错账及其更正方法

在手工做账的情况下，登录账簿难免会发生错误，如漏记、重记、错记等情况，导致账簿记录数据不准，影响会计信息质量。《会计法》规定，会计账簿记录发生错误或者隔页、缺号、跳行的，应当按照国家统一的会计制度规定的方法更正，并由会计人员和会计机构负责人（会计主管人员）在更正处盖章。

一、错账查找方法

常用的错账查找方法包括以下四种：

（一）除 2 法

除 2 法是指用借贷方之差除以 2 所得的商数查找错账的方法。如果借贷方之差是偶数，那么就可运用该方法，去检索含有该商数的记账凭证，从而查找出错账。出现这种差错的原因通常是会计分录的借方或贷方的某一方出现记账方向错误，如错将某个借方金额计入贷方，或错将某个贷方金额计入借方。在这类情况下，借贷方合计的差额便表现为该金额的 2 倍。因此，将该差额除以 2，得到的商即是记错借贷方向的差额。

例如，某月资产负债表借贷的两方余额不平衡，其错账差数是 3 750.64 元，这个差数是偶数，它就存在记账方向错误的可能，那么我们可以以 3 750.64/2=1 875.32 元，这样只要去查找 1 875.32 元这笔账是否记账方向错误就可以了。

（二）差数法

差数法，是指按照错账的差数查找错账的方法。其表现形式包括：借方金额遗漏，会使该金额在贷方超出；贷方金额遗漏，会使该金额在借方超出；借方金额重记，会使该金额在借方超出；贷方金额重记，会使该金额在贷方超出。对于这样的差错，可由会计人员通过回忆和与相关金额的记账核对来查找。

（三）尾数法

尾数法，是指根据所有账户的借方发生额合计数和贷方发生额的合计数的差额，看其尾数，乃至小数点以后的角或分的数字来查找错账的方法。对于发生的角、分的差错可以只查找小数部分，以提高查错的效率。

（四）除 9 法

除 9 法，是指以差数除以 9 来查找错数的方法。主要用于以下两种情况：

一是将数字写大，即数字位数整体上大写一位，如将 30 写成 300，错误数字大于正确数字 9 倍。查找的方法是：以差数除以 9 得出的商为正确的数字，商乘以 10 后所得的积为错误数字。上例差数 270（即 300-30）除以 9 以后，所得的商 30 为正确数字，30 乘以 10（即 300）为错误数字。

二是将数字写小，即数字位数整体上小写一位，如将 500 写成 50，错误数字小于正确数字 9 倍。查找的方法是：以差数除以 9 得出的商即为写错的数字，商乘以 10 即为正确的数字。上例差数 450（即 500-50）除以 9，商 50 即为错数，扩大 10 倍后即可得出正确的数字 500。

二、错账更正方法

账簿错误常用的更正方法有下列三种：

（一）划线更正法

划线更正法，又称红线更正法，是指通过画红线注销账簿上的文字或数字错误的一种方法。划线更正法适用于在结账之前发现账簿的文字或数字记录有错误，而记账凭证本身没有错误。

更正的方法是：先将错误的文字或数字画一条红线表示注销，然后在划红线上方用蓝色字体写上正确的文字或数字，并由记账人员在更正处盖章，明确责任。划线的时候要注意，对于文字错误，错一个划掉一个；对于数字错误，应当全部划掉。

【例题 6-1】记账人员把 19 890 误记为 19 390。

根据题意解析如下：应将错误数字"19 390"用红线居中全部画掉表示注销，然后在错误数字"19 390"的上方写上正确的数字"19 890"，并在更正处盖章。

（二）红字更正法

红字更正法又称红字冲销法，是在会计核算中用红字冲销或更正原有错误记录的一种方法。红字更正法一般适用于以下两种情况：

1. 科目记录错误

在记账后的当年内发现记账凭证的会计科目有错误，应当采用红字更正法。更正的方法是：先用红字金额填制一张与原来错误分录一样的记账凭证并登记入账，表示冲销原来错误的记录；然后再用蓝字填制一张正确记账凭证，并登记入账，表示更正。

【例题 6-2】企业销售产品收到商业汇票一张 50 000 元，填制的记账凭证为：

借：银行存款	50 000
贷：主营业务收入	50 000

根据题意解析过程如下：更正时，先用红字金额填制一张与错误记账凭证一样的凭证，并登记入账，表示冲销错误记录。

借：银行存款   50 000

    贷：主营业务收入   50 000

冲销后，再用蓝字编制一张正确的记账凭证，并据以登记入账。

借：应收票据   50 000

    贷：主营业务收入   50 000

2. 所记金额大于应记金额

在记账后的当年内发现记账凭证上的会计科目没有错误，但是所记金额大于应记金额，应当采用红字更正法。更正的方法是将多记的金额（即正确数与错误数之间的差数）用红字填写一张记账凭证，用以冲销多记金额，并据以登记入账。

【例题 6-3】企业销售产品收到款项存入银行，金额为 50 000 元，不考虑税费，填制的记账凭证为：

借：银行存款   80 000

    贷：主营业务收入   80 000

根据题意解析过程如下：更正时，将多记金额"30 000"元用红字金额填制一张与错误记账凭证科目相同的凭证，并据以登记入账。

借：银行存款   30 000

    贷：主营业务收入   30 000

（三）补充更正法

在记账后的当年内，如果发现记账凭证上的会计科目正确，只是所记金额小于应记金额，应当采用补充登记法（蓝字更正法）予以更正。更正的方法是将少记金额用蓝字补填一张会计科目与原记账凭证一样的记账凭证，并登记入账。

【例题 6-4】企业管理部门领用原材料 2 000 元，填制的记账凭证为

借：管理费用   1 000

    贷：原材料   1 000

根据题意解析过程如下：更正时将少记金额 1 000 元用蓝字填制一张与原记账凭证科目相同的记账凭证，并登记账入账，表示补充少记部分。

借：管理费用   1 000

    贷：原材料   1 000

本章总结

本章主要介绍了会计账簿的概念、会计账簿的基本内容、会计账簿启用要求和登记要求；日记账、分类账、备查账的格式与登记；错账查找和更正的方法。

拓展阅读

信息化下会计账簿改变及其监管创新

一、信息化环境挑战传统会计账簿

随着经济全球化、组织集团化和企业信息化进程的加快，更加集成化、智能化的承载财务信息的电子信息平台向传统会计核算工作发起了冲击，给传统意义上的会计账簿带来了一系列重要的变革，主要体现在：

（一）改变了原始数据输入方式

传统的会计账簿主要是根据审核无误的凭证，逐笔或汇总记录在会计账簿上，登账工作繁琐、复杂、易于出错。信息化环境下会计账簿的记录直接取决于数据采集端口的原始单据或记账凭证，而原始数据的采集与输入形式已大为扩展，如人工键盘录入，硬盘、U盘等磁介质导入，远程网络收集与传输，输入方式呈现出迅速、开放、多元、高效的特点。

（二）改变了数据处理方式

在传统的会计核算程序中，采用平行登记方法的总分类账与明细分类账的登记是一项原理简单而核算过程繁杂的工作。当计算机用于会计处理以后，会计信息系统基本都是采用集中处理（批处理）的方式，即多个业务子系统采集原始凭证信息，记账凭证一次输入或生成，各种账表数据在记账凭证分录库的基础上派生形成，数据的运算与归集高度依赖于计算机信息系统实时运作。总分类账与其各级所属的明细分类账之间也不再是一种重复、平行登记的关系，而演化为一次登记、逐级共享的关系。

（三）改变了数据存储方式

传统的会计账簿以纸张存储方式保留与管理信息。在计算机方式下，账务处理子系统中的数据存储在凭证文件、汇总文件等数据库文件中，以电磁介质作为会计信息的存贮载体，需要时可通过打印机输出纸质账簿。因此，数字化信息存储形式不仅保留了传统意义上的纸质存储，而且还包括存储在计算机硬盘、内存、软磁盘、磁带等磁介质与光盘等光电介质上。原始数据的输入端口、高度依存的电算化软件系统、易隐藏信息的存储介质成为影响信息化环境下会计账簿三大主要因素，这些因素不仅引起了传统会计账簿外在形式的变化，而且带来了信息化环境下会计账簿实质性的变革。

二、信息化环境下会计账簿管理与控制的漏洞

在信息化环境下，会计账簿发生了质的变化，传统的会计账簿概念已被替代。但当前会计账簿的监管存在着以下三大方面的问题。

（一）会计账簿的监管与财务软件密切相关

电子会计账簿必须在财务软件系统环境中才能运行和调阅。目前，由于国家对财务软件研发环节没有严格、有效的限制性法律条款制约，对财务软件推广环节也没有强有力的市场准入制度保护，一些软件企业为打开市场，追求市场占有率，满足少数企业的不正当需要，在"反审核、反记账、反结账""多套账""修改数据库""删除操作日志"等方面为企业大开绿灯，为少数企业和人员违反会计法规提供了可乘之机，使会计账簿依存的财务软件系统本身就存在严重隐患。

（二）会计账簿的原始性与可靠性得不到保证

由于国家缺乏对信息化环境下会计账簿存储介质的严格规定，因此其原始性与可靠性无法得以保证。在电子计算机技术向会计领域渗透与应用的过程中，电子数据的输入、修改大为便捷，但由于会计数据往往保存在硬盘等可反复读写的可逆式存储介质上，也出现了无痕迹修改、瞬间删除、快速拼凑等问题，大大破坏了会计账簿信息原始性、真实性、完整性，严重违反了《会计法》及相关法规。

（三）管理规范上缺乏有效的约束

由于国家对财务软件及其安装环境、存贮方式都缺乏明确的规定，从而造成管理规范上的失效。例如，有些企业没有用于会计核算的专用计算机，造成财务软件与其他应用软件交错在一起安装，不利于会计信息的专门监管。在网络环境下，服务器是数据集中存储介质，也是电算化会计账簿的重要组成部分，有些企业由于种种原因或为达到某些目的，采取隐匿服务器，跨地域存放、或以代理形式设置服务器等方式，造成会计账簿的不完整，干扰了正常的会计账簿监管工作。

三、信息化环境下加强会计账簿监管的措施

为从根本上解决上述问题，充分发挥计算机技术给财务管理工作带来的便利，杜绝管理失控，应采取有力措施，从源头和制度上解决信息化环境下会计账簿的监管问题。建议采取的监管措施包括：一是，科学确定信息化环境下会计账簿相关概念，从理论上解决会计账簿监管对象问题；二是，及时出台有关管理办法，从财务软件开发和推广环节入手进行治理；三是，明确会计账簿的存储介质，强制性推广专用介质，确保电子化会计账簿的原始性与可靠性；四是，加强企业财务软件管理检查，做到有法可依、有法必依，规范管理财务软件。

（节选自《信息化下会计账簿改变及其监管创新》，陈沁，财会通讯2009年第1期，112-113页）

第七章　期末会计处理

1. 了解对账的内容、财产清查的概念、财产清查的分类、财产清查的作用、期末结账的内容和基本要求、账簿的更换和保管。

2. 理解财产清查一般程序、财产清查前的准备工作、会计期末结账的程序、会计档案的保管期限。

3. 掌握对账的方法、财产清查的方法、财产清查结果的账务处理、期末结账的方法。

1. 培养学生坚持原则，恪守职业道德规范。如果发现账账不符、账实不符，应严格执行相关制度和要求，分析账实不符的原因，确定相关责任人的责任，并按照相关法律法规的规定进行处理。

2. 培养学生负责的精神和能力。财产清查能够反映企业内部控制制度的有效性、财会人员及相关工作人员的职业道德水平和工作作风问题，对学生的思想政治教育影响较大。财务人员要本着对投资者等利益相关者负责的态度切实履行职责，认真清查财产，如实反映。

F公司的财产管理规定

F公司制定了严格的财产管理制度，明确规定以下内容：出纳必须在下班前对库存现金进行核查，对票据进行核对；财务部领导对出纳经管的现金、票据、有价证券进行核查，每月至少两次。每月至少和银行核对一次银行存款情况，每周至少核对一次往来款项，每周至少核对一次库存……以上规定合理吗？你认为需要这么严格的财产管理要求吗？

本章主要内容（图7-1）

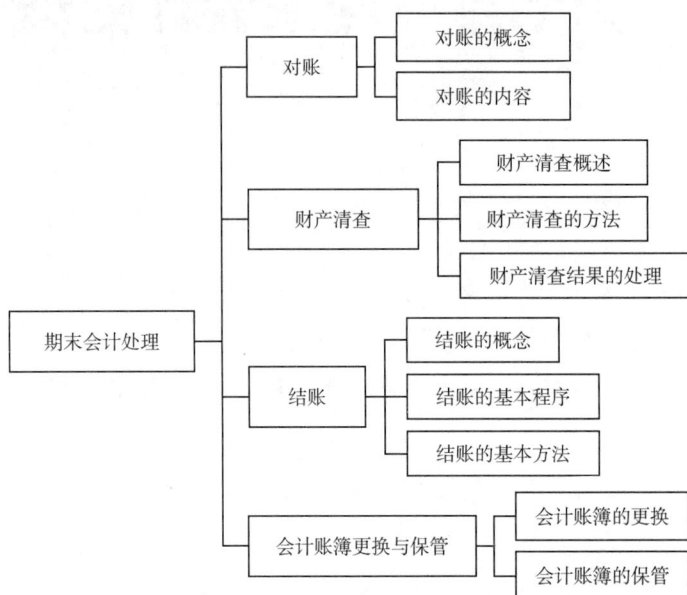

图7-1　第七章思维导图

第一节　对账

一、对账的概念

对账即企业核对账目，是指企业登记账簿之后进行的账账核对、账证核对和账实核对工作。对账是保证会计账簿记录准确、完整的重要手段，是保障会计信息质量的重要程序。在实际工作中，受多种因素的影响，难免会发生记账错误、计算错误、收发计量错误、账实不符等情况。为了保证各账簿记录准确、完整，为编制会计报表提供真实、准确和完整的数据，各单位应当做好对账工作。

二、对账的内容

账簿记录是否准确与真实可靠，不仅取决于账簿本身，还涉及账簿与凭证的关系、账簿记录与实际情况是否相符等问题。所以，对账应包括账簿与凭证的核对、账簿与账簿的核对、账簿与实物资产的核对。不同项目的对账要求是有区别的，但是对账工作应至少保证每年进行一次。

（一）账证核对

账证核对，是指企业将各种会计账簿记录与会计凭证（包括记账凭证和原始凭证）内容进行核对的工作。根据记账的程序，企业编制会计凭证之后，根据审核无误的会计凭证登记账簿，因此，会计账簿与会计凭证之间存在勾稽关系。据此可以为企业进行账证核对提供依据，通过账证核对，检查、验证会计账簿记录与会计凭证的内容是否正确无误，以保证账证相符。企业应当定期将会计账簿记录与其相应的会计凭证记录（包括时间、编号、内容、金额、记录方向等）逐项核对，检查是否一致。如有不相符的地方，应当及时查明原因，并及时更正。账证相符是会计核算的基本要求之一，也是账账相符、账实相符和账表相符的基础。

（二）账账核对

账账核对，是指企业将各种会计账簿之间的记录进行核对的工作。企业登记账簿之后，需要根据会计账簿之间存在的勾稽关系进行核对，确保会计账簿记录的准确完整。通过账账核对，可以检查、验证会计账簿记录的正确性，以便及时发现错账，予以更正，保证账账相符。账账核对的内容主要包括以下四个方面：

（1）总分类账各账户借方余额合计数与贷方余额合计数核对相符。

（2）总分类账各账户余额与其所属明细分类账各账户余额之和核对相符。

（3）现金日记账和银行存款日记账的余额与总分类账中"库存现金"和"银行存款"账户余额核对相符。

（4）会计部门有关财产物资的明细分类账余额与财产物资保管或使用部门登记的明细账核对相符。

（三）账实核对

账实核对，是指企业在账账核对的基础上，将各种财产物资的账面余额与实存数额进行核对的工作。由于实物的增减变化、款项的收付都要在有关账簿中如实反映。因此，通过会计账簿记录与实物、款项的实有数进行核对，可以检查、验证款项、实物会计账簿记录的正确性，以便于及时发现财产物资和货币资金管理中存在的问题，查明原因，分清责任，改善管理。账实核对的主要内容包括以下四个方面：

（1）现金日记账账面余额与现金实际库存数核对相符。

（2）银行存款日记账账面余额与开户银行对账单核对相符。

（3）各种材料、物资明细分类账账面余额与实存数核对相符。

（4）各种债权债务明细账账面余额与有关债权、债务单位或个人的账面记录核对相符。

对账是企业做账的必要环节，是账簿记录真实、准确、完整的重要保障。在实际工作中，账实核对一般要结合财产清查进行。

第二节　财产清查

一、财产清查概述

（一）财产清查的概念

财产清查，是指通过对企业的货币资金、实物资产和往来款项进行盘点或核对，确定其实存数量与价值，查明账面记录与实存数量、金额是否相符的一种专门方法。财产清查是构成完整的会计核算体系不可缺少的部分。

《会计法》规定，企业提供的会计资料应当真实可靠，发生的交易或事项应当通过填制和审核会计凭证、登记账簿、对账和财产清查等一系列专门的方法，保障会计信息的真实可靠。

（二）财产清查的原因与作用

1. 财产清查的原因

企业采用一系列专门的方法进行账务处理，确保会计信息的真实、完整。然而，在实际工作中，受各种因素的影响，往往会出现财产物资的变动和结存的实际数额与账簿记录出现差异，从而导致账实不符，使得企业提供的会计信息不够真实。在实际工作中，造成账实不符的原因主要包括以下六个方面：

（1）在收发财产物资时，由于计量、检验不准确而发生的品种、数量或质量上的差错。

（2）在记账过程中出现漏记、重记、错记或计算错误。

（3）财产物资在保管过程中发生自然损耗。

（4）未达账项。

（5）存在管理不善、工作人员失职，以及不法分子的营私舞弊、贪污失职。

（6）发生自然灾害和意外事项，导致财产物资毁损。

2. 财产清查的作用

运用专门的财产清查方法，通过定期不定期的清查，对保证账实相符，提供内容完整、数据准确、资料可靠的会计信息，改善企业经营管理等具有重要的作用，主要包括以下四个方面：

（1）有助于保证账实相符，提高会计信息质量。通过财产清查活动，可以查明各项财产物资的实有数量，并与账面记录核对，找出实存数与账面记录之间的差异，查明差异的原因并找出责任人，明确责任人的责任，消除差异，改进工作，保证账实相符，提高会计信息的质量。

（2）有助于提升管理水平，保障财产物资的完整。通过财产清查活动，可以查明各项财产物资的实际保管情况，如霉烂、变质、非正常损失、资源浪费、非法挪用、贪污盗窃等情况，根据清查的结果，采取有效措施，改善不良管理，提升管理水平，保障财产物资完整。

（3）有助于加快财产物资的周转，提高资金使用效率。通过财产清查活动，可以查明各项财产物资的实际库存数额以及领用情况，结合企业的生产经营计划和管理的需求，充分利用各项财产物资，减少不必要的库存和资金占用，提高财产物资的周转速度，提高资金使用效率。

（4）有助于执行财经纪律和结算制度。通过财产清查活动，可以查明各项债权债务的是否遵循了相应的财经纪律，是否有非法活动，如洗钱、代转移资产、隐藏债权或债务等；是否执行企业的往来款项结算制度，如应收款项是否如期收回、应付款项是否如期偿还等。采取有效的措施，杜绝违反财经纪律和结算制度的行为，规范企业财务活动。

（三）财产清查分类

企业的财产清查可以按照清查的范围、清查的时间、清查的执行单位等进行分类。

1. 按照清查范围分类

财产清查按照清查的范围可分为全面清查和局部清查。

（1）全面清查。全面清查，是指对企业的所有财产物资、货币资金和各项债权债务进行全面的盘点和核对，并确定实际实存数额的清查。全面清查主要包括：库存现金、银行存款、其他货币资金、存货、固定资产、应收及预付款项、应付及预收款项、对外投资等。全面清查涉及的范围广、内容多、工作量大，不宜经常进行。一般而言，需要进行全面清查的情况主要包括以下四种：

A. 年终决算之前。

B. 单位撤并或者改变其隶属关系时，中外合资、国内合资前。

C. 开展资产评估、清产核资等专项经济活动前。

D. 单位主要负责人变动等事项时。

（2）局部清查。局部清查，是指根据企业经营管理需要对部分财产物资进行盘点和核对，并确定实际实存数额的清查。与全面清查相比，局部清查涉及范围小、内容少、工作量较低，可以根据经营管理的需要多次进行。一般来说，需要进行局部清查的情况主要包括以下四种：

A. 对于库存现金，每日业务终了应由出纳人员当日清点核对，以保持实存数和现金日记账结存额相符。

B. 对于银行存款，出纳人员至少每月要同银行核对一次。

C. 对于贵重物资，每月都应清点盘查一次。

D. 对于各种往来款项，每年至少同对方企业核对一至两次。

以上所列举的清查内容都是正常情况下进行的，目的是保证账实相符。如果遭受自然灾害、发生盗窃事件以及更换相关工作人员时也应对财产物资或资金进行局部的清查和盘点。

2. 按照清查时间分类

财产清查按照清查的时间可以分为定期清查和不定期清查。

（1）定期清查。定期清查，是指企业根据事先计划或管理制度规定的时间安排对财产进行的清查，定期清查一般在年度、季度、月份终了及每日结账时进行。定期清查可以是全面清查，也可以是局部清查。一般情况下，年终决算前进行全面清查，季末和月末进行局部清查，期末清查的范围一般比月末清查范围大。

（2）不定期清查。不定期清查，是指企业事先没有安排清查计划，根据需要对财产物资所进行的临时性清查。不定期清查可以是全面清查，也可以是局部清查。需要进行不定期清查的情况主要包括以下四种：

A. 在单位更换出纳和财产物资保管人员时。

B. 当单位发生意外损失和非常灾害时。

C. 当单位撤销、合并或改变隶属关系时。

D. 经济管理部门如财政、税务、银行以及审计部门对企业进行检查时。

3. 按照清查执行机构分类

按照财产清查的执行机构可以分为内部清查和外部清查。

（1）内部清查。内部清查，是指由本企业组织有关人员对其自身的财产进行的清查，也称为自查。内部清查可以是全面清查，也可以是局部清查；可以是定期清查，也可以是不定期清查。内部清查是根据企业经营管理的需要进行的，具有较大的弹性。

（2）外部清查。外部清查，是指由企业以外的有关部门和人员根据国家的法律法规对本企业进行的清查。外部清查可以是全面清查，也可以是局部清查。

（四）财产清查的一般程序与准备工作

1. 财产清查的一般程序

企业应该按照一定的流程组织安排财产清查工作，财产清查工作应严格按照以下程序进行：

（1）建立财产清查小组。一般由会计部门、财产保管部门及使用部门等人员组成。

（2）组织清查人员学习有关政策规定，掌握相关法律、法规和业务知识，从而提高财产清查工作的质量。

（3）确定清查对象、范围，明确清查任务。

（4）制定清查方案，如具体清查内容、时间、步骤、方法以及必要的清查前准备。

（5）清查时按照先清查数量、核对有关账簿记录等，后确定质量的原则进行。

（6）填制盘存清单。

（7）根据盘存清单，填制实物、往来账项清查结果报告表。

值得注意的是，现代意义上的财产清查不仅包括资产实存数量和质量的检查，还应包括资产价值量的测定，并关注资产是否发生减值等情况。

2. 财产清查的准备工作

财产清查是一项非常复杂细致的工作，它不仅是会计部门的重要任务，也是各个财产物资经营部门的一项重要职责。财产清查的准备工作包括组织准备和账务准备两个部分。

（1）组织准备。组织准备，是指通过组建专门的清查小组来执行清查任务的准备。财产清查是一项复杂的工作，尤其是全面清查，工作量大，内容多，应当成立专门的清查小组负责组织财产清查工作。清查小组是财产清查的执行组织，主要任务是：制定清查计划，明确清查范围，安排清查工作的步骤和进度，检测和督查会计清查工作，及时发现并处理清查中遇到的问题，清查结束后填写清查报告，总结经验教训，提出会计处理意见。

（2）账务准备。财产清查前的账务准备工作具体包括以下三方面工作：其一，会计部门应在财产清查之前，将有关账簿登记齐全，结出余额，为账实核对提供正确的账簿资料。会计人员要做好账簿的登记工作，做到账账相符、账证相符；其二，财产物资的保管使用等相关业务部门，应登记好所经管财产物资的明细账，并结出余额。将所保管以及所使用的各种财产物资归位整理好，贴上标签，标明品种、规格和结存数量，以便盘点核对；其三，准备好各种计量器具和清查登记用的清单、表格等，通常有"实存账存对照表""未达账项登记表""财产物资盘存单""财产物资清查盈亏明细表""库存现金盘点报告表""银行存款余额调节表""往来款项调查报告单"，以便将盘点好的结果填入各种表格，作为调整账面记录的原始凭证和对账记录。

在完成以上各项准备工作以后，清查人员应根据清查对象的特点和预先确定的清查目的，采用合适的清查方法实施财产清查和盘点。

（五）财产物资盘存制度

财产物资的清查主要是根据各项资产物资的账面结存数量、账面结存金额与各项财产物资的实存数量、实存金额，确定其账存和实存是否相符。因此，对各项财产物资都必须在数量上和质量上进行清查。企业常用的财产物资盘存制度有实地盘存制和永续盘存制两种。

1. 实地盘存制

实地盘存制也称"以存计销制"，是指通过对期末财产物资的实地盘点来确定期末财产物资数量的一种制度。在实地盘存制下，企业只在账簿中登记各项财产物资的增加数量，不登记减少数量，月末根据实地盘点的结存数量来倒推财产物资的减少数额，再据以登记账簿。

实地盘存制下的计算公式如下：

本期减少数量＝期初结存数量＋本期增加数量－期末盘点结存数量

实地盘存制下的账簿登记如表 7-1 所示。

表7-1　实地盘存制下的账簿登记

2023 年		摘　要	收　入			发　出			结　存		
月	日		数量	单价	金额	数量	单价	金额	数量	单价	金额
7	1 2 10 20 25	上月结余 购入 发出 购入 发出	500 900	11 10	5500 9000				800	10	8000
	31	合计	1400		14 500	1600			600		

采用实地盘存制，期初数量就是上月月末盘点数量，期末数量通过盘点得出，发出数量需要倒推出来。实地盘存制无需通过账面连续记录得出期末财产物资数量，并假定除期末库存以外的财产物资均已出售，从而倒推计算本月减少的财产物资数量。实地盘存制的优点是：核算方法比较简单、内容简单，不必逐笔登记财产物资减少的业务，节约工作量。实地盘存制的缺点是：平时无法通过账面反映存货的余额，不能及时了解和掌握日常财产物资的账面结存额和财产物资的溢缺情况，而且手续不严密，不利于对存货进行有效管理。

2. 永续盘存制

永续盘存制也称"账面盘存制"，是指各项财产物资的增加或减少都必须根据会计凭证逐笔在有关账簿中进行连续登记，并随时结算出该项物资结存数的一种制度。

永续盘存制的计算公式如下：

期末数量＝期初结存数量＋本期增加数量－本期减少数量

永续盘存制下的账簿登记如表 7-2 所示。

表7-2　永续盘存制下的账簿登记

2023年		摘　要	收　入			发　出			结　存		
月	日		数量	单价	金额	数量	单价	金额	数量	单价	金额
7	1 2 10 20 25	上月结余 购入 发出 购入 发出	 500 900 	 11 10 	 5500 9000 	 400 700			800 1300 900 1800 1100	 10 	 8000
	31	合计	1400		14 500	1100			1900		

采用永续盘存制，对各项财产物资在账簿中既登记增加数又登记减少数，并随时结出财产物资的结存数量，因而可随时反映出财产物资的收入、发出和结存情况。永续盘存制的优点是：从数量上和金额上进行双重控制，有助于财产物资的管理，在实际工作中广泛运用。永续盘存制的缺点是：在财产品种复杂、繁多的企业，其明细分类账核算工作量较大。

采用永续盘存制，也可能发生账实不符的情况，如变质、损坏、丢失等，所以仍需对各种财产物资进行清点盘查，以查明账实是否相符和账实不符的原因。

在实际工作中，开展财产清查应当结合实地盘存制和永续盘存制的优点，既要从账面上连续、系统、全面反映企业的财产物资，又要定期或不定期地对财产物资进行实地盘点，做到账实相符，确保财产物资的安全完整。

二、财产清查的方法

（一）货币资金的清查方法

1. 库存现金的清查

库存现金清查，是指对企业的库存现金采用实地盘点的方法确定其实存数额，再与现金日记账的账面余额核对，确定账存数额与实存数额是否相符。库存现金是企业流动性最强的资产，应当加强对库存现金的管理与清查，确保库存现金安全完整。库存现金的盘点应该有清查人员与出纳人员同时在场，共同负责。

对库存现金清查包括常规性的清查和非常规性的清查。

（1）常规性清查。常规性清查，是指出纳人员每天下班前认真清点核对，确定库存现金的实有数额，并与现金日记账的账面余额核对，确保账实相符。常规性的清查是出纳人员日常工作的一部分，是衡量出纳日常工作水平的考核依据之一。

（2）非常规性清查。非常规性清查，是指在出纳人员对库存现金清查的基础上，由企业成立清查小组定期或不定期地对库存现金进行清查，确保库存现金账实相符，确保现金管理依法执行。为了强化对现金的监督和管理，及时发现库存现金差错或丢失，防止贪污、盗窃、挪用公款等不法行为，确保库存现金安全完整，各单位应完善库存现金清查制度。非常规性清查的重点是检查账款是否相符、有无白条抵库、有无私借公款、有无挪用公款、有无账外资金等。

在库存现金清查时，清查小组和出纳人员必须同时在场，由出纳人员负责盘点，清查小组负责监督。清查小组还应认真审核库存现金收付凭证和有关账簿，检查会计处理是否真实、合法、合理。

清查过程中，根据现场清查情况，如实填制"库存现金盘点表"，如表7-3所示，包括壹佰元多少张、共多少元，伍拾元多少张、共多少元，贰拾元多少张、共多少元，拾元多少张、共多少元等。

表7-3　库存现金盘点表

单位：　　　　　　　　　　　　　时间：

面值	张数	金额
壹佰元		
伍拾元		
贰拾元		
拾元		
…		
合计		

盘点人：　　　　　　　　监督人：　　　　　　　　出纳：

库存现金盘点结束后，根据"库存现金盘点表"和现金日记账资料填制"库存现金盘点报告表"，由清查小组人员、出纳人员及其相关负责人签名盖章，并据以调整现金日记账的账面记录。库存现金盘点报告表的一般格式如表7-4所示。

表7-4　库存现金盘点报告表

单位名称：　　　　　　　　年　　月　　日

实存金额	账存金额	实存账存对比结果		备注
		盘盈	盘亏	

2. 银行存款的清查

银行存款的清查，是指企业财务人员通过银行存款日记账与开户银行的对账单核对，查明银行存款的实有数额与银行存款日记账记录是否相符。如果出现银行存款日记账与开户银行的对账单余额不相符，原因可能有两个方面：一是企业与开户银行之间双方或一方存在记账错误，二是企业与开户银行之间存在未达账项。

对银行存款清查时，要将企业的银行存款日记账与开户银行的对账单逐笔核对，以查明账实是否相符。如果在核对中发现属于企业方面的记账错误，应当按照程序办理更正；属于开户银行的记账错误，应当通知开户银行更正。如果不存在错账，企业的银行存款日记账余额与开户银行对账单余额不相同，一般是由于未达账项引起的。所谓未达账项，是指企业与银行之间由于凭证传递上的时间差，导致企业与开户银行之间一方已登记入账，另一方尚未登记入账的款项。未达账项可能由两个原因形成：一是企业已登记入账，银行尚未登记入账；二是银行已经登记入账，企业尚未登记入账。具体地，未达账项包括以下四种：

（1）企业已收，银行未收，即企业已收款入账，银行尚未收款入账。

（2）企业已付，银行未付，即企业已付款入账，银行尚未付款入账。

（3）银行已收，企业未收，即银行已收款入账，企业尚未收款入账。

（4）银行已付，企业未付，即银行已付款入账，企业尚未付款入账。

在银行存款清查过程中，如果存在未达账项，应当编制银行存款余额调节表进行调整。编制的原理是：在企业银行存款日记账余额与开户银行对账单余额的基础上，各自加上对方已收自己未收的款项，减去对方已付自己未付的款项。经过银行存款余额调节表调节后，调节后的余额表示企业银行存款的实际数额。调整公式如下：

银行日记账余额＋银行已收企业未收项－银行已付企业未付的款项＝对账单余额＋
企业已收银行未收的款项－企业已付银行未付的款项

需要注意的是，编制银行存款余额调节表只是为了检查账簿记录的正确性，不得按照银行存款余额调节表调整账面金额，各项未达账项要待收到银行转来的有关收、付款凭证时，才进行账务处理。

【例题 7-1】2023 年 6 月 30 日，SSZ 公司的银行存款日记账与开户银行对账单记录如表 7-5、表 7-6 所示：

表7-5　SSZ公司银行存款日记账

日　期	摘　要	金　额
6 月 1 日	期初余额	400 000
6 月 15 日	收到 A 公司货款存入银行转账支票尾号 2222	500 000

日　期	摘　要	金　额
6月18日	支付购买C材料款转账支票尾号6666	200 000
6月20日	支付材料运输费转账支票尾号9999	20 000
6月28日	收到A公司货款存入银行转账支票尾号888	300 000
	月末余额	980 000

表7-6　SSZ公司开户银行对账单

日　期	摘　要	金　额
6月1日	期初余额	400 000
6月15日	存入转账支票尾号2222	500 000
6月18日	支付货款转账支票尾号6666	200 000
6月25日	代支付短期借款利息	80 000
6月29日	代收L公司支付的货款	350 000
	月末余额	970 000

要求：根据上述资料编制银行存款余额调节表7-7。

表7-7　SSZ公司银行存款余额调节表

编制企业：SSZ公司　　　　　　　　2023年6月30日

项　目	金　额	项　目	金　额
企业银行存款日记账余额	980 000	银行对账单余额	970 000
加：银行已收企业未收	350 000	加：企业已收银行未收	300 000
减：银行已付企业未付	80 000	减：企业已付银行未付	20 000
调节后余额	1 250 000	调节后余额	1 250 000

【例题7-2】月末某工业企业银行存款日记账余额为2 800 000元，银行对账单余额为1 900 000元，经过未达账项调节后余额为1 700 000元。企业期末可以动用的银行存款余额为（　A　）元。

A. 1 700 000　　　　B. 2 800 000　　　　C. 1 900 000　　　　D. 1 800 000

（二）实物资产的清查方法

实物资产的清查，是指通过实地盘点或技术推算等方法确认实物资产的实存数额，再与实物资产的账面记录核对，检查账面记录与实存数额是否相符。实物资产的清查主要包括原材料、在产品、库存商品、半成品、低值易耗品和固定资产。实物资产清查涉及的范围较广，内容较多，在清查时应当结合实际情况，合理选择清查范围，针对不同的清查对象选用不同的清查方法。

1. 实地盘点法

实地盘点法，是指清查人员通过到实物资产的存放现场逐一清点或用专门计量仪器测量，查明实物资产实存数量的一种方法。实地盘点法具有适用范围广、盘点准确等优点，但清查工作量较大。实地盘点法一般适用于单位价值比较高、数量比较少的实物资产的清查。

在实地盘点过程中，清查小组应当做好盘点明细记录，填写"实物资产盘存单"，将各种实物资产分类填列完整，并由清查小组、财产物资保管人员及其相关责任人签名盖章。清查结束后根据"实物资产盘存单"的资料以及相关账簿资料填制"实存账存对比表"，并据以检查账面数额与实际数额是否相符，最后根据对比结果调整账簿记录，分析差异原因，做出相应处理。

2. 技术推算法

技术推算法，是指通过采用一定的原理、经验等推算实物资产实存数量的一种方法。技术推算法不需要对实物资产进行逐一清点和核对，与实地盘点法相比，工作内容简单、涉及人员少、节约清查的时间和成本。但是，技术推算法清查的数据不够准确，一般适用于数量大而价值低的实物资产，如露天堆放的砂石、煤炭等。

为了明确经济责任，在进行实物资产清查盘点时，实物保管人员和盘点人员必须在场。对于盘点结果，应如实登记盘存单，并由盘点人和实物保管人签字盖章。盘存单既是记录盘点结果的书面证明，也是反映财产物资实存数的原始凭证。为了查明实存数与账存数是否一致，确定盘盈和盘亏情况，还应根据盘存单和有关账簿的记录，编制"实存账存对比表"。该表是用以调整账簿记录的重要原始凭证，也是分析差异原因、明确经济责任的重要依据。财产物资盘存单和实存账存对比表的常用格式如表7-8、表7-9所示：

表7-8 财产物资盘存单

单位名称： 盘点时间： 编号：

财产类别： 存放地点： 金额单位：

编 号	名 称	计量单位	数 量	单 价	金 额	备 注

表7-9　实存账存对比表

使用部门：　　　　　　　　　年 月 日　　　　　　　　　编　号：

财产类别：　　　　　　　　　存放地点：　　　　　　　　　金额单位：

编号	类别及名称	计量单位	单价	实存		账存		对比结果				备注
								盘盈		盘亏		
				数量	金额	数量	金额	数量	金额	数量	金额	

实物保管人：　　　　　　　　　会计：　　　　　　　　　制表：

（三）往来款项的清查方法

往来款项的清查，是指通过采用一定的方法和手段对各项债权债务进行核对，确定各项债权债务的实存数额，再与账面记录核对，检查账面记录与各项债权债务实存数额是否相符。往来款项主要包括应收及预付款项、应付及预收款项等。往来款项的清查一般采用发函询证的方法进行核对，也可以派人前往或利用邮箱、QQ、微信等网络通信工具，向结算往来单位核实账目。

往来款项的清查程序是：

1. 核对本单位账目

首先确定本单位的往来款项记录准确无误，总分类账与明细分类账的余额相等，各明细分类账的余额相符。

2. 与对方单位对账

在保证本单位账簿记录正确的情况下，编制"往来结算款项对账单"，通过信函、电函、面询等多种方式，请对方企业核对，确定各种应收、应付款的实际情况。对账单位应按明细账户逐笔摘抄，一式两联，其中一联是回单，对方单位核对后将回单盖章退回本单位；如果发现双方账面不相符，应在回单上注明，以便进一步查对。往来结算款项对账单如表7-10所示。

表7-10　往来款项对账单

×××单位：
　　贵单位于××年××月××日从我单位购入乙产品1000件，已付款400 000元，尚有800 000元货款尚未支付，请核对后将回联单寄回。

清查单位：（盖章）
年　月　日

　　如核对相符，请在数据无误处盖章确认（沿此虚线剪下，将以下回联单寄回）；如数据存在差异，请注明贵单位记载的金额。
———————————————————————————————— 往来款项对账单
（回联）
×××清查单位：
　　贵单位寄来的"往来款项对账单"已收到，经核对相符无误。

×××单位：（盖章）
年　月　日

3.编制往来款项清查表

根据收到的对账单回单编制"往来款项清查表"，由清查人员和记账人共同签名盖章，注明核对相符与不相符的款项，对不相符的款项按有争议、未达账项、无法收回等情况归类，并针对具体情况及时采取措施予以解决。往来款项清查表如表7-11所示。

表7-11　往来款项清查表

总分类账名称：　　　　　　　　　年　月　日

明细分类账户		清查结果		核对不符原因分析				备注
名称	账面余额	核对相符金额	核对不符金额	未达账项金额	有争议款项金额	无法收回（或偿还）款项	其他	

三、财产清查结果的处理

（一）财产清查结果处理的要求

财产清查是会计核算工作的重要环节，也是会计核算方法之一。企业应当严格执行财产清查的相关制度和要求，如果存在账实不符的情况，应当认真对待，找出原因，并按相关法律法规处理。财产物资清查结果的处理包括以下四个方面的要求：

1.分析账实不符的原因和性质，提出科学合理的建议

企业对于各种实物资产的盘亏盘盈，必须通过调查，分析账实不符的原因、确定相

关责任人的责任，按照相关法律法规的规定处理。一般，因为个人的原因造成损失，应当由个人赔偿，计入其他应收款；因为管理不善造成的损失，应当记计入企业管理费用；因为自然灾害等非正常原因造成的损失，应当计入企业的营业外支出。如果相关实物资产已经向保险公司投保，还应向保险公司索取赔偿，计入其他应收款。

2. 积极处理多余积压财产，清理往来款项

企业对于各种实物资产，在清查过程中，发现积压的、快到期的产品应当积极处理，通过降价促销等手段及时清理；对于定额储备的实物资产，在财产清查后，还应当全面地检查该实物资产的储备情况，储备不足的，应当及时通知有关部门进货；对于多余、积压的，应当查明原因，分别处理；对于利用率不高或闲置不用的固定资产，应当查明原因并积极处理，使固定资产充分加以利用，提高固定资产的使用效率；对于往来款项，发现长期未收回来的应收款项，应当分析原因，派专人负责处理，及时回笼资金；对于应付款项，到期未支付的，应当分析原因，在合法合理的情况下及时办理付款手续。

3. 总结经验教训，建立健全各项管理制度

企业在财产清查后，针对经营管理不善导致的霉烂、变质、偷盗、贪污、挪用、积压等问题，应当高度重视，分析问题的根源和性质，反思现有的管理制度与管理方法，总结经验教训，采取必要的措施，建立健全财产管理制度，从而提高财产管理水平。

4. 及时调整账簿记录，保证账实相符

企业对于财产清查中发现的盘盈或盘亏，应及时调整账面记录以保证各种财产物资的账存数与实存数相符。

（二）财产清查结果处理的步骤

企业对于财产清查中发现的盘盈、盘亏，一般分两步进行会计处理。

1. 审批前的处理

财产清查后，清查小组应向企业有关领导汇报清查结果，并对盘盈、盘亏的财产提出合理的处理建议，由股东大会或董事会、经理（厂长）会议或类似机构根据管理权限批准后执行。在处理建议得到批准之前，会计人员和财产管理人员应根据"清查结果报告表""盘点报告表"等资料，编制记账凭证，调整有关财产的账面价值，确保账实相符。

2. 审批后的处理

经批准后根据差异发生的原因和批准处理意见，进行差异处理，调整账项，并据以登记有关账簿。

（三）应设置的账户

为了反映财产清查中发生的盘盈、盘亏和毁损情况，企业应设置"待处理财产损

溢"账户，核算清查中发生的盘盈、盘亏及其转销处理，该账户借方登记各项财产物资发生的盘亏、毁损和经批准处理的财产物资盘盈转销数，贷方登记各项财产物资发生的盘盈数和经批准处理的盘亏、毁损财产物资的转销数；期末余额如果在借方，表示尚待处理的净损失；期末余额如果在贷方，表示尚待处理的净溢余。对于等待批准处理的财产盘盈、盘亏，会计年终前应处理完毕。会计期末，该账户无余额。"待处理财产损溢"账户应设置"待处理非流动资产损溢"和"待处理流动资产损溢"两个明细账户，分别核算非流动资产和流动资产的待处理财产损溢。

"待处理财产损溢"账户的基本结构如图 7-1 所示：

借方	待处理财产损溢	贷方
财产物资发生的盘亏、毁损和经批准转销的盘盈数	财产物资盘盈数和经批准转销的盘亏毁损	
余额：尚待处理的财产物资净损失数	余额：尚待处理的财产物资净溢余数	

图7-1　"待处理财产损溢"账户的结构

（四）清查结果的账务处理

1. 库存现金的账务处理

企业对于每日终了结算库存现金收支以及财产清查中发现的有待查明原因的库存现金短缺或溢余，除了设法查明原因以外，还应及时根据"库存现金盘点报告表"，通过"待处理财产损溢"科目核算。

盘亏现金审批前，企业应编制如下会计分录：

　借：待处理财产损溢

　　贷：库存现金

审批后，企业应编制如下会计分录：

　借：其他应收款（由责任人和保险公司赔偿的部分）

　　　管理费用（无法查明原因的库存现金短缺）

　　贷：待处理财产损溢

盘盈现金审批前，企业应编制如下会计分录：

　借：库存现金

　　贷：待处理财产损溢

审批后，企业应编制如下会计分录：

　借：待处理财产损溢

贷：其他应付款（支付给有关人员或单位的部分）

营业外收入（无法查明原因的部分）

【例题 7-3】2023 年 5 月，SSZ 公司在财产清查过程中盘盈现金 10 000 元，经查明，其中 8 000 元属于应支付给韦经理的差旅费，剩余 2 000 元无法查明原因。

审批之前，SSZ 公司编制如下会计分录：

借：库存现金　　　　　　　　　　　　　　　　　　　10 000

　　贷：待处理财产损溢　　　　　　　　　　　　　　　　10 000

审批之后，SSZ 公司编制如下会计分录：

借：待处理财产损溢　　　　　　　　　　　　　　　　10 000

　　贷：其他应付款　　　　　　　　　　　　　　　　　　8 000

　　　　营业外收入　　　　　　　　　　　　　　　　　　2 000

【例题 7-4】2023 年 6 月，SSZ 公司在财产清查中发现库存现金盘亏 20 000 元，其中出纳人员应赔偿 15 000 元，剩余部分无法查明原因。

审批之前，SSZ 公司编制如下会计分录：

借：待处理财产损溢　　　　　　　　　　　　　　　　20 000

　　贷：库存现金　　　　　　　　　　　　　　　　　　　20 000

审批之后，SSZ 公司编制如下会计分录：

借：其他应收款　　　　　　　　　　　　　　　　　　15 000

　　管理费用　　　　　　　　　　　　　　　　　　　　5 000

　　贷：待处理财产损溢　　　　　　　　　　　　　　　　20 000

2. 存货的账务处理

盘亏存货审批前，企业应编制如下会计分录：

借：待处理财产损溢

　　贷：原材料

　　　　库存商品等

　　　　应交税费——应交增值税（进项税额转出）

审批后，企业应编制如下会计分录：

借：原材料（收回残料的部分）

　　其他应收款（责任人和保险公司赔偿的部分）

　　管理费用（经营管理不善的部分）

　　营业外支出（非正常损失的部分）

　　贷：待处理财产损溢

盘盈存货审批前，企业应编制如下会计分录：

借：原材料

　库存商品等

　贷：待处理财产损溢

审批后，企业应编制如下会计分录：

借：待处理财产损溢

　贷：管理费用（盘盈存货经批准后全部冲减管理费用）

【例题 7-5】2023 年 6 月，SSZ 公司财产清查中盘盈 A 商品 20 件，每件单价 500 元，经查盘盈 A 商品属于收发计量错误导致的。

审批前，SSZ 公司编制如下会计分录：

借：库存商品　　　　　　　　　　　　　　　　10 000

　贷：待处理财产损溢　　　　　　　　　　　　　　　10 000

审批后，SSZ 公司编制如下会计分录：

借：待处理财产损溢　　　　　　　　　　　　　　10 000

　贷：管理费用　　　　　　　　　　　　　　　　　10 000

【例题 7-6】2023 年 6 月，SSZ 公司财产清查中盘亏 B 商品 100 件，每件 300 元，经检查发现，盘亏的 B 商品为管理不善所致，仓库保管人员赔偿 15 000 元（款项尚未收到），已批准进行处理，编制以下会计分录：

审批前，SSZ 公司编制如下会计分录：

借：待处理财产损溢　　　　　　　　　　　　　　33 900

　贷：库存商品　　　　　　　　　　　　　　　　　30 000

　　应交税费——应交增值税（进项税额转出）　　　3 900

审批后，SSZ 公司编制如下会计分录：

借：其他应收款　　　　　　　　　　　　　　　　15 000

　管理费用　　　　　　　　　　　　　　　　　18 900

　贷：待处理财产损溢　　　　　　　　　　　　　　33 900

【例题 7-7】2023 年 6 月，SSZ 公司财产清查中盘亏 C 商品 20 件，每件 2 000 元，经检查发现，盘亏的 C 商品是由火灾导致的，保险公司应赔偿 16 000 元，款项尚未收到。

审批前，SSZ 公司编制如下会计分录：

借：待处理财产损溢　　　　　　　　　　　　　　40 000

　贷：库存商品　　　　　　　　　　　　　　　　　40 000

审批后，SSZ 公司编制如下会计分录：

借：其他应收款   16 000

  营业外支出   24 000

  贷：待处理财产损溢   40 000

3. 固定资产的账务处理

盘亏、毁损固定资产审批前，企业应编制如下会计分录：

 借：待处理财产损溢（盘亏、毁损固定资产的价值）

   累计折旧（固定资产累计计提的折旧）

   固定资产减值准备（固定资产累计计提的减值准备）

  贷：固定资产

审批后，企业应编制如下会计分录：

 借：其他应收款（责任人或保险公司赔偿的部分）

   原材料（收回残料的价值）

   营业外支出（净损失的部分）

  贷：待处理财产损溢

【例题 7-8】2023 年 6 月，SSZ 公司财产清查中，盘亏设备一台，原值为 200 000 元，已提折旧 120 000 元，过失人赔偿 20 000 元。

 审批前，SSZ 公司编制如下会计分录：

  借：待处理财产损溢   80 000

   累计折旧   120 000

   贷：固定资产   200 000

 审批后，SSZ 公司编制如下会计分录：

  借：其他应收款   20 000

   营业外支出   60 000

   贷：待处理财产损溢   80 000

 盘盈固定资产审批前，企业编制如下会计分录：

  借：固定资产（按重置成本确认）

   贷：以前年度损益调整

 审批后，企业编制如下会计分录：

  借：以前年度损益调整

   贷：盈余公积—法定盈余公积

     利润分配—未分配利润

【例题 7-9】2023 年 6 月，SSZ 公司财产清查中，发现一台未入账的设备，重置成本为 60 000 元（假定不考虑相关税费）。

审批前，SSZ 公司编制如下会计分录：

借：固定资产 60 000

　贷：以前年度损溢调整 60 000

审批后，SSZ 公司编制如下会计分录：

借：以前年度损溢调整 60 000

　贷：盈余公积—法定盈余公积 6 000

　　利润分配—未分配利润 54 000

第三节　结账

一、结账的概念

结账，是指企业在某一会计期间发生的全部经济业务登记入账的基础上，按照一定的原理和方法将各种账簿的记录进行小结，计算并记录本期发生额和期末余额的工作。为了正确反映会计期间内账簿记录的经济业务，总结相关经济业务和财务状况，为编制会计报表提供数据，企业应在会计期末进行结账工作。在实际工作中，会计期间一般分为年度、季度、月度，结账在各会计期末进行，所以分为年结、季结、月结。

二、结账的基本程序

结账应按照既定的程序进行，在结账前，应将本期内发生的各项经济业务全部登记入账，并保证业务的准确性；在结账过程中，要求不得提前，也不得延后，即不得把将要发生的经济业务提前入账，也不得把已经在本期发生的经济业务延至下期入账。结账的基本程序具体表现为：

（1）将本期发生的经济业务事项全部登记入账，并保证其正确性。

（2）根据权责发生制的要求，调整有关账项，合理确定本期应计的收入和费用。

1）应计收入和应计费用的调整。应计收入，是指企业发生的那些已在本期实现、因款项尚未收到而未登记入账的收入。企业发生的应计收入，主要是本期已经发生且符合收入确认标准，但尚未收到相应款项的业务。对于这类调整事项，企业应确认为本期收入。

涉及该类调整事项时，企业应编制如下会计分录：

借：应收账款等

贷：主营业收入等

以后收到款项时，企业应编制如下会计分录：

借：库存现金

银行存款

贷：应收账款等

2）收入分摊和成本分摊的调整。收入分摊，是指企业已经收取有关款项，但尚未实现或尚未全部实现的收入，需在期末按本期已完成的比例，分摊确认本期已实现收入的金额，并调整以前预收款项时形成的负债的工作。成本分摊，是指企业的支出已经发生、能使若干个会计期间受益，为正确计算各个会计期间的盈亏，将这些支出在其受益期间进行分配的工作。企业已经支出，但应由本期和以后各期负担的待摊费用，如购建固定资产和无形资产的支出等。

（3）将损益类账户转入"本年利润"账户，结平所有损益类账户。

（4）结算出资产、负债和所有者权益账户的本期发生额和余额，并结转至下期。

三、结账的基本方法

企业在结账时，应当结出每个账户的期末余额。对于需要结出当月（季、年）发生额的账户，如各项收入、费用账户等，应单列一行登记发生额，在摘要栏内注明"本月（季）合计"或"本年累计"。结出余额后，应在余额前的"借或贷"栏内写"借"或"贷"字样，没有余额的账户，应在余额栏前的"借或贷"栏内写"平"字，并在余额栏内用"0"表示。为了突出本期发生额及期末余额，表示本会计期间的会计记录已经截止，结账时一般都画通栏红线代表结账线。划线时，月结、季结用通栏单红线，年结用通栏双红线。

结账时应根据不同的账户记录，分别采用不同的结账方法。

1. 总账账户的结账方法

总账账户平时只需结出月末余额，不需要结计本月发生额。每月结账时，应计算出月末余额并写在本月最后一笔经济业务栏内，并在下面画通栏单红线；年终结账时，要将所有总账账户结记全年发生额和年末余额，在摘要栏内注明"本年合计"字样，并在"本年合计"行下画通栏双红线。

2. 日记账和需要按月结计发生额的收入、费用等明细账的结账方法

对于现金日记账、银行存款日记账和需要按月结计发生额的各种明细账，每月结账时，需要在每月的最后一笔经济业务下面通栏划通栏单红线，结出本月发生额和月末余额写在红线下面一行，并在摘要栏内注明"本月合计"字样，再在下面划通栏单红线。

3. 不需要按月结计发生额的债权、债务和财产物资等明细分类账的结账方法

对于不需要按月结计发生额的债权、债务和财产物资等明细分类账，每次记账后，都要在该行余额栏内随时结出余额，每月最后一笔余额即为月末余额，也就是说月末余额就是本月最后一笔经济业务记录的同一行内的余额。月末结账时只需在最后一笔经济业务记录之下画通栏单红线。

4. 需要结计本年累计发生额的收入、成本等明细账的结账方法

对需要结计本年累计发生额的收入、成本等明细账，先按照需按月结计发生额的明细账的月结方法进行月结，再在"本月合计"行下的摘要栏内注明"本年累计"字样，并结出自年初起至本月末止的累计发生额，再在"本年累计"行下画通栏单红线。12月末的"本年累计"就是全年累计发生额，全年累计发生额行下画通栏双红线。

5. 年终结账的方法

年度终了结账时，有余额的账户要将其余额结转到下一会计年度，并在摘要栏内注明"结转下年"字样；在下一会计年度新建有关会计账簿的第一行余额栏内填写上年结转的余额，并在摘要栏内注明"上年结转"或"年初数"字样。结转下年时，既不需要编制记账凭证，也不必将余额再记入本年账户的借方或贷方，使本年有余额的账户的余额变为零，而是使有余额的账户的余额如实反映在账户中，以免混淆有余额账户和无余额的账户的区别。

第四节　会计账簿更换与保管

一、会计账簿的更换

会计账簿是记录和反映经济业务的重要历史资料和证据。为了使每个会计年度的账簿资料明晰和便于保管，一般来说，总账、日记账和多数明细账要每年更换一次，这些账簿在每年年终按规定办理完毕结账手续后，就应更换、启用新的账簿，并将余额结转记入新账簿中。但有些财产物资明细账和债权、债务明细账，由于原材料等财产物资的品种、规格繁多，债权、债务单位也较多，如果更换新账，重抄一遍的工作量较大。因此，可以跨年度使用，不必每年更换一次，如固定资产明细账、各种备查账簿等。

二、会计账簿的保管

会计账簿同会计凭证和会计报表一样，都属于会计档案，是重要的经济档案，各单

位必须按规定妥善保管，确保其安全与完整，并充分加以利用。

（一）会计账簿的装订整理

在年度终了更换新账簿后，应将使用过的各种账簿（跨年度使用的账簿除外）按时装订整理立卷。

1. 装订前的准备工作

首先要按账簿启用和经管人员一览表的使用页数核对各个账户是否相符，账页数是否齐全，序号排列是否连续；然后按会计账簿封面、账簿启用表、账户目录、该账簿按页数顺序排列的账页、装订封底的顺序装订。

2. 活页账簿的装订

对于活页账簿，要保留已使用过的账页，将账页数填写齐全，除去空白页并撤掉账夹，用质地好的牛皮纸做封面和封底，装订成册。多栏式、三栏式、数量金额式等活页账不得混装，应按同类业务、同类账页装订在一起。装订好后，应在封面上填明账目的种类、编号卷号，并由会计主管人员和装订人员签章。

3. 账簿装订的要求

装订后会计账簿的封口要严密，封口处要加盖有关印章。封面要齐全、平整，并注明所属年度和账簿名称和编号。不得有折角、缺角、错页、掉页、加空白纸的现象。会计账簿要按保管期限分别编制卷号。

（二）按期移交档案部门进行保管

在年度终了后，旧账簿可暂由企业财务部门保管一年，期满后由财务部门移交档案部门保管。移交时需要编制移交清册，填写交接清单，交接人员按移交清册和交接清单项目核查无误后签章，并在账簿使用日期栏内填写移交日期。

已归档的会计账簿作为会计档案严格管理，原件不得出借，如有特殊需要，经企业领导批准后，可以提供查阅或者复制，并要办理登记手续。

会计账簿是重要的会计档案之一，必须严格按《会计档案管理办法》规定的保管年限妥善保管，期满前不得丢失和任意销毁。通常总账和明细账保管期限为15年，现金和银行存款日记账保管期限为25年，固定资产卡片账在固定资产报废清理后保管5年。

本章总结

本章主要介绍了对账的概念和内容，包括账证核对、账账核对、账实核对；财产清查的概念、财产清查的原因与作用、财产清查分类、财产清查的一般程序与准备工作、财产物资的盘存制度；财产清查的方法，包括货币资金的清查方法、实物资产的清查方法、往来款项的清查方法；财产清查结果的处理，包括财产清查结果的处理要求、财产清查结果的处理步骤、应设置的账户、清查结果的账务处理；结账的概念、结账的基本程序、结账的基本方法；会计账簿的更换和保管。

拓展阅读

有形财产清查会计处理误区探讨

1. 有形财产盘盈会计处理误区

第一，流动资产中现金和存货的盘盈净额，其会计账户易于产生差错。二者虽均通过"待处理财产损溢—待处理流动资产损溢"账户，但其净损益被有关部门批准后，使用的账户不同。现金盘盈（溢余无法查明原因的）计入"营业外收入"，而存货盘盈则要冲减"管理费用"。第二，流动资产与固定资产盘盈，在账户使用上容易出现类推现象。根据资产的类似性，认为盘盈流动资产与盘盈固定资产的会计处理上应当一致，从而产生差错。流动资产的存货盘盈通过"待处理财产损溢"账户，错误类推固定资产的盘盈处理也一样通过"待处理财产损溢"。而固定资产盘盈（以前年度造成的）处理在按管理权限报经批准处理前并不通过"待处理财产损溢"，而是作为本年度发现的前期差错在"以前年度损益调整"账户中予以核算处理；若是本年度账务差错造成的，则可通过红字更正法等予以调账。

2. 有形财产盘亏、损毁会计处理误区

第一，盘亏现金与存货所使用的主要账户相似，但情况有所差异。现金短缺在无法查明原因时一般计入"管理费用"；因自然灾害等造成的损毁，计入"营业外支出"。存货盘亏时，一般性非人为损失计入"管理费用"，自然灾害等非正常损失计入"营业外支出"与现金处理类同。第二，流动资产—存货盘亏，分为管理不善造成的盘亏和不可抗力造成的盘亏，其进项税额处理易于混淆不清。因"管理不善"而致的存货盘亏，其进项税额不得抵扣。"进项税额转出"处理的有两种情况：一是入库前非正常损失的购进货物盘亏，其进项税额不得抵扣；二是非正常损失的在产品、产成品所耗用购进货物的盘亏，其进项税额不得抵扣。不可抗力造成损失的购进货物，不做"进项税额转出"处理，即此类进项税额可继续抵扣。第三，盘亏存货涉及的运费处理，没有根据前述的非正常损失作相应的账务处理。运费的处理原则为货物本身的进项税额可以抵扣的，其运费相应进项税额则可以抵扣，否则进项税额不可以抵扣。货物盘亏，其相应的运费也要按比例转出进项税额。但现实中往往会忽略此问题。第四，固定资产出售、转让、报废或毁损与盘亏业务会计处理易于产生偏差。前者通过"固定资产清理"账户处理；后者则要通过"待处理财产损溢——待处理固定资产损溢"处理。第五，处理财产"损毁"时，会计账户运用易于产生误区。流动资产中"存货"等损毁，涉及"待处理财产损溢—待处理流动资产损溢"；非流动资产中"固定资产"的损毁，并不通过"待处理财产损溢"，而要使用"固定资产清理"账户。第六，货物运输途中的短缺与损耗，易于产生误区，会计处理不规范。根据企业会计准则，对于商品流通企业购货途中的合理损耗不再计入当期损益，而要计入存货成本。企业在货物采购过程中发生的货物（除合理损耗外的）短缺、毁损等，要区分不同情况给予相应的会计处理：一是可以从供货单位、外部运输机构等收回的物资短缺或其他赔款，应冲减物资的采购成本；二是非常损毁（因遭受意外灾害发生的）和尚待查明原因的途中损耗，不可计入物资的采购成本，应暂通过"待处理财产损溢"进行核算，待查明原因后分别处理。

（节选自《有形财产清查会计处理误区探讨》，田志良，财会通讯 2016 年第 1 期，82-84 页）

第八章　会计报表

1. 了解资产负债表、利润表、现金流量表、所有者权益变动表、会计报表附注的概念与作用。

2. 理解资产负债表、利润表、现金流量表、所有者权益变动表的编制原理、编制方法。

3. 掌握资产负债表、利润表、现金流量表、所有者权益变动表在实际工作中的应用。

思政目标

1. 培养学生"高质量的信息才是有价值的信息"的思想。会计报表是会计工作的最终产品。该产品不同于普通产品，具有影响投资决策和资源配置的作用。因此，会计报表提供的信息应满足高质量信息的要求。

2. 培养学生"万事万物之间都是相关"的思维方式。财务报表数据之间也是彼此相连的，可以相互印证。报表与报表之间、报表内部各项目之间具有一定的勾稽关系。

案例导入

孙老板的困惑

孙老板投资了一家制造企业，在国际环境不稳定的情况下，市场持续低迷，如何走出困境呢？孙老板召开了管理层会议，大家积极发言。资深会计认为，根据财务报表数据显示，亏损非常严重，临近资不抵债了，应当立即停止产品生产，处置固定资产，降低损失。资深市场顾问认为，财务报表显示的数据是过去的，具有局限性，应当关注国家的行业政策、外部环境等，根据市场最新反馈的信息，只要把产品升级，提高产品附加值，我们的企业会走出困境，再创辉煌。你认为呢？

本章主要内容（图 8-1）

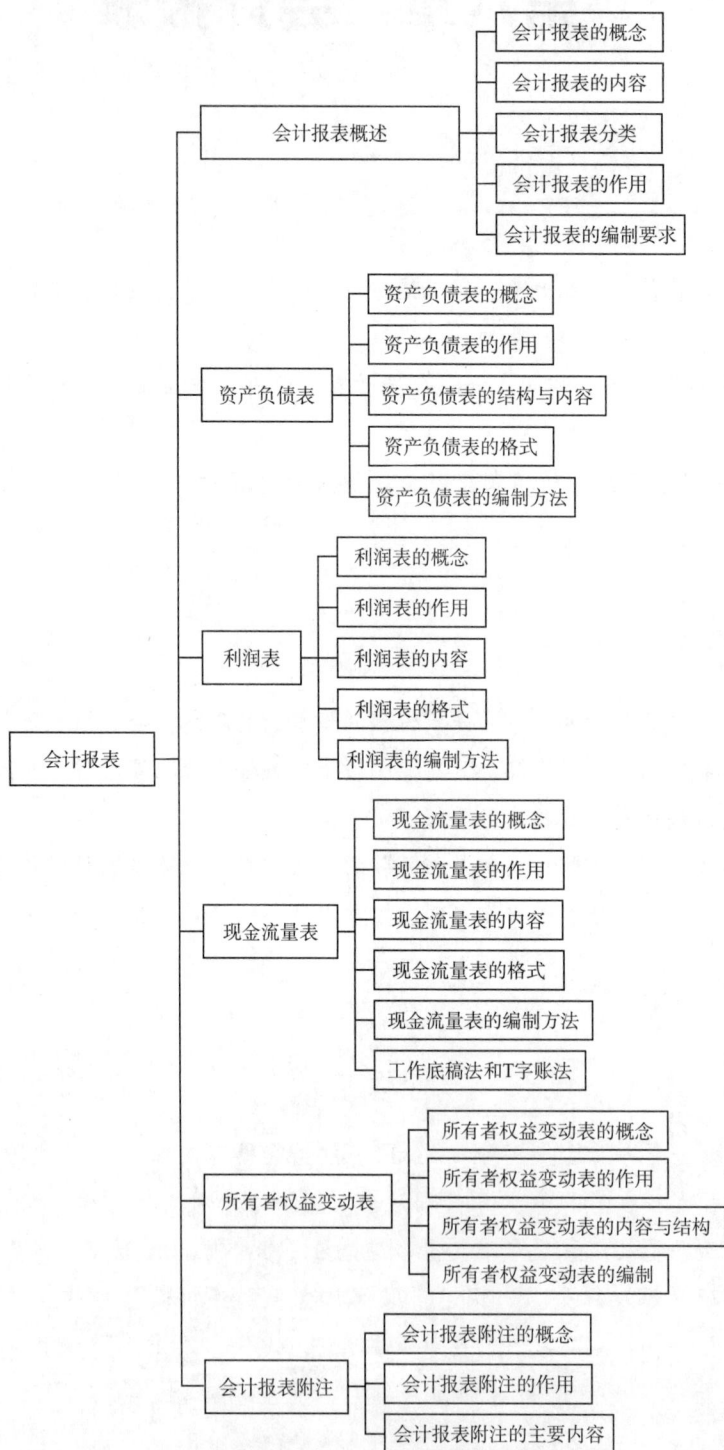

```
                                            ┌── 会计报表的概念
                                            ├── 会计报表的内容
                           ┌── 会计报表概述 ─┼── 会计报表分类
                           │                ├── 会计报表的作用
                           │                └── 会计报表的编制要求
                           │
                           │                ┌── 资产负债表的概念
                           │                ├── 资产负债表的作用
                           ├── 资产负债表 ───┼── 资产负债表的结构与内容
                           │                ├── 资产负债表的格式
                           │                └── 资产负债表的编制方法
                           │
                           │                ┌── 利润表的概念
                           │                ├── 利润表的作用
                           ├── 利润表 ───────┼── 利润表的内容
                           │                ├── 利润表的格式
        会计报表 ──────────┤                └── 利润表的编制方法
                           │
                           │                ┌── 现金流量表的概念
                           │                ├── 现金流量表的作用
                           │                ├── 现金流量表的内容
                           ├── 现金流量表 ───┼── 现金流量表的格式
                           │                ├── 现金流量表的编制方法
                           │                └── 工作底稿法和T字账法
                           │
                           │                ┌── 所有者权益变动表的概念
                           │                ├── 所有者权益变动表的作用
                           ├── 所有者权益变动表 ─┼── 所有者权益变动表的内容与结构
                           │                └── 所有者权益变动表的编制
                           │
                           │                ┌── 会计报表附注的概念
                           └── 会计报表附注 ─┼── 会计报表附注的作用
                                            └── 会计报表附注的主要内容
```

图8-1　第八章思维导图

第一节　会计报表概述

一、会计报表的概念

会计报表，是指反映企业某一特定日期财务状况、某一会计期间经营成果和现金流量等会计信息的报表，是财务报告的重要组成部分。

企业提供会计报表的目标包括两个方面：一是向会计报表信息使用者提供企业特定日期财务状况、一定会计期间经营成果和现金流量等会计信息；二是反映企业管理层受托责任的履行情况，有助于会计报表信息使用者作出科学合理的决策。会计报表使用者通常包括投资者、债权人、政府监管部门、社会公众、企业内部管理层等。其中，企业投资者是企业会计报表的首要使用者，应当首先满足投资者对信息的需求，体现了保护投资者利益的要求。因此，会计报表提供的信息应当真实可靠，如实反映企业所拥有或者控制的经济资源，如实反映企业的各项收入、费用、利润、利得和损失的金额及其变动情况，如实反映企业各项经营活动、投资活动和筹资活动和利润分配活动所形成的现金及现金等价物流入和流出的情况等。另外，会计报表的使用者还有债权人、政府监管部门、社会公众等，企业会计报表提供的信息也应当满足他们对信息的需求，保护他们的合法权益。

二、会计报表的内容

根据《企业会计准则》规定：一套完整的会计报表至少应当包括资产负债表、利润表、现金流量表、所有者权益（或股东权益）变动表以及附注。企业对外提供会计报表的种类、格式、内容及应当披露的信息等应当符合企业会计准则的规定；企业不得以任何形式提供虚假会计报表或者隐瞒重要会计交易或事项。

1. 资产负债表

资产负债表是反映企业在某一特定日期财务状况的报表，体现企业在某一特定日期拥有或控制的经济资源状况、承担的债务的状况和所有者权益的状况。

2. 利润表

利润表是反映企业在一定会计期间经营成果的报表，体现企业在一段时间内日常活动和非日常活动形成的经济利益收入、发生的经济利益流出和实际的盈利或亏损状况。

3. 现金流量表

现金流量表是反映企业在一定会计期间现金和现金等价物流入和流出情况的报表，

体现一段时间内企业经营活动、投资活动和筹资活动形成的现金流入量、流出量及净现金流量的状况。

4. 所有者权益变动表

所有者权益变动表是反映组成所有者权益的各组成部分当期的增减变动情况的报表，体现企业所有者权益的各个组成部分的增加、减少和期末实际数额的状况。

5. 会计报表附注

会计报表附注是会计报告不可缺少的重要组成部分，是对在资产负债表、利润表、现金流量表和所有者权益变动表等报表中列示的文字描述或明细资料，以及对未能在这些报表中列示项目的说明等。

三、会计报表分类

会计报表按照不同的标准和管理要求可以分为以下四类：

1. 按编制范围可分为个别报表和合并报表

个别报表是由编制企业根据自身的账簿及有关资料编制而成，单独反映企业在某一特定日期的财务状况、某一会计期间经营成果和现金流量等信息的报表；合并报表是指由母公司编制的，综合反映以母公司为首的具有控股关系的由多个公司组成的集团在某一特定日期的财务状况、某一会计期间经营成果和现金流量等信息的报表。

2. 按会计报表报送的时间可分为中期报表和年度报表

年度报表简称年报，是企业按年度数据编制的报表，以每年的 1 月 1 日至 12 月 31 日的数据为基础编制的。年报应当包括资产负债表、利润表、现金流量表、所有者权益变动表以及附注；中期报表是短于一个完整会计年度的会计报表，包括月报、季报和半年报。中期财务报表至少应当包括资产负债表、利润表、现金流量表和附注。与年度会计报表相比，中期会计报表披露的信息可适当简略。

3. 按会计报表反映财务活动方式可分为静态报表和动态报表

静态报表是反映企业在某一特定日期财务状况的财务报表，如资产负债表；动态报表是反映企业一定会计期间经营成果、现金流量的报表，如利润表、现金流量表和所有者权益变动表。

4. 按会计报表的报送对象可分为对外报表和对内报表

对外报表是指企业为满足外部会计信息使用者对会计信息的需求，根据企业会计准则的要求编制，定期对外提供的财务报表，具有统一的格式和编制要求；对内报表是为了满足单位内部经营管理的需求而编制的报表。对内报表没有统一的格式和指编制要求。

四、会计报表的作用

会计报表是企业向会计信息使用者提供决策有用信息，有助于会计信息使用者做出科学合理的经济决策。主要有以下四个方面的作用：

1. 对投资者的作用

投资者可以利用会计报表反映的信息，掌握企业某一特定日期的财务状况、一定会计期间的经营成果和现金流量等信息，分析企业的获利能力、发展能力等，有助于投资者掌握投入资本的保值增值情况，为是否继续投资或增加投资等决策提供依据。

2. 对债权人的作用

债权人可以利用会计报表反映的信息，分析企业的短期偿债能力、长期偿债能力等，有助于债权人把握债权安全程度，为是否提供贷款提供决策依据。

3. 对企业内部管理层的作用

企业内部管理层可以利用会计报表反映的信息，全面把握企业某一特定日期的财务状况、一定会计期间的经营成果和现金流量等信息，分析企业的资本结构、资本成本、收入、费用利润等，及时发现问题、分析问题，总结经验教训、加强企业管理，提高经济效益。

4. 对政府监管部门的作用

政府监管部门可以利用会计报表反映的信息，监督企业是否存在违法乱纪的行为，保障经济有序的发展；分析各行业、各地区的经济发展情况，为国家制定、执行宏观调控政策提供依据，促进整个国民经济的稳定、持续发展。

五、会计报表的编制要求

会计报表是企业信息使用者决策的重要依据，信息是否真实、完整、及时、相关，会直接影响到信息使用者做决策。因此，编制会计报表应当满足以下四方面的要求：

1. 真实可靠

真实可靠，是指会计报表所提供的信息必须如实反映实际发生的交易或事项，做到业务真实，数据准确。会计报表是根据日常会计核算资料按一定的标准体系进行加工、整理、编制而成的，在各个环节中环环相扣，数据前后具有勾稽关系，不能人为篡改，伪造变造数据，防止信息使用者作出错误的判断，损害信息使用者的利益。

2. 全面完整

全面完整，是指会计报表所提供的信息必须是全面反映企业的交易或事项。不同种类的报表都是从某一侧面反映企业的交易或事项，会计报告由资产负债、利润表、现金流量表、所有权权益变动表和报表附注组成，形成一个完整地会计信息披露体系。为了保证会计信息的全面完整，企业编制会计报表时，应当全面完整地披露企业的会计信息，不能只提供对企业有利的信息而忽略对企业不利的信息，更不能恶意隐瞒对企业不利的信息。

3. 及时编制

及时编制，是指会计报表应当在规定的期限内编制并对外报送。会计信息具有很强的实效性，过时的信息无法满足信息使用者的需要，不能为信息使用者提供决策有用信息。企业必须按照法律法规规定定期提供。月报应当于月度终了后 6 天内对外提供，季报应当于季度终了后 15 天内对外提供，半年报应当于半年度终了后 60 天内对外提供，年报应当于年底终了后 4 个月内对外提供。

4. 容易理解

容易理解，是指会计报表提供的信息应当可以被会计信息使用者理解。企业应当采用系统的方法，为信息使用者提供企业财务状况、经营成果、现金流量等会计信息；对于复杂的交易或事项所产生的数据，应当做好补充和解释，让信息使用者容易把握会计信息，为决策提供依据。

第二节　资产负债表

一、资产负债表的概念

资产负债表，是指反映企业在某一特定日期财务状况的报表。资产负债表是根据"资产＝负债＋所有者权益"这条恒等式，把企业在某一特定日期的资产、负债、所有者权益项目按照流动性由强到弱排序而编制的。

二、资产负债表的作用

资产负债表反映企业某一特定日期财务状况的信息，可以为信息使用者提供企业在特定时点拥有或控制的经济资源，反映各种资源的分布及价值情况；为信息使用者提供企业在特定时点承担的债务，反映各项债务的分布及价值情况；为信息使用者提供企业所有者权益的总额，反映所有者权益的分布情况；为信息使用者提供企业偿债能力的分析数据，提供决策依据。

三、资产负债表的结构与内容

资产负债表的结构包括表头、报表主体和附注三个部分。其中，表头列示报表的名称、编制单位、编制日期、货币单位；报表主体包括资产、负债和所有者权益各项目的期初余额和期末余额，是资产负债表的主要部分，反映企业在一定日期的资产、负债和所有者权益的状况；附注是对报表项目进行补充和说明。

根据《企业会计准则》，资产负债表中的资产应当按照流动资产和非流动资产列示，负债应当按照流动负债和非流动负债列示。

资产负债表中的资产类至少应当单独列示反映下列项目：货币资金、交易性金融资产、应收票据、应收账款、预付款项、其他应收款、存货、合同资产、持有待售资产、一年内到期的非流动资产、其他流动资产、债权投资、其他债权投资、长期应收款、长期股权投资、其他权益工具投资、投资性房地产、固定资产、在建工程、无形资产、开发支出、长期待摊费用、递延所得税资产等。资产负债表中的资产类至少应当包括流动资产和非流动资产的合计项目。

资产负债表中的负债类至少应当单独列示反映下列项目：短期借款、交易性金融负债、应付票据、应付账款、预收款项、合同负债、应交税费、应付职工薪酬、其他应付款、持有待售负债、一年内到期的非流动负债、长期借款、长期应付款、应付债券、预计负债、递延所得税负债。资产负债表中的负债类至少应当包括流动负债和非流动负债的合计项目。

资产负债表中的所有者权益类至少应当单独列示反映下列项目：实收资本（或股本）、其他权益工具、资本公积、其他综合收益、盈余公积、未分配利润。

资产负债表应当列示资产总计项目，负债和所有者权益总计项目。资产负债表中资产类项目金额总计与负债类和所有者权益类项目金额总计必须相等。

四、资产负债表的格式

资产负债表一般有两种格式：报告式和账户式。其中，账户式的资产负债表一般是在报表左方列示资产类项目，右方列示负债类和所有者权益类项目，从而使资产负债表左右两方平衡。根据我国《企业会计准则》的规定，我国企业的资产负债表应该采用账户式结构。

资产负债表格式如表8-1所示。

表8-1 资产负债表

编制单位： 　　　　　 年　　月　　日 　　　　　 单位：元

资产	期末余额	年初余额	负债和所有者权益（或股东权益）	期末余额	年初余额
流动资产：			流动负债：		
货币资金			短期借款		
交易性金融资产			交易性金融负债		
衍生金融资产			衍生金融负债		
应收票据			应付票据		
应收账款			应付账款		
应收款项融资			预收款项		
预付款项			合同负债		
其他应收款			应付职工薪酬		
存货			应交税费		
合同资产			其他应付款		
持有待售资产			持有待售负债		
一年内到期的非流动资产			一年内到期的非流动负债		
其他流动资产			其他流动负债		
流动资产合计			流动负债合计		
非流动资产：			非流动负债：		
债权投资			长期借款		
其他债权投资			应付债券		
长期应收款			其中：优先股		
长期股权投资			永续债		
其他权益工具投资			长期应付款		
其他非流动金融资产			预计负债		
投资性房地产			递延收益		
固定资产			递延所得税负债		
在建工程			其他非流动负债		
生产性生物资产			非流动负债合计		
油气资产			负债合计		
无形资产			所有者权益		
开发支出			实收资本		
商誉			其他权益工具		

续表

资产	期末余额	年初余额	负债和所有者权益（或股东权益）	期末余额	年初余额
长期待摊费用			其中：优先股		
递延所得税资产			永续债		
其他非流动资产			资本公积		
非流动资产合计			减：库存股		
			其他综合收益		
			盈余公积		
			未分配利润		
			所有者权益合计		
资产总计			负债和所有者权益总计		

五、资产负债表的编制方法

我国企业资产负债表中各项目的数据分为年初余额和期末余额。

（一）"年初余额"栏填列方法

资产负债表"年初余额"栏的各项数字应根据上年度年末资产负债表"期末余额"栏内所列数字填列。如果本年度资产负债表各项目的名称和内容与上年度资产负债表所列项目不一致，应对上年度年末资产负债表各项目的名称和数字按本年度的要求进行调整，填入本年"年初余额"栏。

（二）"期末余额"栏填列方法

资产负债表"期末余额"栏具体项目填列方法如下：

（1）"货币资金"项目，应根据"库存现金""银行存款""其他货币资金"账户的期末借方余额合计数填列。

（2）"交易性金融资产"项目，应根据"交易性金融资产"账户的期末余额填列。

（3）"应收票据"项目，应根据"应收票据"科目的期末余额，减去"坏账准备"科目中相关坏账准备期末余额后的金额分析填列。

（4）"应收账款"项目，应根据"应收账款"和"预收账款"账户所属明细账户的期末借方余额合计，减去"坏账准备"账户中有关应收账款计提的坏账准备期末余额后的净额填列。

（5）"预付账款"项目，应根据"预付账款"和"应付账款"账户所属明细账户的期末借方余额合计，减去"坏账准备"账户中有关预付账款计提的坏账准备期末余额后的净额填列。

（6）"其他应收款"项目，应根据"其他应收款""应收利息""应收股利"账户的期末余额合计，减去"坏账准备"账户中有关其他应收款、应收利息、应收股利计提的坏账准备期末余额后的净额填列。

（7）"存货"项目，应根据"在途物资（材料采购）""原材料""低值易耗品""库存商品""周转材料""委托加工物资""委托代销商品"和"生产成本"等账户的期末余额合计，减去"受托代销商品款""存货跌价准备"账户期末余额后的净额填列。

（8）"一年内到期的非流动资产"项目，应根据一年内到期的"债权投资""其他债权投"，一年内摊销的"长期待摊费用"和一年内可收回的"长期应收款"账户余额之和分析计算后填列。

（9）"其他流动资产"项目，反映企业除上述流动资产以外的其他流动资产，应根据有关科目的期末余额填列。

（10）"长期股权投资"项目，应根据"长期股权投资"账户的期末借方余额减去"长期股权投资减值准备"账户期末贷方余额后的净额填列。

（11）"固定资产"项目，应根据"固定资产"账户期末借方余额，减去"累计折旧"和"固定资产减值准备"账户期末贷方余额，以及"固定资产清理"账户的余额填列。

（12）"在建工程"项目，应根据"在建工程"账户期末余额，减去"在建工程减值准备"账户期末余额，以及"工程物资"账户期末余额，减去"工程物资减值准备"账户期末余额后的金额填列。

（13）"无形资产"项目，应根据"无形资产"账户期末借方余额，减去"累计摊销"和"无形资产减值准备"账户的期末贷方余额后的净额填列。

（14）"开发支出"项目，应根据"研发支出"科目中所属的"资本化支出"明细科目期末余额填列。

（15）"商誉"项目，应根据"商誉"账户期末余额减去相应减值准备后的净额填列。

（16）"长期待摊费用"项目，应根据"长期待摊费用"账户的期末余额减去将于1年内（含1年）摊销的数额后的净额填列。

（17）"递延所得税资产"项目，应根据"递延所得税资产"账户期末余额填列。

（18）"其他非流动资产"项目，反映企业除上述非流动资产以外的其他非流动资产，应根据有关账户的期末余额填列。

（19）"短期借款"项目，应根据"短期借款"账户的期末贷方余额填列。

（20）"应付票据"项目，应根据"应付票据"账户的期末贷方余额填列。

（21）"应付账款"项目，应根据"应付账款"和"预付账款"账户所属明细账户的期末贷方余额合计填列。

（22）"预收款项"项目，应根据"预收账款"和"应收账款"账户所属各明细账户的期末贷方余额合计填列。

（23）"应付职工薪酬"项目，应根据"应付职工薪酬"账户的期末贷方余额填列。

（24）"应交税费"项目，应根据"应交税费"账户的期末贷方余额填列；如"应交税费"账户期末为借方余额，以"—"号填列。

（25）"其他应付款"项目，应根据"其他应付款""应付利息""应付股利"账户的期末余额合计数填列。

（26）"一年内到期的非流动负债"项目，应根据一年内到期的长期借款、长期应付款和应付债券、预计负债账户分析计算后填列。

（27）"长期借款"项目，应根据"长期借款"账户的期末余额减去一年内到期部分的净额填列。

（28）"应付债券"项目，应根据"应付债券"账户期末贷方余额减去一年内到期部分的净额填列。

（29）"预计负债"项目，应根据"预计负债"账户期末贷方余额填列。

（30）"递延所得税负债"项目，应根据"递延所得税负债"账户期末贷方余额填列。

（31）"其他非流动负债"项目，应根据除长期借款、应付债券等以外的其他非流动负债有关账户的期末余额填列。

（32）"实收资本（股本）"项目，应根据"实收资本（股本）"账户的期末贷方余额填列。

（33）"资本公积"项目，应根据"资本公积"账户的期末贷方余额填列。

（34）"盈余公积"项目，应根据"盈余公积"账户的期末贷方余额填列。

（35）"未分配利润"项目，根据"本年利润"账户和"利润分配"账户的期末余额计算填列，如为未弥补的亏损，在本项目内以"—"号填列。

【例题 8-1】SSZ 有限责任公司 2023 年 6 月 30 日有关总账和明细账的余额如表 8-2 所示：

表8-2　SSZ公司总账和明细账的余额

资产账户	借或贷	余额	负债和所有者权益账户	借或贷	余额
库存现金	借	40 000	短期借款	贷	400 000
银行存款	借	400 000	应付票据	贷	20 000
其他货币资金	借	120 000	应付账款	贷	142 000

续表

资产账户	借或贷	余额	负债和所有者权益账户	借或贷	余额
交易性金融资产	借	304 000	——丙企业	贷	182 000
应收票据	借	60 000	——丁企业	借	40 000
应收账款	借	150 000	预收账款	贷	29 400
-甲公司	借	160 000	——C公司	贷	29 400
-乙公司	贷	10 000	其他应付款	贷	
坏账准备	贷	4 000	应交税费	贷	26 000
预付账款	借	72 200	长期借款	贷	400 000
-A公司	借	62 000	应付债券	贷	600 000
-B公司	借	10 200	其中一年到期的应付债券	贷	200 000
其他应收款	借	18 000	实收资本	贷	8 000 000
原材料	借	140 000	盈余公积	贷	300 000
生产成本	借	560 000	利润分配	贷	3 800
库存商品	借	300 000	——未分配利润	贷	3 800
固定资产	借	7 000 000	本年利润	贷	39 000
累计折旧	贷	0			
在建工程	借	800 000			
资产合计	借	9 964 200	负债及所有者权益合计	贷	9 964 200

要求：根据以上材料编制 2023 年度 6 月 30 日的资产负债表如表 8-3 所示。

表8-3　SSZ公司资产负债表

编制单位：SSZ 有限责任公司　　　　2023 年 6 月 30 日　　　　　　　　单位：元

资产	期末余额	年初余额	负债和所有者权益（或股东权益）	期末余额	年初余额
流动资产：		略	流动负债：		略
货币资金	560 000		短期借款	400 000	
交易性金融资产	304 000		交易性金融负债	0	
衍生金融资产			衍生金融负债		
应收票据	60 000		应付票据	20 000	
应收账款	156 000		应付账款	182 000	
应收款项融资			预收款项	39 400	
预付款项	112 200		合同负债		
其他应收款	18 000		应付职工薪酬		

资产	期末余额	年初余额	负债和所有者权益（或股东权益）	期末余额	年初余额
存货	1 000 000		应交税费	26 000	
合同资产			其他应付款		
持有待售资产			持有待售负债		
一年内到期的非流动资产			一年内到期的非流动负债	200 000	
其他流动资产			其他流动负债		
流动资产合计	2 210 200		流动负债合计	871 400	
非流动资产：			非流动负债：		
债权投资			长期借款	400 000	
其他债权投资			应付债券	400 000	
长期应收款			其中：优先股		
长期股权投资			永续债		
其他权益工具投资			长期应付款		
其他非流动金融资产			预计负债		
投资性房地产			递延收益		
固定资产	7 000 000		递延所得税负债		
在建工程	800 000		其他非流动负债		
生产性生物资产			非流动负债合计	800 000	
油气资产			负债合计	1 671 400	
无形资产			所有者权益		
开发支出			实收资本	8 000 000	
商誉			其他权益工具		
长期待摊费用			其中：优先股		
递延所得税资产			永续债		
其他非流动资产			资本公积		
非流动资产合计	7 800 000		减：库存股		
			其他综合收益		
			盈余公积	300 000	
			未分配利润	42 800	
			所有者权益合计	8 342 800	
资产总计	10 010 200		负债和所有者权益总计	10 010 200	

第三节　利润表

一、利润表的概念

利润表，是指反映企业在一定会计期间经营成果的会计报表。利润表属于动态会计报表，即把一定会计期间的营业收入与同一会计期间的营业成本及相关费用进行分析，从而计算出企业的经营成果。

二、利润表的作用

利润表是反映一定会计期间经营成果的报表。通过利润表，可以为信息使用者提供企业在一定会计期间的盈利能力，为其决策提供依据；可以为信息使用者提供企业在一定会计期间的业绩水平，为考核管理层管理能力提供依据；可以为信息使用者提供预测企业未来一定会计期间的盈利能力的数据，为投资决策提供依据。

三、利润表的内容

根据《企业会计准则》，利润表至少应当单独列示下列项目：营业收入、营业成本、税金及附加、管理费用、销售费用、研发费用、财务费用、其他收益、投资收益、公允价值变动收益、信用减值损失、资产减值损失、资产处置收益、营业外收入、营业外支出、所得税费用和净利润。

四、利润表的格式

利润表常见的格式有两种：单步式利润表和多步式利润表。根据我国《企业会计准则》的规定，我国企业应当采用多步式利润表。多步式利润表中的当期净利润，是通过多步计算确定的，通常分为以下七步：

第一步，反映营业收入。在主营业务收入的基础上加上其他业务收入，计算出营业收入；

第二步，反映营业利润。即在营业收入的基础上减去营业成本、税金及附加、管理费用、销售费用、研发费用、财务费用，加上其他收益、投资收益（亏损用负数）、公允价值变动收益（亏损用负数）、信用减值损失（亏损用负数）、资产减值损失（亏损用负数）、资产处置收益（亏损用负数），计算得出营业利润；

第三步，反映利润总额。在营业利润的基础上加上营业外收入，减去营业外支出，计算得出本期实现的利润总额，即税前的会计利润；

第四步，反映净利润。在利润总额的基础上减去所得税费用，计算得出本期的净利润（或净亏损）；

第五步，反映其他综合收益的税后净额。在其他综合收益总额的基础上减去所得税的影响，计算得出其他综合收益的税后净额；

第六步，反映综合收益。在净利润的基础上加上其他综合收益的税后净额，计算得出综合收益总额；

第七步，反映每股收益。在综合收益的基础上除以普通股的加权平均股数，计算得出每股收益。

利润表格式如表8-4所示。

表8-4 利润表

编制单位： ___年___月　　　　　　　　　　单位：元

项目	本期金额	上期金额
一、营业收入		
减：营业成本		
税金及附加		
销售费用		
管理费用		
研发费用		
财务费用		
其中：利息费用		
利息收入		
加：其他收益		
投资收益（损失以"-"号填列）		
其中：对联营企业和合营企业的投资收益		
公允价值变动收益（损失以"-"号填列）		
信用减值损失（损失以"-"号填列）		
资产减值损失（损失以"-"号填列）		
资产处置收益（损失以"-"号填列）		
二、营业利润（亏损以"-"号填列）		
加：营业外收入		

项目	本期金额	上期金额
减：营业外支出		
三、利润总额（损失以"－"号填列）		
减：所得税费用		
四、净利润（净亏损以"－"号填列）		
（一）持续经营净利润（净亏损以"－"号填列）		
（二）终止经营净利润（净亏损以"－"号填列）		
五、其他综合收益的税后净额		
（一）不能重分类进损益的其他综合收益		
1.重新计量设定受益计划变动额		
2.权益法下不能转损益的其他综合收益		
3.其他权益工具投资公允价值变动		
4.企业自身信用风险公允价值变动		
……		
（二）将重分类进损益的其他综合收益		
1.权益法下可转损益的其他综合收益		
2.其他债权投资公允价值变动		
3.金融资产重分类计入其他综合收益的金额		
4.其他债权投资信用减值准备		
5.现金流量套期储备		
6.外币财务报表折算差额		
……		
六、综合收益总额		
七、每股收益		
（一）基本每股收益		
（二）稀释每股收益		

五、利润表的编制方法

利润表反映企业在一定期间内实现利润（或亏损）的情况，利润表中"本期金额"栏内各项数据，除每股收益项目外，应当按照相关项目的发生额填列；利润表中"上期金额"栏内各项数据，在编报中期财务会计报告时，填列上年同期实际发生数，在编报年度财务会计报告时，填列上年全年实际发生数。如果上年度利润表的项目名称和内容与本年度利润表不一致，应对上年度利润表项目的名称和数字按本年度的规定进行调整，并按调整后的数字填入利润表的"上期金额"栏。

利润表"本期金额"栏内具体项目的填列方法如下：

（1）"营业收入"项目，应根据"主营业务收入"和"其他业务收入"科目的发生额分析填列。

（2）"营业成本"项目，应根据"主营业务成本"和"其他业务成本"科目的发生额分析填列。

（3）"税金及附加"项目，应根据"税金及附加"科目的发生额分析填列。

（4）"销售费用"项目，应根据"销售费用"科目的发生额分析填列。

（5）"管理费用"项目，应根据"管理费用"的发生额分析填列。

（6）"研发费用"项目，应根据"研发支出"所属明细科目费用化支出的发生额分析填列。

（7）"财务费用"项目，应根据"财务费用"科目的发生额分析填列，如果利息费用大于利息收入，按正数填列；如果利息收入大于利息费用，按负数填列。

"财务费用"项目下的"利息费用"项目，应根据相关科目的发生额分析填列。该项目作为"财务费用"项目的其中项，以正数填列。

"财务费用"项目下的"利息收入"项目，应根据相关科目的发生额分析填列。该项目作为"财务费用"项目的其中项，以正数填列。

（8）"其他收益"项目，应根据"其他收益"科目的发生额分析填列。

（9）"投资收益"项目，应根据"投资收益"科目的发生额分析填列，如为投资损失本项目以负数填列。

（10）"公允价值变动收益"项目，应根据"公允价值变动损益"科目的发生额分析填列，如为净损失本项目以负数填列。

（11）"资产减值损失"项目，应根据"资产减值损失"科目的发生额分析填列。

（12）"资产处置收益"项目，应根据"资产处置收益"科目的发生额分析填列，如为净损失本项目以负数填列。

（13）"营业利润"项目，应根据1～12项目计算填列，如为亏损以负数填列。

（14）"营业外收入"项目，应根据"营业外收入"科目的发生额分析填列。

（15）"营业外支出"项目，应根据"营业外支出"科目的发生额分析填列。

（16）"利润总额"项目，应根据13～15项目计算填列，如为亏损本项目以负号填列。

（17）"所得税费用"项目，根据"所得税费用"科目的发生额分析填列。

（18）"净利润"项目，应根据16～17项目计算填列，如为亏损本项目以负数填列。

（19）"其他综合收益的税后净额"项目，应根据企业会计准则规定未在损益中确认的各项利得和损失扣除所得税影响后的净额填列。

（20）"综合收益总额"项目，应根据18～19项目计算填列。

（21）"每股收益"项目，应根据综合收益项目除以普通股股数后的净额填列。

【例题8-2】SSZ有限责任公司所得税税率为25%，公司2023年1～11月的利润数据如表8-5所示。

表8-5　SSZ公司利润数据

项目	累计金额
营业收入	2 400 000
营业成本	1 600 000
税金及附加	40 800
销售费用	40 000
管理费用	80 000
财务费用	2 000
资产减值损失	6 000
营业利润	略
营业外收入	10 000
营业外支出	4 000
利润总额	略
所得税费用	略

SSZ有限责任公司2023年12月发生以下经济业务：

（1）对外销售甲商品1 000件，单价270元，增值税率13%，收到对方开来的一张金额为305 100元的商业汇票。

（2）接受A公司捐赠现金14 000元存入银行。

（3）计算分配本月应付职工工资共计90 000元，其中管理部门60 000元，专设销售机构人员工资30 000元。

（4）计提本月办公用固定资产折旧2 400元。

（5）结转已销售的1 000件甲商品的销售成本174 000元。

（6）将本月实现的损益结转至"本年利润"账户。

要求：根据上述资料，完成会计分录并编制2023年度的利润表8-6。

SSZ有限责任公司编制如下会计分录：

（1）借：应收票据　　　　　　　　　　　　　　　　　　305 100

贷：主营业务收入　　　　　　　　　　270 000

　　应交税费——应交增值税（销项税）　35 100

（2）借：银行存款　　　　　　　　　　14 000

　　　贷：营业外收入　　　　　　　　　14 000

（3）借：管理费用　　　　　　　　　　60 000

　　　销售费用　　　　　　　　　　　　30 000

　　　贷：应付职工薪酬　　　　　　　　90 000

（4）借：管理费用　　　　　　　　　　2 400

　　　贷：累计折旧　　　　　　　　　　2 400

（5）借：主营业务成本　　　　　　　　174 000

　　　贷：库存商品　　　　　　　　　　174 000

（6）借：主营业务收入　　　　　　　　270 000

　　　营业外收入　　　　　　　　　　　14 000

　　　贷：本年利润　　　　　　　　　　284 000

　　借：本年利润　　　　　　　　　　　266 400

　　　贷：主营业务成本　　　　　　　　174 000

　　　管理费用　　　　　　　　　　　　62 400

　　　销售费用　　　　　　　　　　　　30 000

表8-6　SSZ公司利润表

编制单位：SSZ 有限责任公司　　　　　2023 年　　　　　　　　单位：元

项目	本期金额	上期金额
一、营业收入	2 670 000	
减：营业成本	1 774 000	
税金及附加	40 800	
销售费用	70 000	
管理费用	142 800	
研发费用		
财务费用	2 000	
其中：利息费用		
利息收入		
加：其他收益		
投资收益（损失以"－"号填列）		
其中：对联营企业和合营企业的投资收益		

续表

项目	本期金额	上期金额
公允价值变动收益（损失以"-"号填列）		
信用减值损失（损失以"-"号填列）		
资产减值损失（损失以"-"号填列）	6 000	
资产处置收益（损失以"-"号填列）		
二、营业利润（亏损以"-"号填列）	634 800	
加：营业外收入	24 000	
减：营业外支出	4 000	
三、利润总额（损失以"-"号填列）	654 800	
减：所得税费用	163 700	
四、净利润（净亏损以"-"号填列）	491 100	
（一）持续经营净利润（净亏损以"-"号填列）		
（二）终止经营净利润（净亏损以"-"号填列）		
五、其他综合收益的税后净额		
（一）不能重分类进损益的其他综合收益		
1.重新计量设定受益计划变动额		
2.权益法下不能转损益的其他综合收益		
3.其他权益工具投资公允价值变动		
4.企业自身信用风险公允价值变动		
……		
（二）将重分类进损益的其他综合收益		
1.权益法下可转损益的其他综合收益		
2.其他债权投资公允价值变动		
3.金融资产重分类计入其他综合收益的金额		
4.其他债权投资信用减值准备		
5.现金流量套期储备		
6.外币财务报表折算差额		
……		
六、综合收益总额		
七、每股收益		
（一）基本每股收益		
（二）稀释每股收益		

第四节　现金流量表

一、现金流量表的概念

现金流量表，是反映企业在一定会计期间现金和现金等价物流入和流出情况的报表。它提供了企业在一定会计期间的现金和现金等价物流入企业、流出企业和期末净现金流量增加额，体现企业获取现金和现金等价物的能力。

二、现金流量表的作用

通过现金流量表，可以为信息使用者提供企业中一定会计期间的现金和现金等价物流入、流出情况的信息，便于信息使用者了解和评价企业获取现金和现金等价物的能力，据以预测企业未来现金流量。具体体现为：编制现金流量表有利于会计信息使用者评价企业的支付能力、偿债能力和周转能力；有利于会计信息使用者预测企业未来产生的现金流量；有利于会计信息使用者评价企业受益的质量和分析现金流量差异的原因。

三、现金流量表的内容

（一）现金流量的概念

现金流量，是指企业一定会计期间发生现金和现金等价物流入和流出。但是，企业从银行提取现金、用现金购买短期国库券等现金和现金等价物之间的转换不影响现金流量。

这里的"现金"是指广义上的现金，即企业随时可以用于支付的存款，包括库存现金、银行存款和其他货币资金。不能随时用于支付的银行存款不属于现金流量表中所说的现金。

现金等价物，是指企业持有的期限短、流动性强、易于转换为已知金额现金、价值变动风险很小的债券投资。现金等价物通常包括三个月内到期的债券投资等。企业应根据具体情况确定现金等价物的范围，一经确定不得随意变更。

（二）现金流量的内容

现金流量的内容包括以下三个部分：

1. 经营活动产生的现金流量

经营活动，是指企业投资活动和筹资活动以外的所有交易和事项，主要包括销售商品或提供劳务、购买商品、接受劳务、支付工资和交纳税款等交易或事项。经营活动产生的现金流量是由于售商品或提供劳务、购买商品、接受劳务、支付工资和交纳税款等交易或事项等产生的，包括现金流入和现金流出两部分。

2. 投资活动产生的现金流量

投资活动，是指企业长期资产的购建和不包括在现金等价物范围内的投资及其处置活动，主要包括购建固定资产、处置子公司及其他营业单位等。投资活动产生的现金流量是由于购建固定资产、处置子公司及其他营业单位等交易或事项产生的，包括现金流入和现金流出两部分。

3. 筹资活动产生的现金流量

筹资活动，是指导致企业资本及债务规模和构成发生变化的活动，主要包括吸收投资、发行股票、分配利润、发行债券、偿还债务等交易或事项。偿付应付账款、应付票据等商业应付款等属于经营活动，不属于筹资活动。筹资活动的现金流量是由于吸收投资、发行股票、分配利润、发行债券、偿还债务等交易或事项产生的，包括现金流入和现金流出两部分。

四、现金流量表的格式

根据我国《企业会计准则》的规定，我国企业的现金流量表应采用报告式结构，分类反映经营活动产生的现金流量、投资活动产生的现金流量和筹资活动产生的现金流量，最后汇总反映企业某一期间现金及现金等价物的净增加额。

现金流量表的格式如表 8-7 所示：

表8-7 现金流量表

编制单位：　　　　　　　　　___年___月　　　　　　　　　单位：元

项目	本期金额	上期金额
一、经营活动产生的现金流量		
销售商品、提供劳务收到的现金		
收到的税费返还		
收到其他与经营活动有关的现金		
经营活动现金流入小计		
购买商品、接受劳务支付的现金		

续表

项目	本期金额	上期金额
支付给职工以及为职工支付的现金		
支付的各项税费		
支付的其他与经营活动有关的现金		
经营活动现金流出小计		
经营活动产生的现金流量净额		
二、投资活动产生的现金流量		
收回投资所收到的现金		
取得投资收益所收到的现金		
处置固定资产、无形资产和其他长期资产所收回的现金净额		
处置子公司及其他营业单位收到的现金净额		
收到其他与投资活动有关的现金		
投资活动现金流入小计		
购建固定资产、无形资产和其他长期资产所支付的现金		
投资所支付的现金		
取得子公司及其他营业单位支付的现金净额		
支付其他与投资活动有关的现金		
投资活动现金流出小计		
投资活动产生的现金流量净额		
三、筹资活动产生的现金流量		
吸收投资收到的现金		
取得借款收到的现金		
收到的其他与筹资活动有关的现金		
筹资活动现金流入小计		
偿还债务所支付的现金		
分配股利、利润或偿还利息所支付的现金		
支付其他与筹资活动有关的现金		
筹资活动现金流出小计		
筹资活动产生的现金流量净额		
四、汇率变动对现金及现金等价物的影响		
五、现金及现金等价物净增加额		
加：期初现金及现金等价物余额		
六、期末现金及现金等价物余额		

五、现金流量表的编制方法

企业应当采用直接法列示经营活动产生的现金流量。直接法，是指通过现金收入和现金支出的主要类别列示经营活动的现金流量。采用直接法编制经营活动的现金流量时，一般以利润表中的营业收入为起算点，调整与经营活动有关的项目的增减变动，然后计算出经营活动的现金流量。采用直接法具体编制现金流量表时，可以采用工作底稿法或 T 形账户法，也可以根据有关科目记录分析填列。

现金流量表各项目的填列方法如下：

（一）经营活动产出的现金流量的编制方法

1. "销售商品、提供劳务收到的现金"项目

本项目可根据"主营业务收入""其他业务收入""应收账款""应收票据""预收账款"及"库存现金""银行存款"等账户分析填列。

本项目的现金流入可通过下述公式计算求得：

销售商品、提供劳务收到的现金＝本期营业收入净额＋本期应收账款减少额（－应收账款增加额）＋本期应收票据减少额（－应收票据增加额）＋本期预收账款增加额（－预收账款减少额）

注：上述公式中，如果本期有实际核销的坏账损失，也应减去。这是因为，核销坏账损失减少了应收账款，但没有收回现金。如果有收回前期已核销的坏账金额，应加上。这是因为，收回已核销的坏账，并没有增加或减少应收账款，但却收回了现金。

2. "收到的税费返还"项目

该项目反映企业收到返还的各种税费。本项目可以根据"库存现金""银行存款""应交税费""税金及附加"等账户的记录分析填列。

3. "收到的其他与经营活动有关的现金"项目

本项目反映企业除了上述各项目以外收到的其他与经营活动有关的现金流入，如罚款收入、流动资产损失中由个人赔偿的现金收入等，可根据"营业外收入""营业外支出""库存现金""银行存款""其他应收款"等账户的记录分析填列。

4. "购买商品、接受劳务支付的现金"项目

本项目可根据"应付账款""应付票据""预付账款""库存现金""银行存款""主营业务成本""其他业务成本""存货"等账户的记录分析填列。

本项目的现金流出可用以下公式计算求得：

购买商品、接受劳务支付的现金＝营业成本＋本期存货增加额（－本期存货减少额）＋本期应付账款减少额（－本期应付账款增加额）＋本期应付票据减少额（－本期应付票

据增加额）＋本期预付账款增加额（－本期预付账款减少额）

5."支付给职工以及为职工支付的现金"项目

该项目反映企业实际支付给职工以及为职工支付的工资、奖金、各种津贴和补贴等（含为职工支付的养老、失业等各种保险和其他福利费用），但不含为离退休人员支付的各种费用和固定资产购建人员的工资。本项目可根据"库存现金""银行存款""应付职工薪酬""生产成本"等账户的记录分别填列。

6."支付的各项税费"项目

本项目反映的是企业按规定支付的各项税费和有关费用，但不包括已计入固定资产原价而实际支付的耕地占用税和本期退回的所得税。本项目应根据"应交税费""库存现金""银行存款"等账户的记录分别填列。

7."支付的其他与经营活动有关的现金"项目

本项目反映企业除上述各项目外，支付的其他与经营活动有关的现金，包括罚款支出、差旅费、业务招待费、保险费支出、支付的离退休人员的各项费用等。本项目应根据"管理费用""销售费用""营业外支出"等账户的记录分别填列。

（二）投资活动产生的现金流量的编制方法

1."收回投资所收到的现金"项目

本项目反映企业出售、转让和到期收回的除现金等价物以外的交易性金融资产、长期股权投资而收到的现金，以及收回持有至到期投资本金而收到的现金，不包括持有至到期投资收回的利息以及收回的非现金资产。本项目应根据"交易性金融资产""长期股权投资""库存现金""银行存款"等账户的记录分别填列。

2."取得投资收益所收到的现金"项目

本项目反映企业因股权性投资而分得的现金股利、和分回利润所收到的现金，以及债权性投资取得的现金利息收入。本项目应根据"投资收益""库存现金""银行存款"等账户的记录分别填列。

3."处置固定资产、无形资产和其他长期资产所收回的现金净额"项目

该项目反映处置上述各项长期资产所取得的现金，减去为处置这些资产所支付的有关费用后的净额。本项目可根据"固定资产清理""库存现金""银行存款"等账户的记录分别填列。如该项目所收回的现金净额为负数，应在"支付的其他与投资活动有关的现金"项目填列。

4."收到的其他与投资活动有关的现金"项目

本项目反映除上述各项目以外收到的其他与投资活动有关的现金流入。应根据"库存现金""银行存款"和其他有关账户的记录分别填列。

5."购建固定资产、无形资产和其他长期资产所支付的现金"项目

本项目反映企业购买、建造固定资产，取得无形资产和其他长期资产所支付的现金。其中企业为购建固定资产支付的现金，包括购买固定资产支付的价款现金及增值税款、固定资产购建支付的现金。但不包括购建固定资产的借款利息支出和融资租入固定资产的租赁费。本项目应根据"固定资产""无形资产""在建工程""库存现金""银行存款"等账户的记录分析填列。

6."投资所支付的现金"项目

该项目反映企业在现金等价物以外进行交易性金融资产、长期股权投资、持有至到期投资所实际支付的现金，包括佣金手续费所支付的现金。但不包括企业购买股票和债券时，实际支付价款中包含的已宣告尚未领取的现金股利或已到付息期但尚未领取的债券利息。本项目应根据"交易性金融资产""长期股权投资""持有至到期投资""库存现金""银行存款"等账户记录分析填列。

7."支付的其他与投资活动有关的现金"项目

本项目反映企业除了上述各项以外，支付的与投资活动有关的现金流出。包括企业购买股票和债券时，实际支付价款中包含的已宣告尚未领取的现金股利或已到付息期但尚未领取的债券利息等。本项目应根据"库存现金""银行存款""应收股利""应收利息"等账户的记录分析填列。

（三）筹资活动产生的现金流量的编制方法

1."吸收投资收到的现金"项目

本项目反映企业收到投资者投入的现金，包括以发行股票、债券等方式筹集资金实际收到的款项净额（即发行收入减去支付的佣金等发行费用后的净额）。本项目可根据"实收资本（或股本）""应付债券""库存现金""银行存款"等账户的记录分析填列。

2."取得借款收到的现金"项目

本项目反映企业举借各种短期借款、长期借款而收到的现金。本项目可根据"短期借款""长期借款""银行存款"等账户的记录分析填列。

3."收到的其他与筹资活动有关的现金"项目

该项目反映企业除上述各项以外收到的其他与筹资活动有关的现金流入。本项目应根据"库存现金""银行存款"和其他有关账户的记录分析填列。

4."偿还债务所支付的现金"项目

本项目反映企业以现金偿还债务的本金，包括偿还金融机构的借款本金、偿还到期的债券本金等。本项目可根据"短期借款""长期借款""应付债券""库存现金""银行存款"等账户的记录分析填列。

5."分配股利、利润或偿还利息所支付的现金"项目

本项目反映企业实际支付的现金股利、支付给投资人的利润或用现金支付的借款利息、债券利息等。本项目可根据"应付股利（或应付利润）""财务费用""长期借款""应付债券""库存现金""银行存款"等账户的记录分析填列。

6."支付的其他与筹资活动有关的现金"项目

本项目反映除了上述各项目以外支付的与筹资活动有关的现金流出。例如发行股票债券所支付的审计、咨询等费用。该项目可根据"库存现金""银行存款"和其他有关账户的记录分析填列。

（四）汇率变动对现金的影响的编制方法

本项目反映企业的外币现金流量发生日所采用的汇率与期末汇率的差额对现金的影响数额（编制方法略）。

（五）"现金及现金等价物的净增加额"的编制方法

本项目是将本表中"经营活动产生的现金流量净额""投资活动产生的现金流量净额""筹资活动产生的现金流量净额"和"汇率变动对现金的影响"四个项目相加得出的。

（六）期末现金及现金等价物余额的填列

本项目是将计算出来的现金及现金等价物净增加额加上期初现金及现金等价物金额求得。它应该与企业期末的全部货币资金与现金等价物的合计余额相等。

六、工作底稿法和 T 字账法

（一）工作底稿法

采用工作底稿法编制现金流量表，就是以工作底稿为手段，以利润表和资产负债表数据为基础，对每一项目进行分析并编制调整分录，从而编制出现金流量表。

在直接法下，整个工作底稿纵向分成三段：第一段是资产负债表项目，其中又分为借方项目和贷方项目两部分；第二段是利润表项目；第三段是现金流量表项目。工作底稿横向分为五栏，在资产负债部分，第一栏是项目栏，填列资产负债表各项目名称；第二栏是期初数，用来填列资产负债表项目的期初数；第三栏是调整分录的借方；第四栏是调整分录的贷方；第五栏是期末数，用来填列资产负债表项目的期末数。在利润表和现金流量表部分，第一栏也是项目栏，用来填列利润表和现金流量表项目名称；第二栏空置不填；第三、第四栏分别是调整分录的借方和贷方；第五栏是本期数，利润表部

分这一栏数字应和本期利润表数字核对相符，现金流量表部分这一栏的数字可直接用来编制正式的现金流量表。

采用工作底稿法编制现金流量表的程序是：

第一步，将资产负债表的期初数和期末数过入工作底稿的期初数栏和期末数栏。

第二步，对当期业务进行分析并编制调整分录。调整分录大体有三类：第一类是涉及利润表中的收入、成本和费用项目以及资产负债表中的资产、负债及所有者权益项目，通过调整，将权责发生制下的收入费用转换为现金基础；第二类是涉及资产负债表和现金流量表中的投资、筹资项目，反映投资和筹资活动的现金流量；第三类是涉及利润表和现金流量表中的投资和筹资项目，目的是将利润表中有关投资和筹资方面的收入和费用列入到现金流量表投资、筹资现金流量中去。此外，还有一些调整分录并不涉及现金收支，只是为了核对资产负债表项目的期末期初变动。在调整分录中，有关现金和现金等价物的事项并不直接借记或贷记现金，而是分别记入"经营活动产生的现金流量""投资活动产生的现金流量""筹资活动产生的现金流量"有关项目，借记表明现金流入，贷记表明现金流出。

第三步，将调整分录过入工作底稿中的相应部分。

第四步，核对调整分录，借贷合计应当相等，资产负债表项目期初数加减调整分录中的借贷金额以后，应当等于期末数。

第五步，根据工作底稿中的现金流量表项目部分编制正式的现金流量表。

（二）T形账户法

采用T形账户法，就是以T形账户为手段，以利润表和资产负债表数据为基础，对每一项目进行分析并编制调整分录，从而编制出现金流量表。采用T形账户法编制现金流量表的程序如下：

第一步，为所有的非现金项目（包括资产负债表项目和利润表项目）分别开设T形账户，并将各自的期末期初变动数过入各该账户。

第二步，开设一个大的"现金及现金等价物"T形账户，每边分为经营活动、投资活动和筹资活动三个部分，左边记现金流入，右边记现金流出。与其他账户一样，过入期末期初变动数。

第三步，以利润表项目为基础，结合资产负债表分析每一个非现金项目的增减变动，并据此编制调整分录。

第四步，将调整分录过入各T形账户并进行核对，该账户借贷相抵后的余额与原先过入的期末期初变动数应当一致。

第五步，根据大的"现金及现金等价物"T形账户编制正式的现金流量表。

【例题 8-3】SSZ 公司 2023 年有关资料如下：

本期产品销售收入 100 000 元；应收账款期初余额 20 000 元，期末余额 50 000 元；本期预收的货款 6 000 元；本期用银行存款支付购买原材料货款 50 000 元；用银行存款支付工程用物资货款 60 000 元；本期购买原材料预付货款 30 000 元；本期从银行提取现金 33 000 元，用于发放工资；本期实际支付工资 30 000 元，各种奖金 3 000 元，其中经管理员工资 20 000 元，奖金 1 000 元，在建工程人员工资 10 000 元，奖金 2 000 元；期初未交所得税为 2 000 元，本期发生的应交所得税 7 000 元，期末未交所得税为 1 000 元。

要求：根据上述资料，计算 SSZ 有限责任公司现金流量表中下列项目的金额，并列出计算过程（不考虑增值税）。"销售商品、提供劳务收到的现金"项目、"购买商品、接受劳务支付的现金"项目、"支付给职工以及为职工支付的现金"项目、"支付的各种税费"项目、"购建固定资产、无形资产和其他长期资产所支付的现金"项目。

计算如下：

"销售商品、提供劳务收到的现金"项目 =100 000+（20 000-50 000）+6 000= 76 000（元）

"购买商品、接受劳务支付的现金"项目 =50 000+30 000=80 000（元）。

"支付给职工以及为职工支付的现金"项目 =20 000+1 000=21 000（元）。

"支付的各种税费"项目 =2 000+7 000-1 000=8 000（元）。

"购建固定资产、无形资产和其他长期资产所支付的现金"项目 = 10 000 + 2 000 +60 000 =72 000（元）。

第五节　所有者权益变动表

一、所有者权益变动表的概念

所有者权益变动表，是指反映构成所有者权益各组成部分当期的增减变动情况的报表。所有者权益变动表可以全面地反映企业在一定会计期间所有者权益的增减变动情况，不仅包括总量的变动，还包括具体构成项目的变动。

二、所有者权益变动表的作用

所有者权益变动表反映一定会计期间所有者权益构成及其内部变动情况，属于动态会计报表。编制所有者权益变动表有助于信息使用者了解所有者权益增减变动情况，有助于反映企业的综合收益，有助于比较不同时期所有者权益的信息；为信息使用者提供企业所有者权益的内部变动及其变动的根源，为信息使用者决策提供依据。

三、所有者权益变动表的内容与结构

在所有者权益变动表上，企业至少应当单独列示反映下列信息的项目：综合收益总额、会计政策变更和差错更正的累积影响金额、所有者投入资本和向所有者分配利润等、提取的盈余公积、实收资本或资本公积、未分配利润的期初和期末余额及其调节情况。

所有者权益变动表以矩阵的形式列示：一方面，列示导致所有者权益变动的交易或事项，即所有者权益变动的来源，对一定时期所有者权益的变动情况进行全面反映；另一方面，按照所有者权益各组成部分（即实收资本、其他权益工具、资本公积、其他综合收益、盈余公积、未分配利润和库存股）列示交易或事项对所有者权益各部分的影响。

所有者权益变动表如表 8-8 所示。

表8-8　所有者权益变动表

编制单位：　　　　　　　　　　____年度　　　　　　　单位：元

项目	本年金额								上年金额							
	实收资本（或股本）	其他权益工具	资本公积	减：库存股	其他综合收益	盈余公积	未分配利润	所有者权益合计	实收资本（或股本）	其他权益工具	资本公积	减：库存股	其他综合收益	盈余公积	未分配利润	所有者权益合计
一、上年年末余额																
加：会计政策变更																
前期差错更正																
其他																
二、本年年初余额																
三、本年增减变动金额（减少以"-"号填列																
（一）综合收益总额																
（二）所有者投入或减少资本																
1.所有者投入的普通股																
2.其他权益工具持有者投入的资本																

续表

项目	本年金额								上年金额							
	实收资本（或股本）	其他权益工具	资本公积	减：库存股	其他综合收益	盈余公积	未分配利润	所有者权益合计	实收资本（或股本）	其他权益工具	资本公积	减：库存股	其他综合收益	盈余公积	未分配利润	所有者权益合计
3.股份支付记入所有者权益的金额																
4.其他																
（三）分配利润																
1.提取盈余公积																
2.对所有者（或股东）的分配																
3.其他																
（四）所有者权益内部结转																
1.资本公积转增资本（或股本）																
2.盈余公积转增资本（或股本）																
3.盈余公积弥补亏损																
4.设定受益计划变动额结转留存收益																
5.其他综合收益结转留存收益																
6.其他																
四、本年年末余额																

四、所有者权益变动表的编制

（一）所有者权益变动表上年金额的填列方法

所有者权益表变动表"上年金额"栏内各项数字，应根据上年度所有者权益变动表"本年金额"内所列数字填列。上年度所有者权益变动表规定的各个项目的名称和内容同本年度不一致的，应对上年度所有者权益变动表各项目的名称和数字按照本年度的规定进行调整，填入所有者权益变动表的"上年金额"栏内。

（二）所有者权益变动表本年金额的填列方法

所有者权益变动表"本年金额"栏内各项数字一般应根据"实收资本（或股

本）""其他权益工具""资本公积""库存股""其他综合收益""盈余公积""利润分配"账户的发生额分析填列。各项目的说明及具体填列如下：

1. 上年年末余额

上年年末余额反映企业上年资产负债表中实收资本（或股本）、其他权益工具、资本公积、其他综合收益、盈余公积、利润分配等科目的年末余额，直接根据上年年末资产负债表的相关数据填列。

（1）会计政策变更：反映企业采用追溯调整法处理的会计政策变更的累积影响金额。

（2）前期差错更正：反映企业采用追溯重述法处理的会计差错更正的累积影响金额。

2. 本年年初余额

本年年初余额反映企业为体现会计政策变更和前期差错更正的影响，而在上年年末所有者权益余额的基础上进行调整得出的本年年初所有者权益余额。应根据"实收资本（或股本）""其他权益工具""资本公积""其他综合收益""盈余公积""利润分配"账户的发生额分析填列。

3. 本年增减变动金额

（1）综合收益：反映企业当年实现的净利润（或净亏损）金额与其他综合收益扣除所得税影响后的净额的合计数。

（2）所有者投入和减少资本：反映企业当年所有者投入的资本和减少的资本。其中：①所有者投入资本：反映企业接受投资者投入形成的实收资本（或股本）和资本溢价或股本溢价，对应列在"实收资本"和"资本公积"栏。②股份支付计入所有者权益的金额：反映企业处于等待期中的权益结算的股份支付当年计入资本公积的金额，对应列在"资本公积"项。

（3）利润分配：反映按照规定提取的盈余公积金额和当年对所有者（或股东）分配的利润（或股利）金额，对应列在"盈余公积"和"未分配利润"栏。其中：①提取盈余公积：反映企业按照规定提取的盈余公积、储备基金、企业发展基金项目、中外合作经营在合作期间归还投资者的投资等项目。②对所有者（或股东）的分配：反映对所有者（或股东）分配的利润（或股利）金额。

（4）所有者权益内部结转：所有者权益内部结转反映不影响当年所有者权益总额的所有者各组成部分之间当年的增减变动。其中：①资本公积转增资本（或股本）：反映企业以资本公积转增资本或股本的金额。②盈余公积转增资本（或股本）：反映企业以盈余公积转增资本或股本的金额。③盈余公积弥补亏损：反映企业以盈余公积弥补亏损的金额。

第六节　会计报表附注

一、会计报表附注的概念

附注，是指对资产负债表、利润表、现金流量表和所有者权益变动表中列示项目的文字说明或明细资料，以及对未在这些报表中列示项目的解释等。会计报表中的数据具有很强的逻辑关系，数据是经过了多次浓缩得来，因此，有必要对会计报表相关项目的数据作补充和说明。另外，有些交易或事项是不能通过会计报表数据反映的，为了全面地反映企业的财务状况、经营成果、现金流量等会计信息，有必要通过报表附注来披露。

二、会计报表附注的作用

编制附注，有助于会计信息使用者全面、正确地使用会计报表，更好地理解报表的内容，掌握企业的表外会计信息，进而做出正确的决策。

三、会计报表附注的主要内容

附注是财务报告的重要组成部分。企业在年度的会计报表附注中至少应披露以下内容，但法律法规另有规定的除外。

（1）不符合会计核算前提的说明。

（2）重要会计政策与会计估计的说明。

（3）重要会计政策和会计估计变更的说明，以及重大会计差错更正的说明。

（4）或有事项的说明。

（5）资产负债表日后事项的说明。

（6）关联方关系及其交易的说明。

（7）重要资产转让及其出售的说明。

（8）企业合并、分立的说明。

（9）会计报表重要项目的说明。

本章总结

本章主要介绍了会计报表的概念、内容、分类、作用和编制要求；资产负债表的概念、作用、结构与内容、格式和编制方法；利润表的概念、作用、内容、格式和编制方法；现金流量表的概念、作用、内容、结构与内容、编制方法；所有者权益变动表的概念、作用、内容与结构、编制方法；附注的概念、作用和主要内容。

拓展阅读

会计目标的实现与会计报表的变革

会计研究伴随会计实践的发展也在不断地深入，会计作为一个提供信息的体系，就是要不断满足信息用户新的需要，也就是会计的目标，实现会计的目标是会计的出发点和归宿点。会计目标经历了一段历史的变迁，由最早的解脱受托责任到决策有用。时至今日，会计目标进一步演变为投资者保护，即会计信息具有定价功能和治理功能，从而实现对投资者的保护。现有会计报表所提供的信息并非完全能够实现这些目标，会计报表还须进一步变革。

就实现解脱受托责任会计目标而言，会计报表必须要真实全面地反映经营者履行所有者所授托的经济责任。所有者授托的经济责任包括资本保全和资本增值，资本保全又分为资本数量保全和资本质量保全，资本增值也分为资本数量增值和资本质量增值。资本数量保全是指期末净资产必须等于期初投入资本，资产负债表正是为了满足这一要求而设计的，只要资产负债表中的期末净资产等于期初投入资本就实现了资本数量保全；资本质量保全是指期末资产的变现能力必须等于期初投入资本的变现能力，由于期初投入资本都处于现金状态（或者现金入资，或者非现金入资则要进行评估），也就是说，期末资产的变现能力必须要达到百分之百的状态，这意味着期末资产必须按照资产负债表所披露的资产金额随时随地都能百分之百变现。由于资产变现并不在现在而在未来，这就必然存在不确定性，从这点出发，资产负债表对资本质量保全的授托责任的披露并不充分和可靠，为此有必要进一步提供每项资产变现能力的报表。经营者的受托责任还包括资本数量增值和资本质量增值，资本数量增值不只是利润，一个企业创造价值的能力应该是指全部新增价值也就是马克思说的 $v+m$，而利润只是其中的一部分。当两个企业利润完全相同时，一个企业员工的工资、缴纳的税金以及支付的利息多于另一个企业时，若以利润作为业绩考核标准，则两个企业业绩相同，但当以全部新增价值作为业绩考核标准时，显然两个企业创造价值的能力大不相同。为了准确而全面地考核企业创造价值的能力，企业必须要编制全部新增价值的会计报表。资本质量增值主要是指企业收入的收现程度以及收入在未来的稳定性，目前的会计报表能够披露企业收入的收现程度，但无法披露收入在未来的稳定性。事实上，利润表之所以按照业务类型（主营业务、其他业务、投资业务、营业外业务）分别计算收入，主要是为了披露收入在未来的稳定性，主营业务实现的收入越大就越稳定。但这一披露仍然远远不够，需要有相应的延伸报表。不仅如此，现在的报表所披露的有些收入、成本和费用与经营者所做的努力无关，所以，财务会计报表所披露的信息必须要进行调整，进而形成专门反映经营者努力程度的会计报表，与此相应的会计可以称为经营者能力评价会计。

就实现决策有用会计目标而言，现有的会计报表只是反映过去一年的经营成果和财务状况，可以称之为结果报表，既然是结果就不存在决策问题。为了进行决策，显然必须要了解企业过去一年的经营成果和财务状况的形成原因，这些原因既包括有利因素也包括不利因素，通过发现不利因素并针对这些不利因素提出解决方案，这本身就是决策。所以，要使会计信息实现决策有用的目标，关键就是要提供原因信息，而现有的会计报表所提供的信息只是结果信息。实际上，整个会计核算体系采取分类、归纳和汇总的形式形成了结果性的会计报表，所有的原因都被舍弃掉了。既然现有的会计报表披露的是一定时期的经营成果和财务状况，那么有果必有因，必须要形成因果关系链的会计报表体系。以资产负债表作为结果报表，按照原因分层的原理不断寻找经营成果和财务状况生成的原因，直至找到最终原因。

就投资者保护的会计目标而言，最为关键的是要尽可能消除投资者与经营者之间的信息不对称。投资者获取的信息越充分，资本市场的定价功能越能有效发挥，对经营者的控制更为有效。也就是说，信息透明度越高，对经营者的治理更强。但问题并不是如此简单，信息披露的充分性是一柄双刃剑。对投资者而言，信息披露越充分越好，但对披露信息的企业而言并非如此。市场效率的提高一方面有赖于投资决策的正确程度，称之为投资效率，信息披露越充分，投资者的投资决策越正确，资源就越能配置到最有效的企业或者投资项目上；另一方面也有赖于市场竞争的激烈程度，称之为竞争效率，市场竞争越有效，越能提高企业的效率包括企业的创新能力。要提高市场竞争效率，关键要保护好企业的商业秘密，而保护商业秘密则要求企业的信息不能在市场上完全公开披露，由此就产生了信息披露的边界问题。至今为止，信息披露的这一边界并没有得到很好的界定，以致实践中经常产生的问题是信息披露过度或者信息披露不足。为了确保投资效率和竞争效率所形成的综合的市场效率最大，确实有必要对企业所披露的信息的边界进行有效界定。

总之，一方面随着会计目标的不断变化，会计报表所提供的信息内容必须要不断扩充和完善；另一方面，还需要就会计信息对原有会计目标的实现程度进行再评价，以确保会计信息能够满足不同会计目标的需要。

（节选自《会计目标的实现与会计报表的变革》，谢志华，财务与会计2015年第20期，28-29页）

第九章　会计核算形式

知识目标

1. 了解会计核算形式的概念、种类、作用。

2. 理解记账凭证核算形式、汇总记账凭证核算形式、科目汇总表核算形式的一般步骤。

3. 掌握记账凭证核算形式、汇总记账凭证核算形式、科目汇总表核算形式的特点。

思政目标

1. 建立学生殊途同归的思维方式。不同的会计核算形式，其目的都是高效准确地编制财务报表。

2. 培养学生分工合作、整合零散信息的能力。会计信息加工过程需要各部门人员协调配合，才能将企业大量的零散信息加以整合。

案例导入

大学生小微的困惑

大学生小微读的是会计专业，拿到初级会计师后应邀到一家新公司从事会计工作。在日常工作中，小微按照相关规定填制和审核会计凭证，登记现金日记账、银行存款日记账和明细分类账。这些工作都很顺利地完成，然而登记总分类账依据什么呢？询问了几个老会计，有的说是根据记账凭证登记总分类账，有的说根据汇总记账凭证登记总分类账，有的说根据科目汇总表登记总分类账。为什么不同的老会计说法不一致呢？你知道原因吗？

本章主要内容（图 9-1）

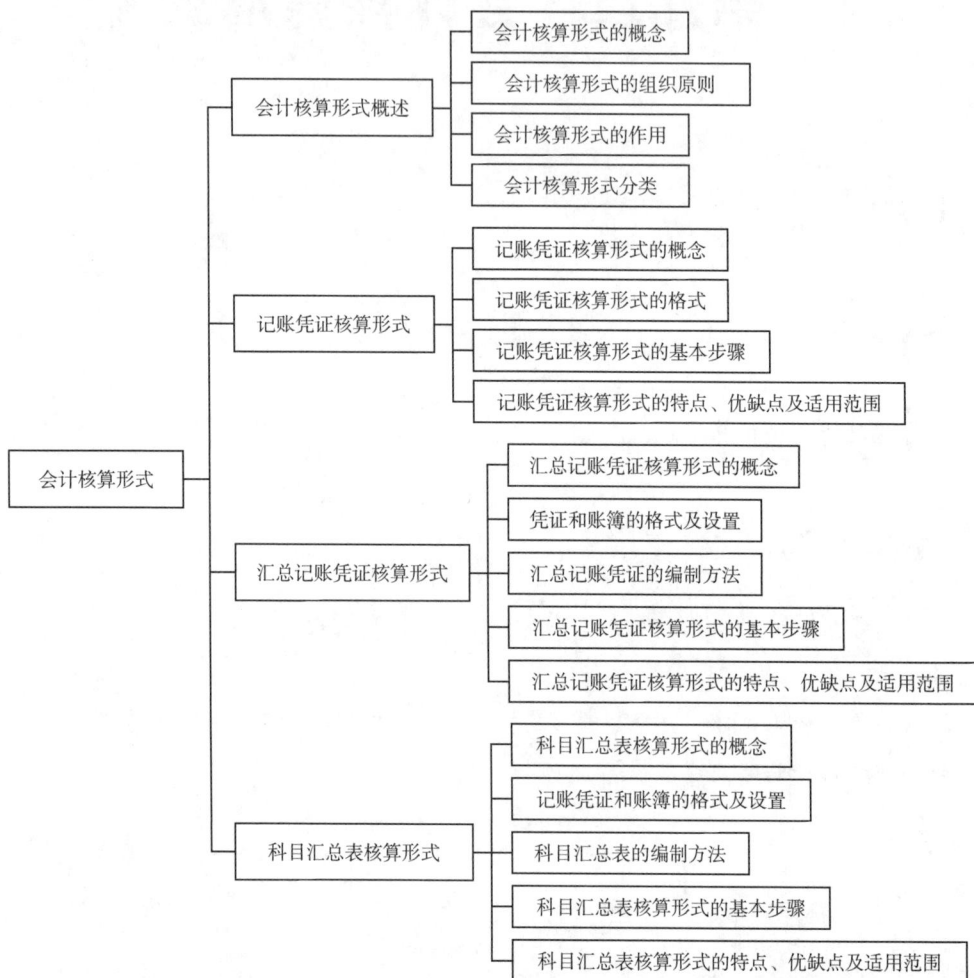

```
                                    ┌─ 会计核算形式的概念
                                    │
                    会计核算形式概述 ├─ 会计核算形式的组织原则
                                    │
                                    ├─ 会计核算形式的作用
                                    │
                                    └─ 会计核算形式分类

                                    ┌─ 记账凭证核算形式的概念
                                    │
                    记账凭证核算形式 ├─ 记账凭证核算形式的格式
                                    │
                                    ├─ 记账凭证核算形式的基本步骤
                                    │
                                    └─ 记账凭证核算形式的特点、优缺点及适用范围

                                    ┌─ 汇总记账凭证核算形式的概念
                                    │
会计核算形式                        ├─ 凭证和账簿的格式及设置
                                    │
                  汇总记账凭证核算形式├─ 汇总记账凭证的编制方法
                                    │
                                    ├─ 汇总记账凭证核算形式的基本步骤
                                    │
                                    └─ 汇总记账凭证核算形式的特点、优缺点及适用范围

                                    ┌─ 科目汇总表核算形式的概念
                                    │
                    科目汇总表核算形式├─ 记账凭证和账簿的格式及设置
                                    │
                                    ├─ 科目汇总表的编制方法
                                    │
                                    ├─ 科目汇总表核算形式的基本步骤
                                    │
                                    └─ 科目汇总表核算形式的特点、优缺点及适用范围
```

图9-1　第九章思维导图

第一节　会计核算形式概述

一、会计核算形式的概念

会计核算形式又称账务处理程序，是指在企业的会计核算中，通过确定会计凭证组织、会计账簿组织、会计报表组织、记账程序与方法相互结合的方式。不同的企业发生的交易或事项的繁简程度不同，因此，采用的会计核算程序也不一致。

二、会计核算形式的组织原则

组织会计核算形式应遵循一定的原则，具体包括以下三个方面：

1. 适应企业交易或事项的特点

企业组织会计核算形式要与其自身发生的交易或事项的性质、内容、繁简程度相适应，要与企业自身的规模相适应，应当有助于会计工作的分工与协作，以及会计岗位责任制的落实，并有助于企业内部监控制度的实施，提高会计核算形式与企业交易或事项特点的融合。

2. 满足信息使用者的需要

企业组织的会计核算形式应当能正确、及时、全面、系统地提供企业财务状况、经营成果和现金流量等会计信息，满足内部管理层以及外部相关利益者决策的需要。

3. 简化核算手续

企业组织的会计核算形式还应在保证会计工作质量的前提下，尽量简化会计核算手续，节约人力、物力和财力，提高会计核算工作效率。

三、会计核算形式的作用

科学、合理地选择适合本企业的会计核算形式，对有效组织会计核算具有重要的作用。即通过确定凭证、账簿与报表之间合理的联系方式，有利于会计工作程序的规范化，以保证会计信息加工过程的严密性，提高会计信息质量；通过凭证、账簿和报表之间的牵制作用，增强会计信息的可靠性，有利于保证会计记录的完整性、正确性；通过减少不必要的会计核算环节，提高会计工作效率，保证会计信息的及时性。因此，设计合理的会计账务处理程序有助于科学组织会计核算工作，充分发挥会计在经济管理中的作用。

四、会计核算形式分类

不同的会计核算形式是由于会计凭证、会计账簿、会计报表的种类、格式以及记账程序不同导致的。企业常用的会计核算形式主要有记账凭证核算形式、汇总记账凭证核算形式和科目汇总表核算形式。以上三种会计核算形式的主要区别是登记总分类账的依据和方法不同。共同点可以归纳为以下六个方面：

（1）将同类交易或事项的原始凭证汇总编制成汇总原始凭证。

（2）根据原始凭证或汇总原始凭证编制记账凭证。

（3）根据记账凭证中的收款凭证和付款凭证登记现金日记账和银行存款日记账。

（4）根据原始凭证、汇总原始凭证和记账凭证登记有关明细分类账。

（5）定期将日记账和明细分类账同总分类账核对。

（6）定期根据总分类账和明细分类账编制会计报表。

第二节 记账凭证核算形式

一、记账凭证核算形式的概念

记账凭证核算形式，是指对企业发生的交易或事项，根据原始凭证或汇总原始凭证编制记账凭证，再直接根据记账凭证逐笔登记总分类账的一种会计核算形式，它是最基本的会计核算形式，其他会计核算形式都在此基础上演变和发展而来。

二、记账凭证和账簿的格式

采用记账凭证核算形式，企业一般设置现金日记账、银行存款日记账、总分类账和明细分类账。日记账和总账一般采用三栏式；明细账可根据实际需要，分别采用三栏式、数量金额式和多栏式。记账凭证一般采用通用记账凭证格式，也可采用收款凭证、付款凭证和转账凭证三种格式。

三、记账凭证核算形式的基本步骤

记账凭证核算形式的基本步骤如下：

（1）根据原始凭证编制汇总原始凭证。

（2）根据原始凭证和汇总原始凭证编制收款凭证、付款凭证和转账凭证。

（3）根据收款凭证、付款凭证逐笔登记现金日记账和银行存款日记账。

（4）根据原始凭证、汇总原始凭证和记账凭证，登记各种明细分类账（一般情况下，明细账的登记依据为记账凭证，但为了反映详细的核算资料，有时需要以一些原始凭证为依据，并且有些具备记账凭证各项目的原始凭证也能代替记账凭证）。

（5）根据记账凭证逐笔登记总分类账。

（6）期末，现金日记账、银行存款日记账要和明细分类账的余额和有关总分类账的余额相符。

（7）期末，根据总分类账和明细分类账编制会计报表。

记账凭证核算形式的基本步骤如图9-2所示。

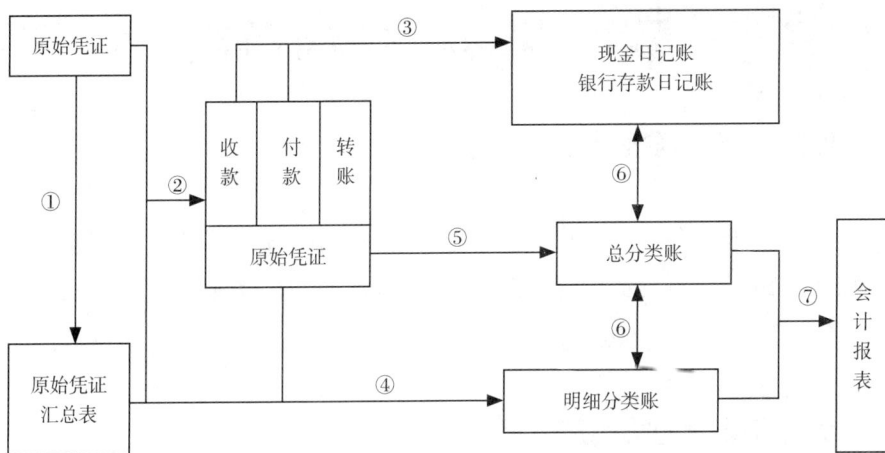

图9-2　记账凭证核算形式的基本步骤

四、记账凭证核算形式的特点、优缺点及适用范围

(一)特点

在记账凭证核算形式下，企业的会计人员可以直接根据记账凭证逐笔登记总分类账，反映较详细的会计信息。

(二)优缺点和适用范围

1. 记账凭证核算形式的优点

记账凭证核算形式简单明了，核算手续简便，层次清楚、便于查账，反映信息较详细。这是由于省去了编制记账凭证的汇总工作，而且对于一些不经常发生交易或事项的账户，可省去设置明细账，只需在总账的摘要栏中说明经济业务的主要内容，从而简化了记账工作。总分类账还能够较详细地反映交易或事项的内容、账户的对应关系和经济业务的来龙去脉，便于核对账目。

2. 记账凭证核算形式的缺点

记账凭证核算形式登记总分类账的工作量较大，不便于对会计工作进行分工。这是由于直接根据记账凭证登记总分类账，导致登记总分类账工作量比较大，并且同一时间只能是同一个会计账登记，不利于分工。

3. 记账凭证核算形式的适用范围

记账凭证核算形式一般适用于规模较小、经济业务较少、凭证不多的企业。

第三节　汇总记账凭证核算形式

一、汇总记账凭证核算形式的概念

汇总记账凭证核算形式，是指企业根据原始凭证或原始凭证汇总表编制记账凭证，然后定期根据记账凭证编制汇总记账凭证，再根据汇总记账凭证逐项登记总分类账的一种会计核算形式。

二、凭证和账簿的格式及设置

采用汇总记账凭证核算形式，企业除设置收款凭证、付款凭证和转账凭证外，还应当设置汇总收款凭证、汇总付款凭证和汇总转账凭证，并在汇总凭证中反映账户的对应关系。由于汇总记账凭证反映了账户的对应关系，为使总分类账的内容与各种汇总记账凭证相一致，总分类账所采用的借、贷、余三栏式中的借、贷两栏应设有"对方科目"专栏的格式，便于清晰反映科目之间的对应关系。

三、汇总记账凭证的编制方法

汇总记账凭证是对于每个科目按照一定的要求设置，并按科目的借方或贷方的对应科目汇总。汇总记账凭证分为汇总收款凭证、汇总付款凭证和汇总转账凭证。

（一）汇总收款凭证

汇总收款凭证是根据库存现金收款凭证、银行存款收款凭证定期汇总编制的汇总记账凭证。

汇总收款凭证按库存现金科目、银行存款科目的借方分别设置，定期（如5天或10天）将这一期间内的全部库存现金收款凭证、银行存款收款凭证，按与设置科目相对应的贷方科目加以归类、汇总填一次，每月编制一张。月终时，结算出汇总收款凭证的合计数，据以登记总分类账。

登记总分类账时，应根据汇总收款凭证上的合计数记入"库存现金"或"银行存款"总分类账户的借方，根据汇总收款凭证上各贷方科目的合计数分别计入有关总分类账户的贷方。汇总收款凭证格式如表9-1所示。

表9-1　汇总收款凭证

借方科目：库存现金　　　　　　　年　　月

贷方科目	金额				总账页数	
	1日～10日凭证第号～第号	11日～20日凭证第号～第号	21号～30日凭证第号～第号	合计	借方	贷方
…	…	…	…	…	…	…
合计						

（二）汇总付款凭证

汇总付款凭证是根据库存现金付款凭证、银行存款付款凭证定期汇总编制的汇总记账凭证。

汇总付款凭证按库存现金科目、银行存款科目的贷方分别设置，定期将这一期间内的全部库存现金付款凭证、银行存款付款凭证，分别按与设置科目相对应的借方科目加以归类，汇总填列一次，每月编制一张。月终时，结算出汇总付款凭证的合计数，据以登记总分类账。

登记总分类账时，根据汇总付款凭证的合计数，记入"库存现金""银行存款"总分类账户的贷方；根据汇总付款凭证中各借方科目的合计数记入相应的总分类账户的借方。汇总付款凭证格式如表9-2所示。

表9-2　汇总付款凭证

贷方科目：银行存款　　　　　　　年　　月

借方科目	金额				总账页数	
	1日～10日凭证第号～第号	11日～20日凭证第号～第号	21号～30日凭证第号～第号	合计	借方	贷方
…	…	…	…	…	…	…
合计						

（三）汇总转账凭证

汇总转账凭证是按转账凭证每一贷方科目分别设置的，用来汇总一定时期内转账业务的一种汇总记账凭证。

汇总转账凭证通常按每一科目的贷方分别设置，定期（5天或10天）将这一期间的全部转账凭证，按与设置科目相对应的借方科目加以归类、汇总填列一次，每月编制一张。月终时，结算出汇总转账凭证的合计数，据以登记总分类账。由于汇总转账凭证上的科目对应关系是一个贷方科目与一个或几个借方科目相对应的，因此，为了便于编制汇总转账凭证，要求所有的转账凭证也应按一个贷方科目与一个或几个借方科目的对应关系来填制，不应填制一个借方科目与几个贷方科目相对应的转账凭证。倘若在汇总期内，某一贷方科目的转账凭证较少时，也可不填制汇总转账凭证，直接根据转账凭证记账。

登记总分类账时，应根据汇总转账凭证的合计数，记入汇总转账凭证所列贷方科目相对应的总分类账户的贷方，并分别计入汇总转账凭证中各借方科目的相应总分类账户的借方。汇总转账凭证格式如表9-3所示。

表9-3　汇总转账凭证

贷方科目：库存商品　　　　　　　　　年　　　月

借方科目	金额				总账页数	
	1日～10日 凭证第 号～第 号	11日～20日 凭证第 号～第 号	21号～30日 凭证第 号～第 号	合 计	借 方	贷 方
...	...	...	...	...	...	...
合 计						

四、汇总记账凭证核算形式的基本步骤

汇总记账凭证核算形式的基本步骤如下：

（1）根据原始凭证编制汇总原始凭证；再根据原始凭证或汇总原始凭证，编制收款凭证、付款凭证和转账凭证。

（2）根据收款凭证、付款凭证逐笔登记现金日记账和银行存款日记账。

（3）根据原始凭证、汇总原始凭证和记账凭证，登记各种明细分类账。

（4）根据各种记账凭证编制有关汇总记账凭证。

（5）根据各种汇总记账凭证登记总分类账。

（6）期末，现金日记账、银行存款日记账和明细分类账的余额同有关总分类账的余额核对相符。

（7）期末，根据总分类账和明细分类账的记录，编制会计报表。

综上，汇总记账凭证核算形式的基本步骤如图9-3所示。

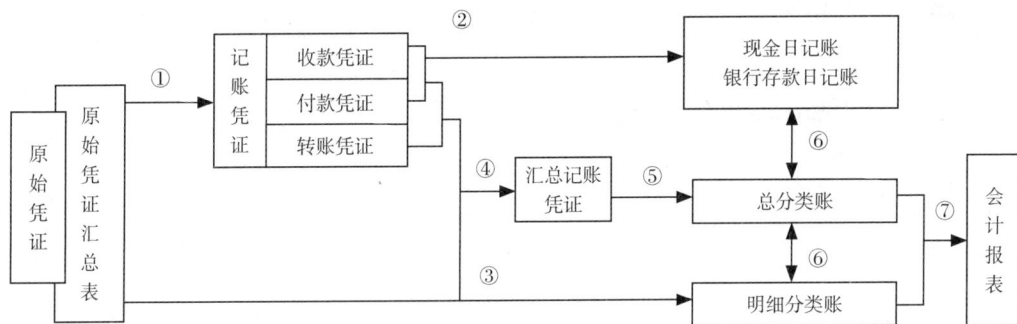

图9-3　汇总记账凭证核算形式的基本步骤

五、汇总记账凭证核算形式的特点、优缺点及适用范围

（一）特点

汇总记账凭证核算形式的特点是定期根据记账凭证分类编制汇总收款凭证、汇总付款凭证和汇总转账凭证，然后根据汇总记账凭证登记总分类账。

（二）优缺点及适用范围

1. 汇总记账凭证核算形式的优点

汇总记账凭证核算形式根据汇总记账凭证月终一次登记总分类账，从而大大减轻了登记总账的工作量；汇总记账凭证是按照会计科目的对应关系编制的，清晰地反映了经济业务的来龙去脉，总分类账也反映账户的对应关系，便于查账。

2. 汇总记账凭证核算形式的缺点

汇总转账凭证是按每一贷方科目而不是按交易或事项性质归类、汇总的，不利于日常核算工作的合理分工；转账凭证多的时候，编制汇总记账凭证工作量也较大。

3. 汇总记账凭证核算形式的适用范围

汇总记账凭证核算形式一般适用于规模较大、经济业务较多、管理要求总分类核算提供详细资料的企业。

第四节　科目汇总表核算形式

一、科目汇总表核算形式的概念

科目汇总表核算形式，是指企业根据记账凭证定期编制科目汇总表，然后根据科目汇总表登记总分类账的一种会计核算形式。

二、记账凭证和账簿的格式及设置

采用汇总记账凭证核算形式，企业一般设置现金日记账、银行存款日记账、总分类账和明细分类账。日记账和总账一般采用三栏式；明细账可根据实际需要，分别采用三栏式、数量金额式和多栏式。记账凭证一般采用通用记账凭证格式，也可采用收款凭证、付款凭证和转账凭证三种格式。

三、科目汇总表的编制方法

科目汇总表的编制方法是根据一定时期内的全部记账凭证，按相同的会计科目进行归类，分借、贷方定期（如 5 天或 10 天）汇总每一会计科目的本期发生额，填写在科目汇总表的借方发生额和贷方发生额栏内，以反映全部会计科目在一定期间的借、贷方发生额。科目汇总表可以每汇总一次编制一张，也可以按旬汇总一次，每月编制一张。任何格式的科目汇总表，都只反映各个会计科目的本期借方发生额和本期贷方发生额，不反映各个会计科目的对应关系。

在编制科目汇总表时，首先将汇总期内各项经济业务所涉及的会计科目填在科目汇总表的"会计科目"栏内，为了便于登记总分类账，会计科目的顺序按总分类账上会计科目的先后顺序填写。其次，根据汇总期内所有的记账凭证，按会计科目分别加记借方发生额和贷方发生额，将其汇总数填在各相应会计科目的"借方"和"贷方"栏。按会计科目汇总后，应加总借、贷方发生额，进行发生额的试算平衡。科目汇总表的编制时间，应根据各企业、单位业务量而定。业务较多的可以每日汇总，业务较少的可以定期汇总，但一般不得超过一个月。科目汇总表还应注明据以编制的各种记账凭证的起讫字号，以备进行检查。科目汇总表的格式如表9-4所示。

表9-4　科目汇总表

年　　月

会计科目	1 日～10 日		11 日～20 日		21 日～30 日		合计		总账页数
	借方	贷方	借方	贷方	借方	贷方	借方	贷方	
…	…	…	…	…	…	…			
合计									

四、科目汇总表核算形式的基本步骤

科目汇总表账核算形式的基本步骤如下：

（1）根据原始凭证编制汇总原始凭证．

（2）根据原始凭证和汇总原始凭证，编制记账凭证。

（3）根据收款凭证、付款凭证逐笔登记现金日记账和银行存款日记账。

（4）根据原始凭证、汇总原始凭证和记账凭证，登记各种明细分类账。

（5）根据各种记账凭证编制科目汇总表。

（6）根据科目汇总表登记总分类账。

（7）期末，现金日记账、银行存款日记账和明细分类账的余额同有关总分类账的余额核对相符。

（8）期末，根据总分类账和明细分类账的记录，编制会计报表。

科目汇总表核算形式基本步骤如图 9-4 所示。

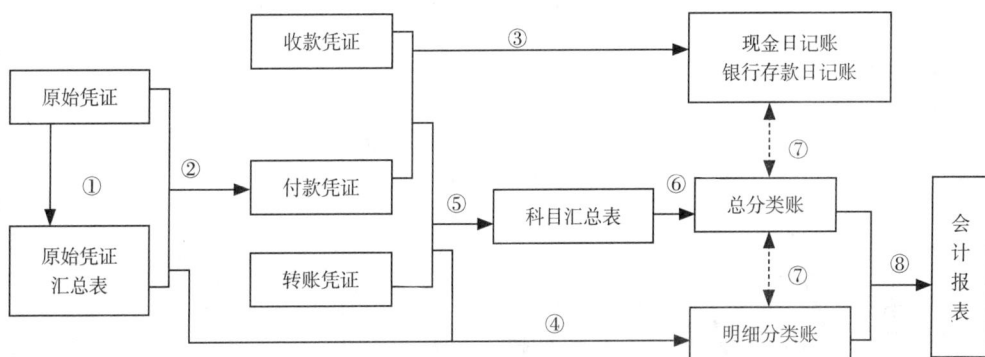

图9-4 科目汇总表核算形式的基本步骤

五、科目汇总表核算形式的特点、优缺点及适用范围

（一）特点

科目汇总表核算形式的特点是根据记账凭证定期编制科目汇总表，然后根据科目汇总表登记总分类账。

（二）优缺点及适用范围

1. 科目汇总表核算形式的优点

科目汇总表的编制和使用较为简便，易学易做；根据科目汇总表一次或分次登记总分类账，可以大大减少登记总分类账的工作量；通过科目汇总表的编制，可以根据各科

目本期借、贷方发生额的合计数进行试算平衡，及时发现并纠正记账过程中的差错，从而保证记账工作的质量。

2. 科目汇总表核算形式的缺点

在科目汇总表和总分类账中，不反映各科目的对应关系，因而不便于根据账簿记录检查、分析经济业务的来龙去脉，不便于查对账目。

3. 科目汇总表核算形式的适用范围

科目汇总表核算形式一般适用于规模较大、经济业务较多的企业。

本章总结

本章主要介绍了会计核算形式的概念、组织原则、作用及分类；记账凭证核算形式的概念、记账凭证和账簿的格式、记账凭证核算形式的基本步骤、记账凭证核算形式的特点、优缺点及适用范围；汇总记账凭证核算形式的概念、凭证和账簿的格式及设置、汇总记账凭证的编制方法和基本步骤、汇总记账凭证核算形式的特点、优缺点及适用范围；科目汇总表核算形式的概念、记账凭证和账簿的格式及设置、科目汇总表的编制方法和基本步骤、科目汇总表核算形式的特点、优缺点及适用范围。

拓展阅读

账务处理程序改革初探

一、传统的账务处理程序存在的不足

目前，实际工作中可以采用的账务处理程序有多种。按照登记总账的时间和方法的不同，账务处理程序可以分为：记账凭证账务处理程序、汇总记账凭证账务处理程序、科目汇总表账务处理程序和日记总账账务处理程序等。其中，科目汇总表账务处理程序是大中型企业广泛采用的。本文将这些账务处理程序称为传统的账务处理程序。

传统的账务处理程序有两大本质特征：一是强调会计工作不同岗位的先后衔接关系；二是强调凭证、账簿、报表的核对相符。很显然，传统的账务处理程序是以账簿为中心的，突出强调了会计的纠错功能。然而，从市场经济的现实情况来看，许多上市公司会计信息的严重失真其主要原因并不在于会计工作中的错漏，而在于会计人员主动或被动参与舞弊——会计造假，传统账务处理程序在防治会计造假方面显得没有针对性。

二、会计环境的变化对会计的影响

会计目标的实现受到许多因素的影响，这些因素主要指会计所处的具体时空的情况和条件，它们构成了会计环境，包括经济环境、科技环境、法律环境、企业组织环境等。其中，经济环境、科技环境对会计目标的实现起着决定性的制约作用。回顾会计发展与进化的历史过程，每当经济环境、科技环境发生深刻变化时，通常会对会计理论、方法体系等产生重大的冲击，由此带来会计理论、方法体系等的重大变革与创新。

自20世纪90年代以来，伴随着以微电子技术和计算机技术为基础的信息科技革命的蓬勃兴起，人类社会由工业经济形态演变为知识经济形态。同时，全球经济一体化的进程逐步加速。企业赖以生存的环境发生了深刻的变化，信息化、经济全球化已经成为20世纪90年代以来的主要社会特征。会计所处的经济环境、科技环境已经发生了重大的变化，由此必将带来会计理论、方法体系的重大革新。已经发生了巨大的变化。这些变化导致了企业在开展决策时所面对的影响因素更加多样、更加复杂，企业内外的会计信息使用人也因此对会计信息提出了更高的要求：更加注重会计信息的可靠性；更加注重会计信息的相关性；更加注重会计信息的及时性。为了满足这些要求，围绕会计计量属性等方面的会计理论、会计方法改革方兴未艾，而会计工作体制改革应该是不可忽略的重要方面，因为会计环境的变化已经对会计核算程序、会计工作体制构成了冲击：第一，对会计人员的素质带来挑战，更加需要能熟练运用计算机技术、网络技术的会计人员；第二，由于会计电算化的广泛开展，会计工作效率不断提高，会计信息的准确性也得到保证，会计核算程序的扁平化成为必然；第三，类似高智商犯罪的会计造假并没有得到根本遏制，迫切需要建立以防治会计舞弊为核心的会计监督、会计内部控制体系。由此看来，包括账务处理程序改革在内的会计工作体制改革，是会计环境变化的必然要求。

三、建立分循环账务处理程序

为了切实增强会计内部监督的职能，从会计工作本身寻找扼制会计造假的策略，应积极开展会计账务处理程序的改革。同时，考虑到应加强会计工作与注册会计师审计配合的需要，建议采用一种分循环账务处理程序。这种账务处理程序的基本流程如下：→表示工作关系；←→表示双向对账………表示交流关系。

在这种分循环账务处理程序下，基本业务流程可分为五步（图9-5），即制单—日记账明细账—总账—对账—报表。

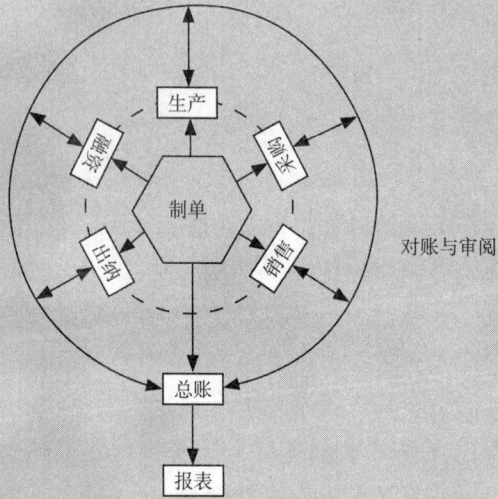

图9-5　分循环帐务处处理程序

（节选自《账务处理程序改革初探》，王朋才，会计之友 2009 年第 1 期，19-20 页）